示范性高等职业院校建设校企合作特色教材

纳 税 实 务

主　编　施桂英　王建新
副主编　李　洁　李伟霞
参　编　于庆利　宗艳萍

北京理工大学出版社
BEIJING INSTITUTE OF TECHNOLOGY PRESS

内 容 提 要

《纳税实务》以就业为导向，结合高职学生的认知特点，立足于职业岗位对涉税业务知识的需要进行编写，浅显易懂，注重培养学生的实践应用能力。该书在结构上，分知识准备、随堂训练和业务操作三部分。知识准备以主要税种应纳税额的计算、纳税申报和涉税业务的纳税处理为主线，让学生掌握我国现行主要税种的基本法律规定；随堂训练主要是对知识的巩固练习和对能力的训练培养；业务操作结合常用的涉税业务的案例，掌握涉税业务的处理流程与方法。本书可作为高职高专院校财会类、经管类专业的教学用书，也可供相关人员参考、学习、培训之用。

版权专有　侵权必究

图书在版编目（CIP）数据

纳税实务 / 施桂英，王建新主编. —北京：北京理工大学出版社，2021.1（2021.2 重印）

ISBN 978-7-5682-7061-8

Ⅰ. ①纳… Ⅱ. ①施… ②王… Ⅲ. ①纳税 - 税收管理 - 中国 - 教材 Ⅳ. ①F812.423

中国版本图书馆 CIP 数据核字（2019）第 093279 号

出版发行 / 北京理工大学出版社有限责任公司
社　　址 / 北京市海淀区中关村南大街 5 号
邮　　编 / 100081
电　　话 /（010）68914775（总编室）
　　　　　（010）82562903（教材售后服务热线）
　　　　　（010）68948351（其他图书服务热线）
网　　址 / http：//www.bitpress.com.cn
经　　销 / 全国各地新华书店
印　　刷 / 三河市天利华印刷装订有限公司
开　　本 / 787 毫米 × 1092 毫米　1/16
印　　张 / 14　　　　　　　　　　　　　　　　　　责任编辑 / 申玉琴
字　　数 / 325 千字　　　　　　　　　　　　　　　文案编辑 / 申玉琴
版　　次 / 2021 年 1 月第 1 版　2021 年 2 月第 2 次印刷　　责任校对 / 周瑞红
定　　价 / 42.00 元　　　　　　　　　　　　　　　责任印制 / 施胜娟

图书出现印装质量问题，请拨打售后服务热线，本社负责调换

前　言

《纳税实务》是根据高职高专院校人才培养目标的需要，以就业为导向，结合高职学生的认知特点，立足于职业岗位对涉税业务知识的需要编写的，内容浅显易懂，注重培养学生的实践应用能力。该书在结构上，分知识准备、随堂训练和业务操作三部分。知识准备，主要是各税种的基本理论知识，结合了当前最新的税制改革知识，以企业主要税种应纳税额的计算、纳税申报和涉税业务的纳税处理为主线，让学生掌握我国现行主要税种的基本法律规定。随堂训练，主要是对知识的巩固练习和对能力的训练培养，旨在考查学生对基础知识的掌握程度，并为接下来的业务操作奠定一定的基础。业务操作，主要是结合企业常用的涉税业务的案例，通过对案例的分析，掌握涉税业务的处理流程与方法，实现了税法知识与岗位业务处理方法的有机结合。

本书以工作过程为导向，采用项目教学的方式组织内容，每个项目均有来源于企业的典型案例，体现了高职高专以培养高技术应用型人才为主的根本任务和以就业为导向的办学宗旨。

本书的编写是在施桂英老师的指导下完成的，书中知识准备和随堂训练由施桂英、王建新、李洁和李伟霞共同编写，其中施桂英老师编写项目二和项目六，王建新老师编写项目七和项目八，李洁老师编写项目三和项目五，李伟霞老师编写项目一和项目四。书中业务操作的部分案例由乌海市利源税务师有限公司于庆利提供，在此对编写此书的团队成员表示衷心的感谢！

税法在变，教材内容也应及时更新，我们力争使教材内容在编撰时及时反映最新的变化，但书中仍存在一定的缺憾和不足，竭诚欢迎广大读者指正。

本书可作为高职高专院校财会类、经管类专业的教学用书，也可供相关人员参考、学习、培训之用。

目 录

项目一　税法总论 …………………………………………………………………… （1）
　【知识准备】 ……………………………………………………………………… （1）
　　知识点一　税法概述 ………………………………………………………… （1）
　　知识点二　税法体系 ………………………………………………………… （5）
　【随堂训练】 ……………………………………………………………………… （8）

项目二　税务管理 …………………………………………………………………… （9）
　【知识准备】 ……………………………………………………………………… （9）
　　知识点一　税务管理 ………………………………………………………… （9）
　　知识点二　税款征收 ………………………………………………………… （11）
　　知识点三　税务检查 ………………………………………………………… （14）
　　知识点四　法律责任 ………………………………………………………… （15）
　　知识点五　税务行政复议与诉讼 …………………………………………… （17）
　【随堂训练】 ……………………………………………………………………… （18）
　【业务操作】 ……………………………………………………………………… （19）

项目三　增值税 ……………………………………………………………………… （26）
　【知识准备】 ……………………………………………………………………… （26）
　　知识点一　增值税概述 ……………………………………………………… （26）
　　知识点二　增值税的计税方法 ……………………………………………… （44）
　　知识点三　一般纳税人应纳税额的计算 …………………………………… （46）
　　知识点四　小规模纳税人应纳税额的计算 ………………………………… （57）
　　知识点五　进口货物应纳税额的计算 ……………………………………… （59）
　　知识点六　增值税纳税申报 ………………………………………………… （60）
　　知识点七　增值税出口退税 ………………………………………………… （73）

【随堂训练】 (79)
　　【业务操作】 (81)
项目四　消费税 (83)
　　【知识准备】 (83)
　　知识点一　消费税概述 (83)
　　知识点二　消费税税额的计算 (90)
　　知识点三　消费税纳税申报 (102)
　　知识点四　消费税出口退税 (107)
　　【随堂训练】 (108)
项目五　关税 (110)
　　【知识准备】 (110)
　　知识点一　关税概述 (110)
　　知识点二　关税税款的计算 (115)
　　知识点三　关税征收管理 (119)
　　【随堂训练】 (122)
项目六　企业所得税 (125)
　　【知识准备】 (125)
　　知识点一　企业所得税概述 (125)
　　知识点二　企业所得税法律规定 (126)
　　知识点三　企业所得税的计算 (138)
　　知识点四　企业所得税的免征与减征优惠 (144)
　　知识点五　纳税地点、纳税期限、纳税申报 (150)
　　【随堂训练】 (152)
　　【业务操作】 (154)
项目七　个人所得税 (160)
　　【知识准备】 (160)
　　知识点一　纳税义务人和征税对象 (160)
　　知识点二　税率和应纳税额的计算 (161)
　　知识点三　税收优惠 (167)
　　知识点四　征收管理 (168)
　　【随堂训练】 (170)
项目八　其他税种 (172)
　　【知识准备】 (172)
　　知识点一　城市维护建设税 (172)
　　知识点二　教育费附加 (173)

知识点三　　资源税 ………………………………………………………… (174)
　　知识点四　　土地增值税 …………………………………………………… (177)
　　知识点五　　房产税 ………………………………………………………… (181)
　　知识点六　　城镇土地使用税 ……………………………………………… (184)
　　知识点七　　耕地占用税 …………………………………………………… (189)
　　知识点八　　车辆购置税 …………………………………………………… (190)
　　知识点九　　车船税 ………………………………………………………… (194)
　　知识点十　　印花税 ………………………………………………………… (197)
　　知识点十一　　契税 ………………………………………………………… (205)
　　知识点十二　　环境保护税法 ……………………………………………… (208)
　【随堂训练】………………………………………………………………………… (210)
参考文献 …………………………………………………………………………… (213)

项目一

税法总论

知识准备

知识点一 税法概述

一、税收的性质

(一) 税收的概念

税收是国家为了满足社会公共需要,实现国家职能,凭借公共(政治)权力,按照法定的标准和程序,强制地、无偿地参与社会产品分配而取得财政收入的一种方式。可以从以下 4 个方面来理解。

1. 税收的本质是一种分配

社会再生产包括生产、分配、交换、消费等环节,周而复始,循环不息。其中,生产创造社会产品;消费耗费社会产品;分配是对社会产品价值量的分割,并决定归谁占有,各占多少;交换是用自己占有的价值量去换取自己所需要的产品,解决使用价值的转移。征税只是从社会产品价值量中分割出一部分集中到政府手中,改变了社会成员与政府各自占有社会产品价值量的份额。因此,税收属于分配范畴。

2. 税收分配以国家为主体

社会产品的分配可以分为两大类:一类是凭借资源拥有权力进行的分配,一类是凭借政治权力进行的分配。税收是以国家为主体,凭借政治权力进行的分配。国家对不能直接占有的产品通过征税方式转变为国家所有,是利益的再分配。如果没有国家的政治权力作为保证,征税就难以实现。因此,税收分配所凭借的只能是国家政治权力。

国家征税直接凭借其政治权力,这并不意味着政府可以不顾经济条件而任意征税。经济是政治的基础，每个国家都必须按照本国的具体经济条件确定对什么征税，征多少税；否则，滥用政治权力横征暴敛，必然会影响社会的稳定，阻碍生产力的发展。

3. 征税的目的是满足社会公共需要

有社会存在，就有社会的公共需要存在。国家安全、社会稳定、生活保障等公共需要的满足，必须要由政府集中一部分社会财富来实现，而征税就是政府集中一部分社会财富的最好方式。与此相适应，社会成员之所以要纳税，是因为他们专门从事直接的生产经营活动，而不再兼职执行国家职能，因此需要为此付出一定的费用。

4. 税收具有无偿性、强制性和固定性的特征

国家筹集财政收入的方式除税收外，还有发行公债和收取各种规费等。税收分配方式与其他方式相比，具有无偿性、强制性和固定性的特征，习惯上称为税收的"三性"。无偿性是指国家征税后，税款即成为国家的财政收入，既不直接归还纳税人，也不向纳税人支付任何报酬；强制性是指国家以社会管理者的身份，用法律、法规等形式对征收捐税加以规定，并依照法律强制征收；固定性是指国家在征税之前，应以法律形式预先规定征税对象、征收标准、征税方法等，征纳双方必须遵守，不得随意变动。

税收的"三性"是一个完整的统一体，缺一不可。无偿性是税收的核心特征，强制性和固定性是对无偿性的保证和约束。税收的"三性"是税收本质的具体表现，是税收区别于其他财政收入形式的标志。可以这样认为，一种财政收入如果同时具备税收"三性"的形式特征，即便其名称不叫税，实质上也是税收的一种。

（二）税收的职能

税收职能是指税收自身固有的功能。我国税收具有组织财政收入、调节经济、监督社会经济活动的职能。

1. 组织财政收入

组织财政收入职能是税收最基本的职能。税收组织财政收入的作用主要表现在三个方面：一是由于税收具有强制性、无偿性和固定性，因而能保证其收入的稳定；二是税收的按年、按季、按月征收，均匀入库，有利于财力调度，满足日常财政支出；三是税收的源泉十分广泛，多税种、多税目、多层次、全方位的课税制度，能够从多方面筹集财政收入。

2. 调节经济

税收是国家调控经济运行的重要手段。经济决定税收，税收反作用于经济。国家通过税种的设置，以及加成征收或减免税等手段来影响社会成员的经济利益，改变社会财富分配状况，对资源配置和社会经济发展产生影响，调节社会生产、交换、分配和消费，从而达到调控经济运行的目的，促进社会经济健康发展。

3. 监督社会经济活动

税收具有维护国家政权的作用。国家政权是税收产生和存在的必要条件，而国家政权的存在又有赖于税收的存在。没有税收，国家机器就不可能有效运转。同时，税收分配不是按照等价原则和所有权原则分配的，而是凭借政治权力对物质利益进行调节，从而达到巩固国家政权的政治目的。

二、税法的概念

税法是国家制定的用以调整国家与纳税人之间在征纳税方面的权利义务关系的法律规范

的总称。它是国家及其纳税人依法征税、依法纳税的行为准则,其目的是依法保障国家和纳税人的利益,维护正常的税收秩序,保证国家的财政收入。

税法与税收存在着紧密的联系。在现代法治国家,税收活动必须严格依照税法的规定进行,不得法外征税。税法是税收的法律依据和法律保障,而税法又必须以保障税收活动的有序进行为其存在的理由和根据。

三、税法的构成要素

税法的构成要素,是指各种单行税法应当具备的基本因素的总称。税法构成要素既包括实体性的,也包括程序性的。税收实体法的构成要素一般包括总则、纳税义务人、征税对象、税目、税率、纳税环节、纳税期限、纳税地点、减税免税、罚则、附则等项目。其中,纳税义务人、征税对象、税率是构成税法的三个最基本的要素。

(一)总则

总则主要包括立法依据、立法目的、适用原则等内容。

(二)纳税义务人

纳税人也称纳税主体,是指税法规定的直接负有纳税义务的单位和个人。它是税款的法律承担者,包括自然人和法人。

(1)自然人是指公民个人,根据《中华人民共和国民法通则》的规定,公民自出生起至死亡止,具有民事能力,依法享有民事权利,承担民事义务。

(2)法人是指按照法律程序设立,具备必要的生产经营条件,实行独立经济核算并能独立承担经济责任和行使经济权利的社会组织。法人若拥有税法规定的应税财产、收入和特定行为,就对国家负有纳税义务。

在实际纳税工作中要注意纳税人与扣缴义务人的区别。扣缴义务人,是指税法规定的、在其经营活动中负有代扣税款并向国库缴纳义务的企业或单位,也称代扣代缴义务人。扣缴义务人不是纳税主体,而是纳税人与税务机关的中介。确认扣缴义务人有利于加强税收的源泉控制,简化征税手续,减少税款流失。

(三)征税对象

征税对象也称课税对象,是征税的客体,是指税收法律关系中征纳双方权利义务所指向的物或者行为,即对什么征税。征税对象是区分不同税种的主要标志,体现不同税种征税的基本界限。我国把税收分成流转税、所得税、财产税、特定行为和资源税等5类,就是按照征税对象的不同来进行划分的。

(四)税目

税目,是课税对象的具体化,反映各个税种所规定的具体征税项目,解决课税对象的归类。税目明确了征税范围,如消费税具体规定了烟、酒等15个税目。但不是所有的税种都规定税目。税目一般分为列举税目(如:消费税)和概括税目(增值税)两类。

(五)税率

税率是对征税对象的征收比例和征收额度,是衡量税负轻重与否的重要标志,体现了课税的深度,因而是税收制度的核心环节。我国现行税率大致可分为下列3种。

1. 比例税率

比例税率，是指对同一征税对象，不论金额大小均按同一比例征税的税率制度。我国的增值税、企业所得税，都采用比例税率。

2. 定额税率

定额税率是税率的一种特殊形式。它不是按照征税对象规定征收比例，而是按照征税对象的计量单位直接规定一个固定税额，所以又称为固定税额，一般适用于从量计征的税种。我国的城镇土地使用税、车船税，都采用定额税率。

3. 累进税率

累进税率，是指按照纳税对象数额的大小，实行等级递增的税率。多用于对收益和财产课税。这种税率形式的特点是税率等级和计税依据的数额等级同方向变动，有利于按纳税人的不同负担能力设计税率，更加符合税收公平原则。累进税率按其累进依据和累进方式的不同，可分为以下3种形式。

（1）全额累进税率：它是将计税依据划分为若干个等级，从低到高每一个等级规定一个适用税率，当计税依据由低的一级升到高的一级时，全部计税依据均按高一级税率计算应纳税额。这种方法计算简便，但累进程度急剧，特别是在两个等级的临界处，会出现应纳税额增加超过计税依据增加的不合理现象。这种方法在世界各国已很少使用。

（2）超额累进税率：它是将计税依据划分为若干个等级，从低到高每一个等级规定一个适用税率，一定数额的计税依据可以同时适用几个等级的税率。每超过一级，超过部分按照高一级的税率计税，各等级应纳税额之和为纳税人的应纳税总额。这种方式累进程度比较缓和，目前已为多数国家所采用，如工资、薪金所得的个人所得税税率等。

（3）超率累进税率：它是以征税对象的某种比例为累进依据，按超率累进方式计算应纳税额的税率。其计税原理与超额累进税率相同，只是税率累进的依据不是征税对象的绝对数额，而是相对比例（增值率等），如我国现行的土地增值税税率。

（六）纳税环节

纳税环节，是指税法规定的征税对象在从生产到消费的流转过程中应当缴纳税款的环节。如流转税在商品的生产和流通环节纳税，所得税在分配环节纳税。其表现形式有一次课征制和多次课征制。凡只在一个环节征税的称为一次课征制，凡在两个或两个以上环节征税的称为多次课征制。

（七）纳税期限

纳税人在发生纳税义务后，应向税务机关申报纳税的起止时间。超过纳税期限未缴税的，属于欠税，应依法加收滞纳金。纳税人的具体纳税期限，由主管税务机关根据纳税人应纳税额的大小分别核定，一般分为按期纳税和按次纳税两种形式。

（八）纳税地点

纳税地点，是指纳税人（包括代征、代扣、代缴义务人）具体缴纳税款的地点。通常，在税法上规定的纳税地点主要是机构所在地、经济活动发生地、财产所在地、报关地等。如销售房地产，其纳税地点为房地产所在地。

（九）减税免税

减税免税，是指税法规定的对某些特殊情况给予减轻或免除税收负担的一种税收优惠措施或特殊调节手段。减税是对应征税款减少征收一部分；免税是全部免除税收负担。减免税的具体形式有以下 3 种。

1. 税基式减免

税基式减免，是指通过缩小计税依据来实现减免税的一种形式，具体包括起征点、免征额、项目扣除和跨期结转等具体形式。起征点是指税法规定征税对象开始征税的数额界限，征税对象数额未达到起征点的不征税，达到或超过起征点的就其全部数额征税。免征额是指税法规定的征税对象中免予征税的数额，免征额部分不征税，只就超过免征额的部分征税。

2. 税率式减免

税率式减免，是指通过降低税率来实现减免税的一种形式，具体包括重新确定新税率、选用其他税率和规定零税率等。

3. 税额式减免

税额式减免，是指通过减少一部分税额或免除全部税额来实现减免税的一种形式，具体包括全部免征、减半征收、核定减征率、核定减征额等。

（十）罚则

罚则，是指对有违反税法行为的纳税人采取的惩罚措施，包括加收滞纳金、处以罚款、追究刑事责任等。罚则是税收强制性在税收制度中的具体体现。

（十一）附则

附则一般规定与该税法紧密相关的内容，如该税法的解释权、生效时间等。

知识点二　税法体系

一、税法的分类

依据不同的标准，我国对税法的分类主要有以下几种方法。

（一）以税法内容和职能为标准的分类

按照其基本内容和职能作用的不同，税法可分为税收基本法、税收实体法、税收程序法。

1. 税收基本法

税收基本法是规定税收性质、立法、种类、体制和税务机构以及征纳双方权利与义务等内容的法律规范。它是税法体系的主体和核心，起着税收母法的作用。目前，我国还没有制定统一的税收基本法，但随着我国社会主义市场经济的发展和税收法制的不断完善，研究和出台税收基本法已经为期不远了。

2. 税收实体法

税收实体法是规定税种及其征税对象、纳税人、税目税率、计税依据、纳税地点等要素内容的法律规范。如《中华人民共和国个人所得税法》《中华人民共和国增值税暂行条例》等，就属于税收实体法。

3. 税收程序法

税收程序法是规定税收管理工作的步骤和方法等方面的法律规范。主要包括税务管理法、纳税程序法、发票管理法、税务处罚法和税务争议处理法等，如《中华人民共和国税收征收管理法》《中华人民共和国发票管理办法》《税务行政复议规则》等，就属于税收程序法的范畴。

(二) 以征税对象为标准的分类

这是按照征税对象的不同进行的最常见的一种税收分类方法。税法可分为流转税法、所得税法、财产税法、资源税法和行为目的税法 5 种。

1. 流转税法

流转税法是规定对货物流转额和劳务收入额征税的法律规范。目前，我国税制中属于流转课税法的主要有增值税、消费税、关税等税种。其特点是与商品生产、流通、消费有着密切的联系，不受成本费用的影响且收入具有"刚性"，有利于国家发挥对经济的宏观调控作用。流转税法为世界各国尤其为发展中国家所重视和运用，是我国现行税制中最大一类税收。

2. 所得税法

所得税法是规定对纳税单位和个人获取各种所得或利润额征税的法律规范，如企业所得税、个人所得税等税法。其特点是可以直接调节纳税人的收入水平，发挥税收公平税负和调整分配关系的作用。所得税法为世界各国所普遍运用，尤其在市场经济发达和经济管理水平较高的国家更受重视。

3. 财产税法

财产税法是规定对纳税人财产的价值或数量征税的法律规范，如房产税、契税等税法。其特点是避免利用财产投机取巧和财产的闲置浪费，促进财产的节约和合理利用。因此，财产税法一般以课征财产富有者以平均社会财富、课征财产闲置者以促进合理使用为根本目的，同时为增加国家财政收入的需要而制定。

4. 资源税法

资源税法是规定对纳税人利用各种资源所获得收入征税的法律规范，如资源税、城镇土地使用税等税法。其特点是调节因自然资源或客观原因所形成的级差收入，避免资源浪费，保护和合理使用国家自然资源。资源税法一般针对利用自然资源、设备、资金、人才等资源所获得收益或级差收入的征税需要而制定。

5. 行为目的税法

行为目的税法是规定对某些特定行为及为实现国家特定政策目的征税的法律规范，如印花税、城市维护建设税等税法。其特点是可选择面较大，设置和废止相对灵活，可以因时因地制宜制定具体征管办法，有利于国家限制和引导某些特定行为而达到预期的目的。行为目的税法一般是国家为实现某些经济政策、限制特定行为，并为一定目的的需要而制定。目前，我国税制中属于行为目的税法的主要有车船使用税、车辆购置税、耕地占用税、印花税等。

(三) 以税收管辖权为标准的分类

按照主权国家行使税收管辖权的不同，税法可分为国内税法、国际税法和外国税法。

国内税法是指按照属人或属地原则，规定一个国家的内部税收法律制度；国际税法是指国家间形成的税收法律制度，主要包括双边或多边国家间的税收协议、条约和国际惯例等；外国税法是指外国各个国家制定的税收法律制度。

二、我国现行的税法体系

税法内容十分丰富，涉及范围也极为广泛，各单行税收法律法规结合起来，形成了完整配套的税法体系，共同规范和制约税收分配的全过程，是实现依法治税的前提和保证。从税收工作的角度来讲，所谓"税法体系"往往被称为"税收制度"。

税法体系中各税法按基本内容和效力、职能作用可分为不同类型。

（一）按照税法的基本内容和效力的不同，可分为税收基本法和税收普通法

税收基本法也称税收通则，是税法体系的主体和核心，在税法体系中起着税收母法的作用。其基本内容包括税收制度的性质、税务管理机构、税收立法与管理权限、纳税人的基本权利与义务、征税机关的权利和义务、税种设置等。我国目前还没有制定统一的税收基本法。税收普通法是根据税收基本法的原则，对税收基本法规定的事项分别立法实施的法律，如个人所得税法、税收征收管理法等。

（二）按照税法的职能作用的不同，可分为税收实体法和税收程序法

税收实体法主要是指确定税种立法，具体规定各税种的征收对象、征收范围、税目、税率、纳税地点等。例如，《中华人民共和国企业所得税法》《中华人民共和国个人所得税法》就属于税收实体法。税收程序法是指税务管理方面的法律，主要包括税收管理法、纳税程序法、发票管理法、税务机关组织法、税务争议处理法等。《税收征收管理法》就属于税收程序法。

1. 税收实体法体系

我国现行税制就其实体法而言分为以下五大类。

（1）商品和劳务税类。包括增值税、消费税和关税，主要在商品生产、流通或者服务业中发挥调节作用。

（2）所得税税类。包括企业所得税、个人所得税，主要在国民收入形成后，可以调节生产经营者的利润和个人的收入。

（3）财产和行为税类。包括房产税、车船税、印花税、契税，主要是对财产和某种行为发挥调节作用。

（4）资源和环境保护税类。包括资源税、环境保护税、土地增值税和城镇土地使用税，主要对因开发和利用自然资源差异而形成的级差收入发挥调节作用。

（5）特定目的税类。包括城市维护建设税、车辆购置税、耕地占用税、船舶吨税和烟叶税，主要为了达到特定目的，对特定对象和特定行为发挥调节作用。

上述税种一共有18个，其中关税和船舶吨税由海关负责征收管理，其他税种由税务机关负责征收管理。

2. 税收程序法体系

除税收实体法外，我国对税收征收管理适用的法律制度，是按照税收管理机关的不同而分别规定的。

（1）由税务机关负责征收的税种的征收管理，按照全国人大常委会发布实施的《税收征收管理法》及各实体税法中的征管规定执行。

（2）由海关负责征收的税种的征收管理，按照《海关法》及《进出口关税条例》等有关规定执行。

上述税收实体法和税收征收管理的程序法的法律制度构成了我国现行税法体系。

随堂训练

知识练习

（一）单项选择题

1. 以下选项中不属于构成税法的三项最基本要素的是（　　）。
   A. 纳税义务人　　　　　　　　　　B. 征税对象
   C. 税率　　　　　　　　　　　　　D. 纳税期限
2. 按照其基本内容和职能作用的不同，税法可分为（　　）。
   A. 税收基本法、税收实体法、税收程序法
   B. 税收基本法、税收实体法、税务管理法
   C. 税务处罚法、税收实体法、税收程序法
   D. 税收基本法、税收管理法、税收程序法
3. 纳税期限是纳税人向国家缴纳税款的法定期限，确定纳税期限时不需要考虑的因素有（　　）。
   A. 税种的性质　　　　　　　　　　B. 应纳税额的大小
   C. 交通条件　　　　　　　　　　　D. 纳税人的守法程度

（二）多项选择题

1. 我国现行税收制度中，采用的税率形式有（　　）。
   A. 超额累进税率　　　　　　　　　B. 超率累进税率
   C. 超额累退税率　　　　　　　　　D. 超倍累进税率
   E. 全额累进税率
2. 税收具有（　　）的特征。
   A. 无偿性　　　B. 公平性　　　C. 强制性　　　D. 固定性
3. 下列属于税率式减免的是（　　）。
   A. 重新确定税率　　　B. 选用其他税率　　　C. 零税率
   D. 核定减免率　　　　E. 起征点

税务管理

知识准备

知识点一　税务管理

税务管理，从狭义上讲，是税务机关依据国家税收政策法规所进行的税款征收活动，从广义的角度来说，是国家及其税务机关依据客观经济规律和税收分配特点对税收分配的全过程进行决策、计划、组织、监督和协调，以保证税收职能得以实现的一种管理活动。

一、税务登记

2015年6月，国务院办公厅发布了《关于加快推进"三证合一"登记制度改革的意见》，推行"三证合一"，所谓"三证合一"，就是将企业依次申请的工商营业执照、组织机构代码证和税务登记证三证合为一证，提高市场准入效率；"一照一码"则是在此基础上更进一步，通过"一窗受理、并联审批、信息共享、结果互认"，实现由一个部门核发加载统一社会信用代码的营业执照，全面实现工商营业执照、组织机构代码证和税务登记证的"三证合一"。在此基础上，从2016年10月1日起，实现"五证合一，一照一码"登记制度改革。

（一）企业开业的税务登记

1. 流程

实行"三证合一、一照一码"登记模式后的企业到工商登记"一个窗口"统一受理申请后，其申请材料和登记信息在部门间共享，各部门数据互换、档案互认。对于工商登记已采集信息，税务机关不再重复采集；其他必要涉税基础信息，可在企业办理有关涉税事宜时，及时采集，陆续补齐。

开业的税务登记：

首先，办证人持工商网报系统申请审核通过后打印的《新设企业五证合一登记申请表》，携带其他纸质资料，前往大厅多证合一窗口受理。

其次，窗口核对信息、资料无误后，将信息导入工商准入系统，生成工商注册号，并在"五证合一"打证平台生成各部门号码，补录相关信息，同时窗口专人将企业材料扫描，与《工商企业注册登记联办流转申请表》传递至质监、国税、地税、社保、统计五部门，由五部门分别完成后台信息录入。

最后，打印出载有一个证号的营业执照。

2. 提供资料

（1）公司登记备案申请书（分类型）。

（2）指定代表或者共同委托代理人授权委托书。

（3）全体股东签署的公司章程。

（4）股东的主体资格证明或自然人身份证复印件。

（5）董事、监事和经理的任职文件。

（6）法定代表人任职文件。

（7）经营场所使用证明。

（8）企业名称预先核准书。

（9）设立有限责任公司的批准文件或许可证复印件。

（10）公司经营范围的批准文件或复印件。

（二）企业的税务变更登记

（1）纳税人涉及税务登记、存款账户账号、发票经办人等内容发生变化需要变更的，可凭有效CA证书通过国家税务局网上办税服务厅在线办理。纳税人网上填报《变更税务登记表》《纳税人存款账户账号报告表》《纳税人税种登记表》，上传与变更内容相对应的附送资料电子文件，税务机关网上反馈办理结果。

（2）纳税人网上申请变更内容涉及税务登记证件内容变化的，包括变更纳税人名称、法定代表人/负责人、地址、登记注册类型、经营范围等事项，可选择到国税局任一办税服务厅领取新的税务登记证正、副本。

（三）企业的税务注销登记

企业办理注销登记，须先向税务主管机关申报清税，填写《清税申报表》。税务机关确认纳税人结清所有税务事项后，向纳税人出具《清税证明》，提示其凭《清税证明》办理工商登记注销。

二、账簿、凭证管理

（一）账簿、凭证

纳税人、扣缴义务人按照有关法律、行政法规和国务院财政、税务主管部门的规定设置账簿，根据合法、有效凭证记账，进行核算。

从事生产、经营的纳税人的财务、会计制度或者财务、会计处理办法和会计核算软件，应当报送税务机关备案。

纳税人、扣缴义务人的财务、会计制度或者财务、会计处理办法与国务院或者国务院财政、税务主管部门有关税收的规定抵触的，依照国务院或者国务院财政、税务主管部门有关税收的规定计算应纳税款、代扣代缴和代收代缴税款。

(二) 发票

税务机关是发票的主管机关，负责发票印制、领购、开具、取得、保管、缴销的管理和监督。

单位、个人在购销商品、提供或者接受经营服务以及从事其他经营活动中，应当按照规定开具、使用、取得发票。发票的管理办法由国务院规定，分为普通发票和增值税专用发票。

增值税专用发票由国务院税务主管部门指定的企业印制；其他发票，按照国务院税务主管部门的规定，分别由省、自治区、直辖市国家税务局、地方税务局指定企业印制。

1. 发票的领用

纳税人领取营业执照后，携带相关证件向税务机关提出领购发票的申请，税务机关核发、登记，核准发票的种类、数量和购票方式。

2. 发票的开具

纳税人对外销售商品，提供服务或劳务以及发生其他经营活动收取款项时，必须向付款方开具发票。

国家根据税收征收管理的需要，积极推广使用税控装置。纳税人应当按照规定安装、使用税控装置，不得损毁或者擅自改动税控装置。

(三) 账簿、凭证的保管

从事生产、经营的纳税人、扣缴义务人必须按照国务院财政、税务主管部门规定的保管期限保管账簿、记账凭证、完税凭证及其他有关资料。发票及发票登记簿保存5年，月度、季度财务会计报告和纳税申报表保管10年，年度财务会计报告永久保管凭证。

三、纳税申报

纳税人必须依照法律、行政法规规定或者税务机关依照法律、行政法规的规定确定的申报期限、申报内容如实办理纳税申报，报送纳税申报表、财务会计报表以及税务机关根据实际需要要求纳税人报送的其他纳税资料。

扣缴义务人必须依照法律、行政法规规定或者税务机关依照法律、行政法规的规定确定的申报期限、申报内容如实报送代扣代缴、代收代缴税款报告表以及税务机关根据实际需要要求扣缴义务人报送的其他有关资料。

纳税人、扣缴义务人可以直接到税务机关办理纳税申报或者报送代扣代缴、代收代缴税款报告表，也可以按照规定采取邮寄、数据电文或者其他方式办理上述申报、报送事项。

纳税人、扣缴义务人不能按期办理纳税申报或者报送代扣代缴、代收代缴税款报告表的，经税务机关核准，可以延期申报。

经核准延期办理前款规定的申报、报送事项的，应当在纳税期内按照上期实际缴纳的税额或者税务机关核定的税额预缴税款，并在核准的延期内办理税款结算。

知识点二　税款征收

一、基本规定

(1) 税务机关依照法律、行政法规的规定征收税款，不得违反法律、行政法规的规定开征、停征、多征、少征、提前征收、延缓征收或者摊派税款。

（2）除税务机关、税务人员以及经税务机关依照法律、行政法规委托的单位和人员外，任何单位和个人不得进行税款征收活动。

（3）扣缴义务人依照法律、行政法规的规定履行代扣、代收税款的义务。对法律、行政法规没有规定负有代扣、代收税款义务的单位和个人，税务机关不得要求其履行代扣、代收税款义务。扣缴义务人依法履行代扣、代收税款义务时，纳税人不得拒绝。纳税人拒绝的，扣缴义务人应当及时报告税务机关处理。税务机关按照规定付给扣缴义务人代扣、代收手续费。

（4）纳税人、扣缴义务人按照法律、行政法规规定或者税务机关依照法律、行政法规的规定确定的期限，缴纳或者解缴税款。

纳税人因有特殊困难，不能按期缴纳税款的，经省、自治区、直辖市国家税务局、地方税务局批准，可以延期缴纳税款，但是最长不得超过3个月。

纳税人未按照规定期限缴纳税款的，扣缴义务人未按照规定期限解缴税款的，税务机关除责令限期缴纳外，从滞纳税款之日起，按日加收滞纳税款万分之五的滞纳金。

（5）纳税人依照法律、行政法规的规定办理减税、免税。

地方各级人民政府，各级人民政府主管部门、单位和个人违反法律、行政法规规定，擅自作出的减税、免税决定无效，税务机关不得执行，并向上级税务机关报告。

（6）税务机关征收税款时，必须给纳税人开具完税凭证。扣缴义务人代扣、代收税款时，纳税人要求扣缴义务人开具代扣、代收税款凭证的，扣缴义务人应当开具。

二、税款征收和缴纳方式

（一）税款征收方式

税款征收方式是指税务机关根据税种的不同特点和纳税人的具体情况，确定的计算和征收、缴纳方式，具体包括查账征收、查定征收、查验征收和定期定额征收。

（二）税款缴纳方式

税款缴纳方式有以下几种：纳税人可以直接向国库经收处缴纳；税务机关自收缴款入库；代扣代缴；委托代征和其他方式。

三、税款的征收措施

（一）加收滞纳金

《中华人民共和国税收征收管理法》（以下简称《税收征收管理法》）规定：纳税人未按照规定期限缴纳税款的、扣缴义务人未按照规定期限解缴税款的，税务机关除责令限期缴纳外，从滞纳税款之日起，按日加收滞纳税款万分之五的滞纳金。

（二）核定应纳税额

纳税人有下列情形之一的，税务机关有权核定其应纳税额。

(1) 依照法律、行政法规的规定可以不设置账簿的。

(2) 依照法律、行政法规的规定应当设置账簿但未设置的。

(3) 擅自销毁账簿或者拒不提供纳税资料的。

（4）虽设置账簿，但账目混乱或者成本资料、收入凭证、费用凭证残缺不全，难以查账的。

（5）发生纳税义务，未按照规定的期限办理纳税申报，经税务机关责令限期申报，逾期仍不申报的。

（6）纳税人申报的计税依据明显偏低，又无正当理由的。

（三）税收的保全和强制执行

税务机关有根据认为从事生产、经营的纳税人有逃避纳税义务行为的，可以在规定的纳税期之前，责令限期缴纳应纳税款；在限期内发现纳税人有明显的转移、隐匿其应纳税的商品、货物以及其他财产或者应纳税的收入的迹象的，税务机关可以责成纳税人提供纳税担保。如果纳税人不能提供纳税担保，经县以上税务局（分局）局长批准，税务机关可以采取下列税收保全措施。

（1）书面通知纳税人开户银行或者其他金融机构冻结纳税人的金额相当于应纳税款的存款。

（2）扣押、查封纳税人的价值相当于应纳税款的商品、货物或者其他财产。

纳税人在前款规定的限期内缴纳税款的，税务机关必须立即解除税收保全措施；限期期满仍未缴纳税款的，经县以上税务局（分局）局长批准，税务机关可以书面通知纳税人开户银行或者其他金融机构从其冻结的存款中扣缴税款，或者依法拍卖或者变卖所扣押、查封的商品、货物或者其他财产，以拍卖或者变卖所得抵缴税款。

个人及其所扶养家属维持生活必需的住房和用品，不在税收保全措施的范围之内。

从事生产、经营的纳税人，扣缴义务人未按照规定的期限缴纳或者解缴税款，纳税担保人未按照规定的期限缴纳所担保的税款，由税务机关责令限期缴纳，逾期仍未缴纳的，经县以上税务局（分局）局长批准，税务机关可以采取下列强制执行措施。

（1）书面通知其开户银行或者其他金融机构从其存款中扣缴税款。

（2）扣押、查封、依法拍卖或者变卖其价值相当于应纳税款的商品、货物或者其他财产，以拍卖或者变卖所得抵缴税款。

税务机关采取强制执行措施时，对前款所列纳税人、扣缴义务人、纳税担保人未缴纳的滞纳金同时强制执行。

个人及其所扶养家属维持生活必需的住房和用品，不在强制执行措施的范围之内。

（四）限制出境

欠缴税款的纳税人或者他的法定代表人需要出境的，应当在出境前向税务机关结清应纳税款、滞纳金，或者提供担保。未结清税款、滞纳金，又不提供担保的，税务机关可以通知出境管理机关阻止其出境。

税务机关征收税款，税收优先于无担保债权，法律另有规定的除外；纳税人欠缴的税款发生在纳税人以其财产设定抵押、质押或者纳税人的财产被留置之前的，税收应当先于抵押权、质权、留置权执行。

纳税人欠缴税款，同时又被行政机关决定处以罚款、没收违法所得的，税收优先于罚款、没收违法所得。

知识点三　税务检查

一、税务检查的概念和类型

税务检查是税务机关根据法律、行政法规的规定对纳税人和扣缴义务人履行纳税事务和相关事项进行审查、核实和监督的总称，包括重点检查、专项检查、分类检查、集中检查和临时检查。

二、税务检查的权责

（1）检查纳税人的账簿、记账凭证、报表和有关资料，检查扣缴义务人代扣代缴、代收代缴税款账簿、记账凭证和有关资料。

（2）到纳税人的生产、经营场所和货物存放地检查纳税人应纳税的商品、货物或者其他财产，检查扣缴义务人与代扣代缴、代收代缴税款有关的经营情况。

（3）责成纳税人、扣缴义务人提供与纳税或者代扣代缴、代收代缴税款有关的文件、证明材料和有关资料。

（4）询问纳税人、扣缴义务人与纳税或者代扣代缴、代收代缴税款有关的问题和情况。

（5）到车站、码头、机场、邮政企业及其分支机构检查纳税人托运、邮寄应纳税商品、货物或者其他财产的有关单据、凭证和有关资料。

（6）经县以上税务局（分局）局长批准，凭全国统一格式的检查存款账户许可证明，查询从事生产、经营的纳税人、扣缴义务人在银行或者其他金融机构的存款账户。税务机关在调查税收违法案件时，经设区的市、自治州以上税务局（分局）局长批准，可以查询案件涉嫌人员的储蓄存款。税务机关查询所获得的资料，不得用于税收以外的用途。

税务机关对从事生产、经营的纳税人以前纳税期的纳税情况依法进行税务检查时，发现纳税人有逃避纳税义务行为，并有明显的转移、隐匿其应纳税的商品、货物以及其他财产或者应纳税的收入的迹象的，可以按照本法规定的批准权限采取税收保全措施或者强制执行措施。

纳税人、扣缴义务人必须接受税务机关依法进行的税务检查，如实反映情况，提供有关资料，不得拒绝、隐瞒。

税务机关依法进行税务检查时，有权向有关单位和个人调查纳税人、扣缴义务人和其他当事人与纳税或者代扣代缴、代收代缴税款有关的情况，有关单位和个人有义务向税务机关如实提供有关资料及证明材料。

税务机关调查税务违法案件时，对与案件有关的情况和资料，可以记录、录音、录像、照相和复制。

税务机关派出的人员进行税务检查时，应当出示税务检查证和税务检查通知书，并有责任为被检查人保守秘密；未出示税务检查证和税务检查通知书的，被检查人有权拒绝检查。

知识点四　法律责任

一、违反税务管理基本规定的法律责任

（1）纳税人有下列行为之一的，由税务机关责令限期改正，可以处二千元以下的罚款；情节严重的，处二千元以上一万元以下的罚款。

① 未按照规定设置、保管账簿或者保管记账凭证和有关资料的。

② 未按照规定将财务、会计制度或者财务、会计处理办法和会计核算软件报送税务机关备查的。

③ 未按照规定将其全部银行账号向税务机关报告的。

④ 未按照规定安装、使用税控装置，或者损毁，或者擅自改动税控装置的。

（2）扣缴义务人未按照规定设置、保管代扣代缴、代收代缴税款账簿，记账凭证及有关资料的，由税务机关责令限期改正，可以处二千元以下的罚款；情节严重的，处二千元以上五千元以下的罚款。

（3）纳税人未按照规定的期限办理纳税申报和报送纳税资料的，或者扣缴义务人未按照规定的期限向税务机关报送代扣代缴、代收代缴税款报告表和有关资料的，由税务机关责令限期改正，可以处二千元以下的罚款；情节严重的，可以处二千元以上一万元以下的罚款。

二、偷税行为的法律责任

纳税人伪造、变造、隐匿、擅自销毁账簿、记账凭证，或者在账簿上多列支出或者不列、少列收入，或者经税务机关通知申报而拒不申报，或者进行虚假的纳税申报，不缴或者少缴应纳税款的，是偷税。对纳税人偷税的，偷税数额不满 1 万元或者占应纳税额不到 10%，由税务机关追缴其不缴或者少缴的税款、滞纳金，并处不缴或者少缴的税款百分之五十以上五倍以下的罚款；构成犯罪的，依法追究刑事责任。

扣缴义务人采取前款所列手段，不缴或者少缴已扣、已收税款，由税务机关追缴其不缴或者少缴的税款、滞纳金，并处不缴或者少缴的税款百分之五十以上五倍以下的罚款；构成犯罪的，依法追究刑事责任。

三、逃避追缴欠税行为的法律责任

纳税人不进行纳税申报，不缴或者少缴应纳税款的，数额不满 1 万元，由税务机关追缴其不缴或者少缴的税款、滞纳金，并处不缴或者少缴的税款百分之五十以上五倍以下的罚款。纳税人欠缴应纳税款，采取转移或者隐匿财产的手段，妨碍税务机关追缴欠缴的税款的，由税务机关追缴欠缴的税款、滞纳金，并处欠缴税款百分之五十以上五倍以下的罚款；构成犯罪的，依法追究刑事责任。

纳税人、扣缴义务人在规定期限内不缴或者少缴应纳或者应解缴的税款，经税务机关责令限期缴纳，逾期仍未缴纳的，税务机关除依照《税收征收管理法》第四十条的规定采取强制执行措施追缴其不缴或者少缴的税款外，可以处不缴或者少缴的税款百分之五十以上五

倍以下的罚款。

扣缴义务人应扣未扣、应收而不收税款的，由税务机关向纳税人追缴税款，对扣缴义务人处应扣未扣、应收未收税款百分之五十以上三倍以下的罚款。

纳税人、扣缴义务人逃避、拒绝或者以其他方式阻挠税务机关检查的，由税务机关责令改正，可以处一万元以下的罚款；情节严重的，处一万元以上五万元以下的罚款。

四、骗税行为的法律责任

以假报出口或者其他欺骗手段，骗取国家出口退税款的，由税务机关追缴其骗取的退税款，并处骗取税款一倍以上五倍以下的罚款；构成犯罪的，依法追究刑事责任。

对骗取国家出口退税款的，税务机关可以在规定期间内停止为其办理出口退税。

五、抗税行为的法律责任

以暴力、威胁方法拒不缴纳税款的，是抗税，除由税务机关追缴其拒缴的税款、滞纳金外，依法追究刑事责任。情节轻微，未构成犯罪的，由税务机关追缴其拒缴的税款、滞纳金，并处拒缴税款一倍以上五倍以下的罚款。

六、非法印制发票的法律责任

非法印制发票的，由税务机关销毁非法印制的发票，没收违法所得和作案工具，并处一万元以上五万元以下的罚款；构成犯罪的，依法追究刑事责任。

从事生产、经营的纳税人，扣缴义务人有《税收征收管理法》规定的税收违法行为，拒不接受税务机关处理的，税务机关可以收缴其发票或者停止向其发售发票。

七、银行及金融机构

纳税人、扣缴义务人的开户银行或者其他金融机构拒绝接受税务机关依法检查纳税人、扣缴义务人存款账户，或者拒绝执行税务机关作出的冻结存款或者扣缴税款的决定，或者在接到税务机关的书面通知后帮助纳税人、扣缴义务人转移存款，造成税款流失的，由税务机关处十万元以上五十万元以下的罚款，对直接负责的主管人员和其他直接责任人员处一千元以上一万元以下的罚款。

八、税务机关和税务人员的相关法律责任

（1）税务机关违反规定擅自改变税收征收管理范围和税款入库预算级次的，责令限期改正，对直接负责的主管人员和其他直接责任人员依法给予降级或者撤职的行政处分。

（2）税务人员徇私舞弊，对依法应当移交司法机关追究刑事责任的不移交，情节严重的，依法追究刑事责任。

（3）未经税务机关依法委托征收税款的，责令退还收取的财物，依法给予行政处分或者行政处罚；致使他人合法权益受到损失的，依法承担赔偿责任；构成犯罪的，依法追究刑事责任。

（4）税务机关、税务人员查封、扣押纳税人个人及其所扶养家属维持生活必需的住房和用品的，责令退还，依法给予行政处分；构成犯罪的，依法追究刑事责任。

（5）税务人员与纳税人、扣缴义务人勾结，唆使或者协助纳税人、扣缴义务人有《税收征收管理法》第六十三条、第六十五条、第六十六条规定的行为，构成犯罪的，依法追究刑事责任；尚不构成犯罪的，依法给予行政处分。

（6）税务人员利用职务上的便利，收受或者索取纳税人、扣缴义务人财物或者谋取其他不正当利益，构成犯罪的，依法追究刑事责任；尚不构成犯罪的，依法给予行政处分。

（7）税务人员徇私舞弊或者玩忽职守，不征或者少征应征税款，致使国家税收遭受重大损失，构成犯罪的，依法追究刑事责任；尚不构成犯罪的，依法给予行政处分。

（8）税务人员滥用职权，故意刁难纳税人、扣缴义务人的，调离税收工作岗位，并依法给予行政处分。

（9）税务人员对控告、检举税收违法违纪行为的纳税人、扣缴义务人以及其他检举人进行打击报复的，依法给予行政处分；构成犯罪的，依法追究刑事责任。

（10）违反法律、行政法规的规定提前征收、延缓征收或者摊派税款的，由其上级机关或者行政监察机关责令改正，对直接负责的主管人员和其他直接责任人员依法给予行政处分。

（11）违反法律、行政法规的规定，擅自作出税收的开征、停征，或者减税、免税、退税、补税，以及其他同税收法律、行政法规相抵触的决定的，除依照本法规定撤销其擅自作出的决定外，补征应征未征税款，退还不应征收而征收的税款，并由上级机关追究直接负责的主管人员和其他直接责任人员的行政责任；构成犯罪的，依法追究刑事责任。

（12）税务人员在征收税款或者查处税收违法案件时，未按照本法规定进行回避的，对直接负责的主管人员和其他直接责任人员，依法给予行政处分。

（13）违反税收法律、行政法规应当给予行政处罚的行为，在五年内未被发现的，不再给予行政处罚。

（14）未按照《税收征收管理法》规定为纳税人、扣缴义务人、检举人保密的，对直接负责的主管人员和其他直接责任人员，由所在单位或者有关单位依法给予行政处分。

（15）纳税人、扣缴义务人、纳税担保人同税务机关在纳税上发生争议时，必须先依照税务机关的纳税决定缴纳或者解缴税款及滞纳金或者提供相应的担保，然后可以依法申请行政复议；对行政复议决定不服的，可以依法向人民法院起诉。

（16）当事人对税务机关的处罚决定、强制执行措施或者税收保全措施不服的，可以依法申请行政复议，也可以依法向人民法院起诉。

（17）当事人对税务机关的处罚决定逾期不申请行政复议也不向人民法院起诉，又不履行的，作出处罚决定的税务机关可以采取《税收征收管理法》第四十条规定的强制执行措施，或者申请人民法院强制执行。

知识点五　税务行政复议与诉讼

一、税务行政处罚

1. 税务行政处罚的概念

税务行政处罚是指公民、法人或者其他组织有违反税收法律、行政法规的行为，尚未构成犯罪依法应承担行政责任的，由税务机关给予的处罚。

2. 税务行政处罚的种类

税务行政处罚的种类包括罚款、没收违法所得、停止出口退税和收缴发票、停止供应发票。

二、税务行政复议和诉讼

纳税争议，是指纳税人、扣缴义务人、纳税担保人对税务机关确定纳税主体、征税对象、征税范围、减税、免税及退税、适用税率、计税依据、纳税环节、纳税期限、纳税地点以及税款征收方式等具体行政行为有异议而发生的争议。

纳税人、扣缴义务人、纳税担保人同税务机关在纳税上发生争议时，必须先依照税务机关的纳税决定缴纳或者解缴税款及滞纳金或者提供相应的担保，然后可以依据《税务行政复议规则》依法申请行政复议；对行政复议决定不服的，可以依法向人民法院起诉。当事人对税务机关的处罚决定、强制执行措施或者税收保全措施不服的，可以依法申请行政复议，也可以依法向人民法院起诉。当事人对税务机关的处罚决定逾期不申请行政复议也不向人民法院起诉，又不履行的，作出处罚决定的税务机关可以采取《税收征收管理法》第四十条规定的强制执行措施，或者申请人民法院强制执行。

随堂训练

一、知识练习

（一）单项选择题

1. 领取营业执照到税务机关备案的时间为（   ）。
   A. 30日内　　　B. 15日内　　　C. 10日内　　　D. 60日内
2. 纳税人的财务负责人发生变更时应向税务机关办理（   ）。
   A. 注销登记　　B. 变更登记　　C. 开业登记　　D. 注册登记
3. 税收征管的主体是（   ）。
   A. 各级税务机关　B. 纳税人　　C. 扣缴义务人　　D. 纳税担保人
4. 纳税人因有特殊困难，不能按期缴纳税款的，经省、自治区、直辖市国家税务局、地方税务局批准，可以延期缴纳税款，但是最长不得超过（   ）。
   A. 三个月　　　B. 一个月　　　C. 两个月　　　D. 六个月
5. 已开具的发票存根联和发票登记簿应当保存（   ）。
   A. 1年　　　　B. 3年　　　　C. 5年　　　　D. 10年

（二）多项选择题

1. 税务登记的种类包括（   ）。
   A. 注销登记　　B. 变更登记　　C. 开业登记　　D. 注册登记
2. 纳税人以下（   ）的变更应向主管税务机关申请变更。
   A. 生产经营地　B. 财务负责人　C. 核算方式　　D. 其他信息
3. 税务机关可以采取的税收保全措施（   ）。
   A. 书面通知纳税人开户银行或者其他金融机构冻结纳税人的金额相当于应纳税款的存款

B. 扣押、查封纳税人的价值相当于应纳税款的商品、货物或者其他财产

C. 限制出境

D. 拍卖价值相当于应纳税款的商品、货物或者其他财产

4. 下列税务检查取证方法中，属于违法取证的做法有（　　）。

A. 以偷拍、偷录、窃听等手段获取证据材料

B. 以利诱、欺诈、胁迫、暴力等手段获取证据材料

C. 要求纳税人提供与原始电子数据、电子信息系统技术资料一致的复制件

D. 采用适当技术手段对纳税人电子信息系统进行直接检查

5. 税务机关的发票的主管机关，负责发票的（　　）及取得、保管和监督。

A. 印制　　　　B. 领购　　　　C. 缴销　　　　D. 开具

二、能力训练

如意美容厅（系有证个体户），经税务机关核定实行定期定额税收征收方式，核定月均应纳税额580元。2018年6月6日，因店面装修向税务机关提出自6月8日至6月30日申请停业的报告，税务机关经审核后，在6月7日作出同意核准停业的批复，并下达了核准停业通知书，并在办税服务厅予以公示。6月20日，税务机关接到群众举报，称如意美容厅一直仍在营业中。6月21日，税务机关派员实地检查，发现该美容厅仍在营业，确属虚假停业，遂于6月22日送达复业通知书，并告知需按月均定额纳税。7月12日，税务机关下达限期改正通知书，责令限期申报并缴纳税款，但该美容厅没有改正。

问：税务机关对如意美容厅该如何处理？

业务操作

【任务1】税务登记

一、实训目的

掌握企业开业税务登记的办理。

二、实训程序

（一）提交资料

按照《设立登记提交材料规范》，以开设有限责任公司为例，需要带齐以下10项资料。

（1）公司登记（备案）申请书。

（2）指定代表或者共同委托代理人授权委托书及指定代表或委托代理人的身份证件复印件。

（3）全体股东签署的公司章程。

（4）股东的主体资格证明或者自然人身份证件复印件。

（5）董事、监事和经理的任职文件（股东会决议由股东签署，董事会决议由公司董事签字）及身份证件复印件。

（6）法定代表人任职文件（股东会决议由股东签署，董事会决议由公司董事签字）及身份证件复印件。

（7）住所使用证明。

(8) 企业名称预先核准通知书。

(9) 法律、行政法规和国务院决定规定设立有限责任公司必须报经批准的，提交有关的批准文件或者许可证件复印件。

(10) 公司申请登记的经营范围中有法律、行政法规和国务院决定规定必须在登记前报经批准的项目，提交有关批准文件或者许可证件的复印件。

（二）受理

接到企业的申请材料后，如果材料齐全、符合法定形式的，当场予以受理，出具受理通知书，并在登记业务系统中录入信息数据；申请材料需要核实的，会主动告知核实事项、理由和依据。申请材料不齐全或者不符合法定形式的，会将申请材料当场退回申请人，出具不予受理通知书，并注明不予受理的理由，一次性告知申请人需要补的全部内容。

由工商登记核准员对通过受理审查的登记事项进行审核，2 日内作出是否准予登记的决定。

发放执照。

（三）领取营业执照的 15 日内到税务机关备案

提交营业执照和需补充的相关资料到税务机关备案。

(1) 会计制度、会计处理方法。

(2) 开户银行及账号（开设账户的 15 日内）。

（四）税务机关受理审核，补录信息。核定税种，打印税种通知书

（五）取得税种通知书

三、实训内容

请按照以下资料办理税务开业登记并填写备案登记表

（一）天津永安工贸有限责任公司基本情况

税务登记申请日期：2018 年 6 月 24 日　　企业法人名称：天津永安工贸有限责任公司

注册登记日期：2018 年 6 月 9 日　　批准设立机关：天津市工商管理局

企业法人营业执照注册号：120423738469198

注册地址：天津市东丽区新袁庄 21 号　　生产经营地址：天津市东丽区新袁庄 21 号

法人代表：王　军　　公司类型：其他有限公司

组织机构代码：67410434－0　　经营范围：水泥制品加工销售

生产经营期限：2018 年 6 月 9 日至 2038 年 6 月 8 日

核算方式：独立经营　　联系电话：022—81265879

邮政编码：256000　　单位性质：企业

适用会计制度：企业会计准则　　从业人数：425 人

纳税人识别号：120110675981000　　开户银行：中国建设银行（城南分理处）

开户账号：6227 0029 2010 0067 523

（二）企业有关人员资料

职务	姓名	身份证明	号码	固定电话	移动电话	电子信箱
法定代表人	王军	身份证	1203196805070012	0224 3333333	13505430011	Wangjun68@163.com
财务负责人	魏民	身份证	1203197208070017	0224 3333333	13705438872	Weimin72@163.com
办税人	张新	身份证	1203197806030015	0224 3333333	13905437563	Zhangxin78@163.com

（三）注册资本或投资总额：人民币 900 万元

投资方名称	投资方经济性质	投资比例	证件种类	证件号码	国籍或地址
建华集团	其他有限公司	80%	企业法人营业执照	372301200153221	中山市小榄镇 12 路 122 号
许景新	自然人	20%	身份证	120301197108070020	中山市建华花园

公司登记（备案）申请书

☐ 基本信息

名　　称	
名称预先核准文号/注册号/统一社会信用代码	
住　　所	＿＿＿＿＿＿省（市/自治区）＿＿＿＿＿＿市（地区/盟/自治州）＿＿＿＿＿＿县（自治县/旗/自治旗/市/区）＿＿＿＿＿＿乡（民族乡/镇/街道）＿＿＿＿＿＿村（路/社区）＿＿＿＿＿＿号
生产经营地	＿＿＿＿＿＿省（市/自治区）＿＿＿＿＿＿市（地区/盟/自治州）＿＿＿＿＿＿县（自治县/旗/自治旗/市/区）＿＿＿＿＿＿乡（民族乡/镇/街道）＿＿＿＿＿＿村（路/社区）＿＿＿＿＿＿号
联系电话	邮政编码

☐ 设立

法定代表人姓　名		职　　务	☐董事长　☐执行董事　☐经理
注册资本	＿＿＿＿＿＿万元	公司类型	
设立方式（股份公司填写）	☐发起设立		☐募集设立
经营范围			
经营期限	☐＿＿＿＿年　　☐长期	申请执照副本数量	＿＿＿个

☐ 变更

变更项目	原登记内容	申请变更登记内容

续表

□备案				
分公司 □增设 □注销	名 称		注册号/统一 社会信用代码	
	登记机关		登记日期	
清算组	成 员			
	负责人		联系电话	
其 他	□董事 □监事 □经理 □章程 □章程修正案 □财务负责人 □联络员			
□申请人声明				
本公司依照《公司法》《公司登记管理条例》相关规定申请登记、备案,提交材料真实有效。通过联络员登录企业信用信息公示系统向登记机关报送、向社会公示的企业信息为本企业提供、发布的信息,信息真实、有效。 　　法定代表人签字:　　　　　　　　　　　　　　　　　　　公司盖章 　　(清算组负责人)签字:　　　　　　　　　　　　　　　年　 月　 日				

【任务2】企业变更税务办理

一、实训目的

掌握企业变更税务登记的办理。

二、实训程序

(1) 企业除生产经营地址、财务负责人、核算方式发生变化的,在办理工商变更后,需携带变更后的营业执照及有关证明材料前往主管税务机关办税服务厅登记窗口申报变更。

(2) 企业住所变更,涉及主管税务机关调整的,仍按原注销迁移流程办理。

(3) 已领取营业执照但未办理税务登记的,税务机关按新设企业处理。

(4) 企业生产经营地址、财务负责人、核算方式发生变化的,由企业直接向主管税务机关申报变更。

三、实训内容

乌海市××电气工程有限公司2015年11月2日成立,新成立注册地址为乌海市海勃湾区新华东街北四街坊文博佳苑B段商铺14号,与出租方签订租赁合同。2018年1月8日由于出租方要去外地发展,将房子出售。现在新的地址为乌海市海勃湾区千里山东街南新锐商住楼19号商铺,签订租赁合同。填好变更税务登记表后,到税务登记窗口办理。

变更税务登记表

纳税人名称		纳税人识别号		
变更登记事项				
序号	变更项目	变更前内容	变更后内容	批准机关名称及文件

续表

送缴证件情况：		
纳税人		
经办人：	法定代表人（负责人）：	纳税人（签章）
年 月 日	年 月 日	年 月 日
经办税务机关审核意见：		
经办人：	负责人：	税务机关（签章）
年 月 日	年 月 日	年 月 日

【表单说明】
一、本表适用于各类纳税人变更税务登记填用。
二、报送此表时还应附送如下资料：
（一）税务登记变更内容与工商行政管理部门登记变更内容一致的应提交：
1. 工商执照及工商变更登记表复印件。
2. 纳税人变更登记内容的决议及有关证明文件。
3. 主管税务机关发放的原税务登记证件（税务登记证正、副本和税务登记表等）。
4. 主管税务机关需要的其他资料。
（二）变更税务登记内容与工商行政管理部门登记内容无关的应提交：
1. 纳税人变更登记内容的决议及有关证明、资料。
2. 主管税务机关需要的其他资料。
三、变更项目：填需要变更的税务登记项目。
四、变更前内容：填变更税务登记前的登记内容。
五、变更后内容：填变更的登记内容。
六、批准机关名称及文件：凡需要经过批准才能变更的项目须填写此项。
七、本表一式二份，税务机关一份，纳税人一份。

【任务3】企业的注销税务办理

一、实训目的
掌握企业注销的税务办理。

二、实训程序
1. 注销企业需先向主管税务机关申报清税，填写清税申报表。
请随带清税申报表（需加盖法人章和单位公章）到主管税务机关办税服务厅办理。
清税申报表中附送资料指以下有关注销的文件和证明资料：
（1）税务登记证正副本和其他税务证件。
（2）发票领用簿及未验旧、未使用的发票。
（3）工商行政管理部门发出的吊销决定原件及复印件（工商营业执照被吊销的报送）。
（4）非居民企业报送项目完工证明、验收证明等相关文件原件及复印件。

(5) 税控专用设备（纳入税控系统的纳税人报送）。

(6) 单位纳税人报送：①上级主管部门批复文件或董事会决议原件及复印件；②《中华人民共和国企业清算所得税申报表》及附表（需要清算的企业所得税纳税人报送）。

2. 开具清税证明。

国家税务总局明确实行"五证合一、一照一码"登记模式的企业办理注销登记，须先向税务主管机关申报清税，填写清税申报表。

企业可向国税、地税任何一方税务主管机关提出清税申报，税务机关受理后应将企业清税申报信息同时传递给另一方税务机关，国税、地税税务主管机关按照各自职责分别进行清税，限时办理。清税完毕后，一方税务机关及时将本部门的清税结果信息反馈给受理税务机关，由受理税务机关根据国税、地税清税结果向纳税人统一出具清税证明，并将信息共享到交换平台。

凭税务机关核发的清税证明向工商行政管理或市场监督管理部门申请办理注销登记。

三、实训内容

乌海市××机械有限责任公司为增值税一般纳税人，因市场环境不景气，连续亏损，经股东会决议同意注销公司。

清税申报表

纳税人名称		统一社会信用代码 （纳税人识别号）	
注销原因			
附送资料			
纳税人 经办人： 年　月　日	法定代表人（负责人）： 年　月　日		纳税人（签章） 年　月　日
以下由税务机关填写			
受理时间	经办人： 年　月　日	负责人： 年　月　日	
清缴税款、 滞纳金、 罚款情况	经办人： 年　月　日	负责人： 年　月　日	
缴销发票 情况	经办人： 年　月　日	负责人： 年　月　日	

续表

税务检查意见	检查人员：　　　　　　　　负责人： 　　年　月　日　　　　　　　　年　月　日
批准意见	 部门负责人：　　　　　　　　税务机关（签章） 　　年　月　日　　　　　　　　年　月　日

【表单说明】
1. 附送资料：填写附报的有关注销的文件和证明资料。
2. 清缴税款、滞纳金、罚款情况：填写纳税人应纳税款、滞纳金、罚款缴纳情况。
3. 缴销发票情况：纳税人发票领购簿及发票缴销情况。
4. 税务检查意见：检查人员对需要清查的纳税人，在纳税人缴清查补的税款、滞纳金、罚款后签署意见。
5. 本表一式三份，税务机关两份，纳税人一份。

项目三

增值税

知识准备

知识点一　增值税概述

一、增值税的性质

（一）增值税的概念

增值税是以商品在流转过程中产生的增值额为计税依据而征收的一种流转税。

我国现行的增值税是对在我国境内销售货物，提供加工、修理修配劳务和销售服务、无形资产、不动产，以及进口货物的单位和个人，就其取得的货物、劳务或应税服务销售额，以及进口货物金额计算税款，并实行税款属地征收的一种流转税。

（二）增值税的特点

1. 不重复征收，具有税收中性

增值税在计税原理上是以商品或劳务价值中的增值额为征税对象，可避免对同一对象重复征税。同一货物在其各个生产流通环节的税负大致相同，使得增值税对生产经营活动以及消费行为基本不发生影响。增值税具有中性税收的特点，从而有利于生产的专业化分工，提高社会经济资源的利用效率。

2. 税源广阔，具有普遍性

增值税不仅可以对制造业征收，而且可以对贸易、服务行业征收；不仅可以在生产环节征收，而且可以在批发、零售及进口诸环节征收。一切从事生产经营活动并取得经营收入的单位和个人都应依法缴纳增值税。

3. 实行税款抵扣制度，具有可操作性

由于新增价值或商品附加值在商品流通过程中是一个难以准确计算的数据，因此，在增值税的实际操作上采用税款抵扣法计算，可根据货物或应税劳务销售额，按照规定的税率计算税款，然后从中扣除上一道环节已纳增值税税款，其余额即为纳税人应缴纳的增值税税款。这种计算办法同样体现了不重复征税的特点。

4. 逐环节价外征收，具有转嫁性

增值税是在商品交易额或劳务价值之外，由卖方向买方收取。由买方所承担的增值税，又会通过其销售活动全部转移给下一个环节（即下一个买方）而得到足额补偿。因此，从形式上讲，增值税税收负担是由不能再行转嫁的最终消费者承担的。

（三）增值税的作用

增值税具有平衡税负，促进专业化分工和公平竞争，保证财政收入的稳定增长，促进国际贸易和防止偷税、漏税等作用。

二、增值税的纳税人

在中华人民共和国境内销售货物或者提供加工、修理修配劳务，销售服务、无形资产或者不动产，以及进口货物的单位和个人，为增值税的纳税人。单位是指企业、行政单位、事业单位、军事单位、社会团体及其他单位。个人，是指个体工商户和其他个人。单位以承包、承租、挂靠方式经营的，承包人、承租人、挂靠人（以下统称"承包人"）以发包人、出租人、被挂靠人（以下统称"发包人"）名义对外经营并由发包人承担相关法律责任的，以该发包人为纳税人，否则以承包人为纳税人。在我国境外的单位或者个人在境内提供应税劳务或者服务，在境内未设有经营机构的，以其代理人为增值税扣缴义务人；在境内没有代理人的，以购买方或者接受方为增值税扣缴义务人。

增值税实行凭增值税专用发票抵扣税款的制度，因此对纳税人的会计核算水平要求较高，要求能够准确核算销项税额、进项税额和应纳税额。但实际情况是有众多的纳税人达不到这一要求，因此我国增值税暂行条例将纳税人按其经营规模大小以及会计核算是否健全划分为一般纳税人和小规模纳税人。

（一）小规模纳税人的认定及管理

小规模纳税人的认定标准为连续12个月或者连续4个季度累计应征增值税销售额未超过500万元。

小规模纳税人不能领购和使用增值税专用发票，按简易办法计算缴纳增值税。但如果小规模纳税人向一般纳税人销售货物或应税劳务，购货方要求销货方提供增值税专用发票时，税务机关可以为其代开增值税专用发票。

（二）一般纳税人的管理

符合一般纳税人条件的纳税人应当向其机构所在地主管税务机关申请一般纳税人资格认定，一般纳税人资格认定的权限在县（市、区）国家税务局或者同级别的税务分局（以下称"认定机关"）。一般纳税人总分支机构不在同一县（市区）的，应分别向其机构所在地主管税务机关申请办理一般纳税人资格认定手续。

除国家税务总局另有规定外，纳税人一经认定为一般纳税人后，不得再转为小规模纳税人。

三、增值税的征税范围

增值税的征税范围包括在我国境内销售货物，加工、修理修配劳务，服务，无形资产或者不动产,以及进口货物。

销售货物,加工、修理修配劳务,服务,无形资产或者不动产是指有偿提供货物,加工、修理修配劳务,服务,有偿转让无形资产或者不动产。但属于下列非经营活动的情形除外。

(1) 行政单位收取的同时满足以下条件的政府性基金或者行政事业性收费。

① 由国务院或者财政部批准设立的政府性基金,由国务院或者省级人民政府及其财政、价格主管部门批准设立的行政事业性收费。

② 收取时开具省级以上(含省级)财政部门监(印)制的财政票据。

③ 所收款项全额上缴财政。

(2) 单位或者个体工商户聘用的员工为本单位或者雇主提供取得工资的服务。

(3) 单位或者个体工商户为聘用的员工提供服务。

(4) 财政部和国家税务总局规定的其他情形。

有偿,是指取得货币、货物或者其他经济利益。

在境内销售货物或加工、修理修配劳务,是指销售货物的起运地或者所在地在境内以及提供的加工、修理修配劳务发生在境内。

在境内销售服务、无形资产或者不动产,是指:

(1) 服务(租赁不动产除外)或者无形资产(自然资源使用权除外)的销售方或者购买方在境内。

(2) 所销售或者租赁的不动产在境内。

(3) 所销售自然资源使用权的自然资源在境内。

(4) 财政部和国家税务总局规定的其他情形。

下列情形不属于在境内销售服务或者无形资产。

(1) 境外单位或者个人向境内单位或者个人销售完全在境外发生的服务。

(2) 境外单位或者个人向境内单位或者个人销售完全在境外使用的无形资产。

(3) 境外单位或者个人向境内单位或者个人出租完全在境外使用的有形动产。

(4) 财政部和国家税务总局规定的其他情形。

(一) 征税范围的一般规定

1. 销售货物

货物是指有形动产,包括电力、热力、气体在内。销售货物是指有偿转让货物的所有权,能从购买方取得货币、货物或其他经济利益。境内销售货物,是指所销售货物的起运地或所在地在我国境内。

2. 销售应税(加工、修理修配)劳务

所谓加工,是指受托加工货物,即委托方提供原料及主要材料,受托方按照委托方的要求制造货物并收取加工费的业务;修理修配是指受托对损伤和丧失功能的货物进行修复,使其恢复原状和功能的业务。境内销售应税劳务是指所提供的应税劳务发生在境内。

3. 销售服务

销售服务,是指提供交通运输服务、邮政服务、电信服务、建筑服务、金融服务、现代服务、生活服务。

(1) 交通运输服务。

交通运输服务，是指使用运输工具将货物或者旅客送达目的地，使其空间位置得到转移的业务活动，包括陆路运输服务、水路运输服务、航空运输服务和管道运输服务。

① 陆路运输服务，是指通过陆路（地上或者地下）运送货物或者旅客的运输业务活动，包括铁路运输、公路运输、缆车运输、索道运输、地铁运输、城市轻轨运输等。出租车公司向使用本公司自有出租车的出租车司机收取的管理费用，按陆路运输服务征收增值税。

② 水路运输服务，是指通过江、河、湖、川等天然、人工水道或者海洋航道运送货物或者旅客的运输业务活动。远洋运输的程租、期租业务，属于水路运输服务。

③ 航空运输服务，是指通过空中航线运送货物或者旅客的运输业务活动。航空运输的湿租业务，属于航空运输服务。航天运输服务按照航空运输服务征收增值税。

④ 管道运输服务，是指通过管道设施输送气体、液体、固体物质的运输业务活动。

无运输工具承运业务，按照交通运输服务缴纳增值税。

无运输工具承运业务是指经营者以承运人身份与托运人签订运输服务合同，收取运费并承担承运人责任，然后委托实际承运人完成运输服务的经营活动。

(2) 邮政服务。

邮政服务，是指中国邮政集团公司及其所属邮政企业提供邮件寄递、邮政汇兑、机要通信和邮政代理等邮政基本服务的业务活动。包括邮政普遍服务、邮政特殊服务和其他邮政服务。

① 邮政普遍服务，是指函件、包裹等邮件寄递，以及邮票发行、报刊发行和邮政汇兑等业务活动。

② 邮政特殊服务，是指义务兵平常信函、机要通信、盲人读物和革命烈士遗物的寄递等业务活动。

③ 其他邮政服务，是指邮册等邮品销售、邮政代理等业务活动。

(3) 电信服务。

电信服务，是指利用线、无线的电磁系统或者光电系统等各种通信网络资源，提供语音通话服务，传送、发射、接收或者应用图像、短信等电子数据和信息的业务活动，包括基础电信服务和增值电信服务。

① 基础电信服务，是指利用固网、移动网、卫星、互联网提供语音通话服务的业务活动，以及出租或者出售带宽、波长等网络元素的业务活动。

② 增值电信服务，是指利用固网、移动网、卫星、互联网、有线电视网络提供短信和彩信服务、电子数据和信息的传输及应用服务、互联网接入服务等业务活动。卫星电视信号落地转接服务，按照增值电信服务计算缴纳增值税。

(4) 建筑服务。

建筑服务，是指各类建筑物、构筑物及其附属设施的建造、修缮、装饰，线路、管道、设备、设施等的安装以及其他工程作业的业务活动，包括工程服务、安装服务、修缮服务、装饰服务和其他建筑服务。

① 工程服务，是指新建、改建各种建筑物、构筑物的工程作业，包括与建筑物相连的各种设备或者支柱、操作平台的安装或者装设工程作业，以及各种窑炉和金属结构工程作业。

② 安装服务,是指生产设备、动力设备、起重设备、运输设备、传动设备、医疗实验设备以及其他各种设备、设施的装配、安置工程作业,包括与被安装设备相连的工作台、梯子、栏杆的装设工程作业,以及被安装设备的绝缘、防腐、保温、油漆等工程作业。

固定电话、有线电视、宽带、水、电、燃气、暖气等经营者向用户收取的安装费、初装费、开户费、扩容费以及类似收费,按照安装服务缴纳增值税。

③ 修缮服务,是指对建筑物、构筑物进行修补、加固、养护、改善,使之恢复原来的使用价值或者延长其使用期限的工程作业。

④ 装饰服务,是指对建筑物、构筑物进行修饰装修,使之美观或者具有特定用途的工程作业。

⑤ 其他建筑服务,是指上列工程作业之外的各种工程作业服务,如钻井(打井)、拆除建筑物或者构筑物、平整土地、园林绿化、疏浚(不包括航道疏浚)、建筑物平移、搭脚手架、爆破、矿山穿孔、表面附着物(包括岩层、土层、沙层等)剥离和清理等工程作业。

(5) 金融服务。

金融服务,是指经营金融保险的业务活动。包括贷款服务、直接收费金融服务、保险服务和金融商品转让。

① 贷款服务,是指将资金贷与他人使用而取得利息收入的业务活动。

② 直接收费金融服务,是指为货币资金融通及其他金融业务提供相关服务并且收取费用的业务活动,包括提供货币兑换、账户管理、电子银行、信用卡、信用证、财务担保、资产管理、信托管理、基金管理、金融交易场所(平台)管理、资金结算、资金清算、金融支付等服务。

③ 保险服务,是指投保人根据合同约定,向保险人支付保险费,保险人对于合同约定的可能发生的事故因其发生所造成的财产损失承担赔偿保险金责任,或者当被保险人死亡、伤残、疾病或者达到合同约定的年龄、期限等条件时承担给付保险金责任的商业保险行为,包括人身保险服务和财产保险服务。

④ 金融商品转让,是指转让外汇、有价证券、非货物期货和其他金融商品所有权的业务活动。

其他金融商品转让,包括基金、信托、理财产品等各类资产管理产品和各种金融衍生品的转让。

(6) 现代服务。

现代服务,是指围绕制造业、文化产业、现代物流产业等提供技术性、知识性服务的业务活动,包括研发和技术服务、信息技术服务、文化创意服务、物流辅助服务、租赁服务、鉴证咨询服务、广播影视服务、商务辅助服务和其他现代服务。

① 研发和技术服务,包括研发服务、合同能源管理服务、工程勘察勘探服务、专业技术服务。

② 信息技术服务,是指利用计算机、通信网络等技术对信息进行生产、收集、处理、加工、存储、运输、检索和利用,并提供信息服务的业务活动。包括软件服务、电路设计及测试服务、信息系统服务、业务流程管理服务和信息系统增值服务。

③ 文化创意服务,包括设计服务、知识产权服务、广告服务和会议展览服务。

设计服务,是指把计划、规划、设想通过文字、语言、图画、声音、视觉等形式传递出来的业务活动。

知识产权服务，是指处理知识产权事务的业务活动，包括对专利、商标、著作权、软件、集成电路布图设计的登记、鉴定、评估、认证、检索服务。

广告服务，是指利用图书、报纸、杂志、广播、电视、电影、幻灯、路牌、招贴、橱窗、霓虹灯、灯箱、互联网等各种形式为客户的商品、经营服务项目、文体节目或者通告、声明等委托事项进行宣传和提供相关服务的业务活动，包括广告代理和广告的发布、播映、宣传、展示等。

会议展览服务，是指为商品流通、促销、展示、经贸洽谈、民间交流、企业沟通、国际往来等举办或者组织安排的各类展览和会议的业务活动。

④ 物流辅助服务，包括航空服务、港口码头服务、货运客运场站服务、打捞救助服务、装卸搬运服务、仓储服务和收派服务。

航空服务，包括航空地面服务和通用航空服务。

港口码头服务，是指港务船舶调度服务、船舶通信服务、航道管理服务、航道疏浚服务、灯塔管理服务、航标管理服务、船舶引航服务、理货服务、系解缆服务、停泊和移泊服务、海上船舶溢油清除服务、水上交通管理服务、船只专业清洗消毒检测服务和防止船只漏油服务等为船只提供服务的业务活动。

港口设施经营人收取的港口设施保安费按照港口码头服务缴纳增值税。

货运客运场站服务，是指货运客运场站提供货物配载服务、运输组织服务、中转换乘服务、车辆调度服务、票务服务、货物打包整理、铁路线路使用服务、加挂铁路客车服务、铁路行包专列发送服务、铁路到达和中转服务、铁路车辆编解服务、车辆挂运服务、铁路接触网服务、铁路机车牵引服务等业务活动。

打捞救助服务，是指提供船舶人员救助、船舶财产救助、水上救助和沉船沉物打捞服务的业务活动。

装卸搬运服务，是指使用装卸搬运工具或者人力、畜力将货物在运输工具之间、装卸现场之间或者运输工具与装卸现场之间进行装卸和搬运的业务活动。

仓储服务，是指利用仓库、货场或者其他场所代客贮放、保管货物的业务活动。

收派服务，是指接受寄件人委托，在承诺的时限内完成函件和包裹的收件、分拣、派送服务的业务活动。

a. 收件服务，是指从寄件人收取函件和包裹，并运送到服务提供方同城的集散中心的业务活动。

b. 分拣服务，是指服务提供方在其集散中心对函件和包裹进行归类、分发的业务活动。

c. 派送服务，是指服务提供方从其集散中心将函件和包裹送达同城的收件人的业务活动。

⑤ 租赁服务，包括融资租赁服务和经营租赁服务。

融资租赁服务，是指具有融资性质和所有权转移特点的租赁活动，即出租人根据承租人所要求的规格、型号、性能等条件购入有形动产或者不动产租赁给承租人，合同期内租赁物所有权属于出租人，承租人只拥有使用权，合同期满付清租金后，承租人有权按照残值购入租赁物，以拥有其所有权。不论出租人是否将租赁物销售给承租人，均属于融资租赁。

按照标的物的不同，融资租赁服务可分为有形动产融资租赁服务和不动产融资租赁服务。

融资性售后回租不按照本税目缴纳增值税。

经营租赁服务，是指在约定时间内将有形动产或者不动产转让他人使用且租赁物所有权不变更的业务活动。

水路运输的光租业务、航空运输的干租业务，属于经营租赁。

光租业务，是指运输企业将船舶在约定的时间内出租给他人使用，不配备操作人员，不承担运输过程中发生的各项费用，只收取固定租赁费的业务活动。

干租业务，是指航空运输企业将飞机在约定的时间内出租给他人使用，不配备机组人员，不承担运输过程中发生的各项费用，只收取固定租赁费的业务活动。

⑥ 鉴证咨询服务，包括认证服务、鉴证服务和咨询服务。

认证服务，是指具有专业资质的单位利用检测、检验、计量等技术，证明产品、服务、管理体系符合相关技术规范、相关技术规范的强制性要求或者标准的业务活动。

鉴证服务，是指具有专业资质的单位受托对相关事项进行鉴证，发表具有证明力的意见的业务活动，包括会计鉴证、税务鉴证、法律鉴证、职业技能鉴定、工程造价鉴证、工程监理、资产评估、环境评估、房地产土地评估、建筑图纸审核、医疗事故鉴定等。

咨询服务，是指提供信息、建议、策划、顾问等服务的活动，包括金融、软件、技术、财务、税收、法律、内部管理、业务运作、流程管理、健康等方面的咨询。

翻译服务和市场调查服务按照咨询服务缴纳增值税。

⑦ 广播影视服务，包括广播影视节目（作品）的制作服务、发行服务和播映（含放映，下同）服务。

广播影视节目（作品）制作服务，是指进行专题（特别节目）、专栏、综艺、体育、动画片、广播剧、电视剧、电影等广播影视节目和作品制作的服务，具体包括与广播影视节目和作品相关的策划、采编、拍摄、录音、音视频文字图片素材制作、场景布置、后期的剪辑、翻译（编译）、字幕制作、片头、片尾、片花制作、特效制作、影片修复、编目和确权等业务活动。

广播影视节目（作品）发行服务，是指以分账、买断、委托等方式，向影院、电台、电视台、网站等单位和个人发行广播影视节目（作品）以及转让体育赛事等活动的报道及播映权的业务活动。

广播影视节目（作品）播映服务，是指在影院、剧院、录像厅及其他场所播映广播影视节目（作品），以及通过电台、电视台、卫星通信、互联网、有线电视等无线或者有线装置播映广播影视节目（作品）的业务活动。

⑧ 商务辅助服务，包括企业管理服务、经纪代理服务、货物运输代理服务、代理报关服务、人力资源服务、安全保护服务。

企业管理服务，是指提供总部管理、投资与资产管理、市场管理、物业管理、日常综合管理等服务的业务活动。

经纪代理服务，是指各类经纪、中介、代理服务，包括金融代理、知识产权代理、货物运输代理、代理报关、法律代理、房地产中介、职业中介、婚姻中介、代理记账、拍卖等。

货物运输代理服务，是指接受货物收货人、发货人、船舶所有人、船舶承租人或者船舶经营人的委托，以委托人的名义，为委托人办理货物运输、装卸、仓储和船舶进出港口、引航、靠泊等相关手续的业务活动。

代理报关服务，是指接受进出口货物的收、发货人委托，代为办理报关手续的业务活动。

人力资源服务，是指提供公共就业、劳务派遣、人才委托招聘、劳动力外包等服务的业务活动。

安全保护服务，是指提供保护人身安全和财产安全，维护社会治安等的业务活动，包括场所住宅保安、特种保安、安全系统监控以及其他安保服务。

⑨ 其他现代服务，是指除研发和技术服务、信息技术服务、文化创意服务、物流辅助服务、租赁服务、鉴证咨询服务、广播影视服务和商务辅助服务以外的现代服务。

(7) 生活服务。

生活服务，是指为满足城乡居民日常生活需求提供的各类服务活动，包括文化体育服务、教育医疗服务、旅游娱乐服务、餐饮住宿服务、居民日常服务和其他生活服务。

① 文化体育服务，包括文化服务和体育服务。

文化服务，是指为满足社会公众文化生活需求提供的各种服务。

体育服务，是指组织举办体育比赛、体育表演、体育活动，以及提供体育训练、体育指导、体育管理的业务活动。

② 教育医疗服务，包括教育服务和医疗服务。

教育服务，是指提供学历教育服务、非学历教育服务、教育辅助服务的业务活动。

医疗服务，是指提供医学检查、诊断、治疗、康复、预防、保健、接生、计划生育、防疫服务等方面的服务，以及与这些服务有关的提供药品、医用材料器具、救护车、病房住宿和伙食的业务。

③ 旅游娱乐服务，包括旅游服务和娱乐服务。

旅游服务，是指根据旅游者的要求，组织安排交通、游览、住宿、餐饮、购物、文娱、商务等服务的业务活动。

娱乐服务，是指为娱乐活动同时提供场所和服务的业务，具体包括：歌厅、舞厅、夜总会、酒吧、台球、高尔夫球、保龄球、游艺（包括射击、狩猎、跑马、游戏机、蹦极、卡丁车、热气球、动力伞、射箭、飞镖）。

④ 餐饮住宿服务，包括餐饮服务和住宿服务。

餐饮服务，是指通过同时提供饮食和饮食场所的方式为消费者提供饮食消费服务的业务活动。

住宿服务，是指提供住宿场所及配套服务等的活动，包括宾馆、旅馆、旅社、度假村和其他经营性住宿场所提供的住宿服务。

⑤ 居民日常服务，是指主要为满足居民个人及其家庭日常生活需求提供的服务，包括市容市政管理、家政、婚庆、养老、殡葬、照料和护理、救助救济、美容美发、按摩、桑拿、氧吧、足疗、沐浴、洗染、摄影扩印等服务。

⑥ 其他生活服务，是指除文化体育服务、教育医疗服务、旅游娱乐服务、餐饮住宿服务和居民日常服务之外的生活服务。

4. 销售无形资产

销售无形资产，是指转让无形资产所有权或者使用权的业务活动。无形资产，是指不具实物形态，但能带来经济利益的资产，包括技术、商标、著作权、商誉、自然资源使用权和其他权益性无形资产。

5. 销售不动产

销售不动产，是指转让不动产所有权的业务活动。不动产，是指不能移动或者移动后会引起性质、形状改变的财产，包括建筑物、构筑物等。

转让建筑物有限产权或者永久使用权的，转让在建的建筑物或者构筑物所有权的，以及在转让建筑物或者构筑物时一并转让其所占土地的使用权的，按照销售不动产缴纳增值税。

6. 进口货物

进口货物，是指将货物从我国境外移送至我国境内的行为。税法规定，凡进入我国海关境内的货物，应于进口报关时向海关缴纳进口环节增值税。

（二）特殊行为

1. 视同销售行为

单位或个体工商户的下列行为，视同销售货物，均要征收增值税。

（1）将货物交付其他单位或者个人代销。

（2）销售代销货物。

（3）设有两个以上机构并实行统一核算的纳税人，将货物从一个机构移送其他机构用于销售。但相关机构在同一县（市）的除外。

（4）将自产或者委托加工的货物用于免税项目、简易计税项目。

（5）将自产、委托加工的货物用于集体福利或个人消费。

（6）将自产、委托加工或购进的货物作为投资，提供给其他单位或个体工商户。

（7）将自产、委托加工或购进的货物分配给股东或投资者。

（8）将自产、委托加工或购进的货物无偿赠送给其他单位或者个人。

（9）向其他单位或者个人无偿提供服务、转让无形资产或者不动产，但用于公益事业或者以社会公众为对象的除外。

2. 下列情形视同销售服务、无形资产或者不动产

（1）单位或者个体工商户向其他单位或者个人无偿提供服务，但用于公益事业或者以社会公众为对象的除外。

（2）单位或者个人向其他单位或者个人无偿转让无形资产或者不动产，但用于公益事业或者以社会公众为对象的除外。

（3）财政部和国家税务总局规定的其他情形。

3. 混合销售

一项销售行为如果既涉及货物又涉及服务，为混合销售。从事货物的生产批发或者零售的单位和个体工商户的混合销售行为按照销售货物缴纳增值税；其他单位和个体工商户的混合销售行为按照销售服务缴纳增值税。

上述从事货物的生产批发或者零售的单位和个体工商户包括以从事货物的生产批发或者零售为主并兼营销售服务的单位和个体工商户在内。

4. 兼营行为

试点纳税人销售货物，加工、修理修配劳务，服务，无形资产或者不动产适用不同税率或者征收率的，应当分别核算适用不同税率或者征收率的销售额，未分别核算销售额的按照以下方法适用税率或者征收率。

（1）兼有不同税率的销售货物，加工、修理修配劳务，服务，无形资产或者不动产，从高适用税率。

（2）兼有不同征收率的销售货物，加工、修理修配劳务，服务，无形资产或者不动产，从高适用征收率。

（3）兼有不同税率和征收率的销售货物，加工、修理修配劳务，服务，无形资产或者不动产，从高适用税率。

四、增值税的税率和征收率

（一）税率

一般纳税人适用的税率有13%、9%、6%、0%。

1. 适用13%基本税率

（1）销售或者进口货物，提供加工、修理修配劳务。

（2）提供有形动产租赁服务。

2. 适用9%低税率

（1）一般纳税人销售或者进口下列货物，包括：农产品（含粮食）、自来水、暖气、石油液化气、天然气、食用植物油、冷气、热水、煤气、居民用煤炭制品、食用盐、农机、饲料、农药、农膜、化肥、沼气、二甲醚、图书、报纸、杂志、音像制品、电子出版物。

（2）一般纳税人提供下列服务，包括：交通运输、邮政、基础电信、建筑、不动产租赁服务。

（3）一般纳税人销售不动产、转让土地使用权。

3. 适用6%税率

提供增值电信服务、金融服务、现代服务（有形动产租赁、不动产租赁服务除外）、生活服务，销售无形资产（转让土地使用权除外）。

4. 适用0税率

纳税人出口货物税率为零（国务院另有规定的除外）。

财政部和国家税务总局规定税率为零的应税服务。

（二）征收率

1. 小规模纳税人

（1）销售货物，加工、修理修配劳务，服务，无形资产的征收率为3%。

（2）销售自己使用过的固定资产减按2%征收率征收增值税。

（3）销售旧货，按3%征收率减按2%征收增值税。

（4）销售不动产（不含个体工商户销售购买的住房和其他个人销售不动产），按照5%的征收率征收增值税。

（5）房地产开发企业中的小规模纳税人销售自行开发的房地产项目，按5%的征收率征收增值税。

（6）出租不动产（不含个人出租住房）按5%的征收率征收增值税。

2. 一般纳税人

（1）3%征收率（销售自产货物）。

从2014年7月1日起，一般纳税人销售自产的下列货物可选择按简易办法依3%征收率征收增值税。

① 县级及县级以下小型水力发电单位生产的电力。小型水力发电单位，是指各类投资主体建设的装机容量为5万千瓦以下（含5万千瓦）的小型水力发电单位。

② 建筑用和生产建筑材料所用的砂土石料。

③ 以自己采掘的砂、土石料或其他矿物连续生产的砖、瓦、石灰（不含黏土实心砖、瓦）。

④ 用微生物、微生物代谢产物、动物毒素、人或动物的血液或组织制成的生物制品。

⑤ 自来水。

⑥ 商品混凝土（仅限于以水泥为原料生产的水泥混凝土）。

（2）3%征收率。

从2014年7月1日起，一般纳税人销售下列货物，暂按简易办法依3%征收率征收增值税。

① 寄售商店代销寄售物品。

② 典当业销售死当物品。

③ 经国务院或其授权机关批准认定的免税商店零售免税货物。

（3）3%征收率减按2%征收。

① 一般纳税人销售旧货，按简易办法依3%征收率减按2%征收增值税，不得抵扣进项税额。

② 一般纳税人销售自己使用过的固定资产区分不同情况征收增值税：一般纳税人销售自己使用过的2009年1月1日或纳入"营改增"试点之日后购进或自制的固定资产，按照适用税率征收增值税；销售自己使用过的2008年12月31日或纳入"营改增"试点之日前购进或自制的固定资产，依3%征收率减按2%征收增值税，并且不得开具增值税专用发票，或者依照3%征收率缴纳增值税，可开具增值税专用发票。

（4）3%征收率（销售服务）。

2016年5月1日起，一般纳税人发生下列特定应税服务，可以选择简易计税方法按3%计税，但一经选择36个月内不得变更。

① 公共交通运输服务，包括轮客渡公交客运、地铁城市轻轨、出租车长途客运班车。

② 经认定的动漫企业为开发动漫产品提供的动漫脚本编撰、形象设计、背景设计、动画设计、分镜、动画制作、摄制、描线、上色、画面合成、配音、配乐、音效合成剪辑、字幕制作、压缩转码服务，以及在境内转让动漫版权。

③ 电影放映服务、仓储服务、装卸搬运服务、收派服务和文化体育服务。

④ 以纳入"营改增"试点之日前取得的有形动产为标的物提供的经营租赁服务。

⑤ 在纳入"营改增"试点之日前签订的尚未执行完毕的有形动产租赁合同。

⑥ 以清包工方式提供的建筑服务。清包工方式，是指施工方不采购建筑工程所需的材料或只采购辅助材料，并收取人工费、管理费或者其他费用的建筑服务。

⑦ 为甲供工程提供的建筑服务。甲供工程，是指全部或部分设备材料、动力由工程发包方自行采购的建筑工程。

⑧ 为建筑工程老项目提供的建筑服务。工程老项目，是指合同注明的开工日期在2016年4月30日前的建筑工程项目。

（5）5%征收率（销售或出租不动产）。

2016年5月1日起，一般纳税人发生下列特定应税行为，可以选择简易计税方法计税，但一经选择，36个月内不得变更。纳税人在不动产所在地按5%预缴税款后，向机构所在地主管税务机关进行纳税申报。

① 销售其2016年4月30日前取得或者自建的不动产。

② 房地产开发企业销售自行开发的房地产老项目。

③ 出租其2016年4月30日前取得的不动产。公路经营企业中的一般纳税人收取试点前开工的高速公路的车辆通行费，可依照5%的征收率减按3%征收。

3. 其他

（1）个人销售其取得（不含自建）的不动产（不含其购买的住房），按照5%的征收率征税。

（2）其他个人出租其取得的不动产（不含住房），按照5%的征收率征税。

（3）个人出租住房，依照5%的征收率减按1.5%征收。

（三）增值税抵扣率（扣除率）

对企业从非增值税纳税人处购进免税农产品，由于不能得到增值税专用发票，为了不增加企业的增值税税负，税法规定可按抵扣率计算抵扣进项税额。

增值税一般纳税人购进农产品，扣除率为买价的9%。但是纳税人购进用于生产销售或委托加工13%税率货物的农产品，按照10%的扣除率计算进项税额。买价包括纳税人购进农产品在农产品收购发票或者销售发票上注明的价款和按规定缴纳的烟叶税。价款是指经上级主管税务机关批准使用的收购凭证上注明的价款。对一般纳税人购进农业产品开具的粮食收购发票（税务机关统一印制）可以按收购发票上注明的价款计算进项税额。

五、增值税的优惠政策

增值税的减免项目等优惠政策，由国务院统一规定，任何地区和部门不得擅自出台优惠政策。

（一）增值税的免税项目

免税是指对货物或应税劳务在本生产环节的应纳额全部免缴增值税。免税只免征本环节的应纳税额。现行税法规定下列项目免征增值税。

（1）从事农业（种植业、养殖业、林业、牧业、水产业）生产的单位和个人销售的自产初级农产品。

（2）批发零售环节销售蔬菜（包括经过挑选、清洗、切分、晾晒、包装、脱水、冷藏、冷冻等工序加工的蔬菜，但不包括各种蔬菜类罐头），销售鲜活肉蛋。

（3）古旧图书。

（4）直接用于科学研究、科学试验和教学的进口仪器、设备。

（5）外国政府、国际组织无偿援助的进口物资和设备。

（6）由残疾人的组织直接进口供残疾人专用的物品。

（7）避孕药品和用具。

（8）其他个人销售的自己使用过的物品。

（二）增值税的起征点

增值税起征点的适用范围限于个人（含小规模纳税人的个体工商户、其他个人）。个人销售货物、提供应税劳务或应税服务的销售额未达到增值税起征点的，免征增值税；达到起征点的，全额计算缴纳增值税。增值税起征点不适用于登记为一般纳税人的个体工商户。

增值税起征点的幅度规定如下。

(1) 销售货物的，为月销售额 5 000～20 000 元。(含本数)

(2) 销售应税劳务或应税服务的，为月销售额 5 000～20 000 元。(含本数)

(3) 按次纳税的，为每次（日）销售额 300～500 元。(含本数)

起征点的调整由财政部和国家税务总局规定。省、自治区、直辖市财政厅（局）和国家税务局应当在规定的幅度内，根据实际情况确定本地区适用的起征点，并报财政部和国家税务总局备案。

(三) 增值税的减征

(1) 一般纳税人销售自己使用过的固定资产按简易办法依 3% 的征收率减按 2% 计缴增值税。包括的情形有：

① 购进或自制固定资产时为小规模纳税人，认定为一般纳税人后，销售该固定资产。

② 适用一般计税方法的增值税一般纳税人，销售其按暂行条例规定不得抵扣且未抵扣进项税额的固定资产。

③ 一般纳税人发生按简易办法计缴增值税应税行为，销售其按规定不得抵扣且未抵扣进项税额的固定资产。

④ "营改增"试点纳税人中的一般纳税人，销售本地区试点实施之日以前购进或者自制的自己使用过的固定资产。

(2) 纳税人（一般指旧货经营单位）销售旧货依 3% 的征收率减按 2% 征收增值税，且只能开具普通发票，不得自行或由税务机关代开增值税专用发票。

"旧货"指进入二次流通的具有部分使用价值的货物（含旧汽车、旧摩托车和旧游艇），但不包括自己使用过的物品。

特别提示：销售"自己使用过的物品"和销售"旧货"的区别是：在销售"自己使用过的物品"中，物品的使用人和销售人为同一人；在销售"旧货"中，物品的使用人和销售人为非同一人。

(3) 根据《财政部国家税务总局关于明确生活性服务业增值税加计抵减政策的公告》（财政部税务总局公告 2019 年第 87 号）："2019 年 10 月 1 日至 2021 年 12 月 31 日，允许生活性服务业纳税人按照当期可抵扣进项税额加计 15%，抵减应纳税额（以下称加计抵减 15% 政策）。"本公告所称生活性服务业纳税人，是指提供生活服务取得的销售额占全部销售额的比重超过 50% 的纳税人。生活服务的具体范围按照《销售服务、无形资产、不动产注释》（财税〔2016〕36 号印发）执行。

(4) 根据《财政部 税务总局关于实施小微企业普惠性税收减免政策的通知》（财税〔2019〕13 号）的规定，"小规模纳税人发生增值税应税销售行为，合计月销售额未超过 10 万元（以 1 个季度为 1 个纳税期的，季度销售额未超过 30 万元，下同）的，免征增值税。小规模纳税人发生增值税应税销售行为，合计月销售额超过 10 万元，但扣除本期发生的销售不动产的销售额后未超过 10 万元的，其销售货物、劳务、服务、无形资产取得的销售额免征增值税。采取一次性收取租金形式出租不动产取得的租金收入，可在对应的租赁期内平均分摊，分摊后的月租金收入未超过 10 万元的，免征增值税。按固定期限纳税的小规模纳税人可以选择以1个月或1个季度为纳税期限，一经选择，一个会计年度内不得变更。"

（四）不征收增值税项目

（1）根据国家指令无偿提供的铁路运输服务、航空运输服务，属于《营业税改征增值税试点实施办法》第十四条规定的用于公益事业的服务。

（2）存款利息。

（3）被保险人获得的保险赔付。

（4）房地产主管部门或者其指定机构、公积金管理中心、开发企业以及物业管理单位代收的住宅专项维修资金。

（5）在资产重组过程中，通过合并、分立、出售、置换等方式，将全部或者部分实物资产以及与其相关联的债权、负债和劳动力一并转让给其他单位和个人，其中涉及的不动产、土地使用权转让行为。

（五）营业税改征增值税试点过渡政策的规定

1. 下列项目免征增值税

（1）托儿所、幼儿园提供的保育和教育服务。

（2）养老机构提供的养老服务。

（3）残疾人福利机构提供的育养服务。

（4）婚姻介绍服务。

（5）殡葬服务。

（6）残疾人员本人为社会提供的服务。

（7）医疗机构提供的医疗服务。

（8）从事学历教育的学校提供的教育服务。

（9）学生勤工俭学提供的服务。

（10）农业机耕、排灌、病虫害防治、植物保护、农牧保险以及相关技术培训业务，家禽、牲畜、水生动物的配种和疾病防治。

（11）纪念馆、博物馆、文化馆、文物保护单位管理机构、美术馆、展览馆、书画院、图书馆在自己的场所提供文化体育服务取得的第一道门票收入。

（12）寺院、宫观、清真寺和教堂举办文化、宗教活动的门票收入。

（13）行政单位之外的其他单位收取的符合《营业税改征增值税试点实施办法》第十条规定条件的政府性基金和行政事业性收费。

（14）个人转让著作权。

（15）个人销售自建自用住房。

（16）2018年12月31日前，公共租赁住房经营管理单位出租公共租赁住房。

（17）台湾航运公司、航空公司从事海峡两岸海上直航、空中直航业务在大陆取得的运输收入。

（18）纳税人提供的直接或者间接国际货物运输代理服务。

（19）符合规定的利息收入。

（20）被撤销金融机构以货物、不动产、无形资产、有价证券、票据等财产清偿债务。

（21）保险公司开办的一年期以上人身保险产品取得的保费收入。

（22）下列金融商品转让收入。

① 合格境外投资者（QFII）委托境内公司在我国从事证券买卖业务。
② 香港市场投资者（包括单位和个人）通过沪港通买卖上海证券交易所上市 A 股。
③ 对香港市场投资者（包括单位和个人）通过基金互认买卖内地基金份额。
④ 证券投资基金（封闭式证券投资基金、开放式证券投资基金）管理人运用基金买卖股票、债券。
⑤ 个人从事金融商品转让业务。

(23) 金融同业往来利息收入。

(24) 同时符合下列条件的担保机构从事中小企业信用担保或者再担保业务取得的收入（不含信用评级、咨询、培训等收入）3 年内免征增值税。

"符合条件"是指同时符合下列条件：

① 已取得监管部门颁发的融资性担保机构经营许可证，依法登记注册为企（事）业法人，实收资本超过 2 000 万元。

② 平均年担保费率不超过银行同期贷款基准利率的 50%。平均年担保费率＝本期担保费收入/（期初担保余额＋本期增加担保金额）×100%。

③ 连续合规经营两年以上，资金主要用于担保业务，具备健全的内部管理制度和为中小企业提供担保的能力，经营业绩突出，对受保项目具有完善的事前评估、事中监控、事后追偿与处置机制。

④ 为中小企业提供的累计担保贷款额占其两年累计担保业务总额的 80% 以上，单笔 800 万元以下的累计担保贷款额占其累计担保业务总额的 50% 以上。

⑤ 对单个受保企业提供的担保余额不超过担保机构实收资本总额的 10%，且平均单笔担保责任金额最多不超过 3 000 万元人民币。

⑥ 担保责任余额不低于其净资产的 3 倍，且代偿率不超过 2%。

(25) 国家商品储备管理单位及其直属企业承担商品储备任务，从中央或者地方财政取得的利息补贴收入和价差补贴收入。

(26) 纳税人提供技术转让、技术开发和与之相关的技术咨询、技术服务。

(27) 同时符合下列条件的合同能源管理服务。

① 节能服务公司实施合同能源管理项目相关技术，应当符合国家质量监督检验检疫总局和国家标准化管理委员会发布的《合同能源管理技术通则》（GB/T 24915—2010）规定的技术要求。

② 节能服务公司与用能企业签订节能效益分享型合同，其合同格式和内容，符合《中华人民共和国合同法》和《合同能源管理技术通则》（GB/T 24915—2010）等规定。

(28) 2017 年 12 月 31 日前，科普单位的门票收入，以及县级及以上党政部门和科协开展科普活动的门票收入。

(29) 政府举办的从事学历教育的高等、中等和初等学校（不含下属单位）举办进修班、培训班取得的全部归该学校所有的收入。

(30) 政府举办的职业学校设立的主要为在校学生提供实习场所，并由学校出资自办，由学校负责经营管理，经营收入归学校所有的企业，从事《销售服务、无形资产或者不动产注释》中"现代服务"（不含融资租赁服务、广告服务和其他现代服务）、"生活服务"（不含文化体育服务、其他生活服务和桑拿、氧吧）业务活动取得的收入。

(31) 家政服务企业由员工制家政服务员提供家政服务取得的收入。

(32) 福利彩票、体育彩票的发行收入。

(33) 军队空余房产租赁收入。

(34) 为了配合国家住房制度改革,企业、行政事业单位按房改成本价、标准价出售住房取得的收入。

(35) 将土地使用权转让给农业生产者用于农业生产。

(36) 涉及家庭财产分割的个人无偿转让不动产、土地使用权。

(37) 土地所有者出让土地使用权和土地使用者将土地使用权归还给土地所有者。

(38) 县级以上地方人民政府或自然资源行政主管部门出让、转让或收回自然资源使用权(不含土地使用权)。

(39) 随军家属就业。

(40) 军队转业干部就业。

(41) 提供社区养老、托育、家政服务取得的收入,免征增值税。

2. 扣减增值税规定

(1) 退役士兵创业就业。

① 对自主就业退役士兵从事个体经营的,在3年内按每户每年8 000元为限额依次扣减其当年实际应缴纳的增值税、城市维护建设税、教育费附加、地方教育附加和个人所得税。限额标准最高可上浮20%,各省、自治区、直辖市人民政府可根据本地区实际情况在此幅度内确定具体限额标准,并报财政部和国家税务总局备案。

② 对商贸企业、服务型企业、劳动就业服务企业中的加工型企业和街道社区具有加工性质的小型企业实体,在新增加的岗位中,当年新招用自主就业退役士兵,与其签订1年以上期限劳动合同并依法缴纳社会保险费的,在3年内按实际招用人数予以定额依次扣减增值税、城市维护建设税、教育费附加、地方教育附加和企业所得税优惠。定额标准为每人每年4 000元,最高可上浮50%,各省、自治区、直辖市人民政府可根据本地区实际情况在此幅度内确定具体定额标准,并报财政部和国家税务总局备案。

(2) 重点群体创业就业。

① 对持"就业创业证"(注明"自主创业税收政策"或"毕业年度内自主创业税收政策")或2015年1月27日前取得的"就业失业登记证"(注明"自主创业税收政策"或附着"高校毕业生自主创业证")的人员从事个体经营的,在3年内按每户每年8 000元为限额依次扣减其当年实际应缴纳的增值税、城市维护建设税、教育费附加、地方教育附加和个人所得税。限额标准最高可上浮20%,各省、自治区、直辖市人民政府可根据本地区实际情况在此幅度内确定具体限额标准,并报财政部和国家税务总局备案。

纳税人年度应缴纳税款小于上述扣减限额的,以其实际缴纳的税款为限;大于上述扣减限额的,应以上述扣减限额为限。

② 对商贸企业、服务型企业、劳动就业服务企业中的加工型企业和街道社区具有加工性质的小型企业实体,在新增加的岗位中,当年新招用在人力资源社会保障部门公共就业服务机构登记失业半年以上且持"就业创业证"或2015年1月27日前取得的"就业失业登记证"(注明"企业吸纳税收政策")人员,与其签订1年以上期限劳动合同并依法缴纳社会保险费的,在3年内按实际招用人数予以定额依次扣减增值税、城市维护建设税、教育费

附加、地方教育附加和企业所得税。定额标准为每人每年 4 000 元，最高可上浮 30%，各省、自治区、直辖市人民政府可根据本地区实际情况在此幅度内确定具体定额标准，并报财政部和国家税务总局备案。

③ 享受上述优惠政策的人员按规定申领"就业创业证"。

④ 上述税收优惠政策的执行期限为 2016 年 5 月 1 日至 2016 年 12 月 31 日，纳税人在 2016 年 12 月 31 日未享受满 3 年的，可继续享受至 3 年期满为止。

3. 金融企业发放贷款

金融企业发放贷款后，自结息日起 90 天内发生的应收未收利息按现行规定缴纳增值税，自结息日起 90 天后发生的应收未收利息暂不缴纳增值税，待实际收到利息时按规定缴纳增值税。

上述所称金融企业，是指银行（包括国有、集体、股份制、合资、外资银行以及其他所有制形式的银行）、城市信用社、农村信用社、信托投资公司、财务公司。

4. 个人

个人将购买不足 2 年的住房对外销售的，按照 5% 的征收率全额缴纳增值税；个人将购买 2 年以上（含 2 年）的住房对外销售的，免征增值税。上述政策适用于北京市、上海市、广州市和深圳市之外的地区。

个人将购买不足 2 年的住房对外销售的，按照 5% 的征收率全额缴纳增值税；个人将购买 2 年以上（含 2 年）的非普通住房对外销售的，以销售收入减去购买住房价款后的差额按照 5% 的征收率缴纳增值税；个人将购买 2 年以上（含 2 年）的普通住房对外销售的，免征增值税。上述政策仅适用于北京市、上海市、广州市和深圳市。

上述增值税优惠政策除已规定期限的项目和第 4 条政策外，其他均在"营改增"试点期间执行。如果试点纳税人在纳入"营改增"试点之日前已经按照有关政策规定享受了营业税税收优惠，在剩余税收优惠政策期限内，按照本规定享受有关增值税优惠。

六、增值税专用发票

增值税专用发票是一般纳税人销售货物、劳务或者提供应税服务开具的发票。我国增值税实行凭国家印发的增值税专用发票注明的税款进行抵扣的制度，只限于增值税一般纳税人领购使用。专用发票不仅是纳税人经济活动中的主要商业凭证，而且是兼记销售方销项税额和购买方进项税额进行税款抵扣的凭证，对增值税的计算和管理起着决定性的作用，因此正确使用增值税专用发票是十分重要的。

一般纳税人应通过增值税防伪税控系统使用专用发票，包括领购、开具、缴销、认证纸质专用发票及其相应的数据电文。

由于其所具备的特殊作用，我国对增值税专用发票制定了严格的管理规定。

（一）增值税专用发票的领购和开具范围

1. 领购范围

一般纳税人可以凭发票领购簿、IC 卡和经办人身份证明领购增值税专用发票。一般纳税人有下列情形之一的，不得领购开具专用发票。

（1）会计核算不健全，不能向税务机关准确提供增值税销项税额、进项税额、应纳税额数据及其他有关增值税税务资料的。

（2）有《税收征管法》规定的税收违法行为，拒不接受税务机关处理的。

（3）有下列行为之一，经税务机关责令限期改正而仍未改正的：虚开增值税专用发票；私自印制专用发票；向税务机关以外的单位和个人买取专用发票；借用他人专用发票；未按《增值税专用发票使用规定》第十一条开具专用发票；未按规定保管专用发票和专用设备；未按规定申请办理防伪税控系统变更发行；未按规定接受税务机关检查。

2. 开具范围

一般纳税人销售货物或者应税劳务，应当向索取增值税专用发票的购买方开具增值税专用发票，并在增值税专用发票上注明销售额和销项税额。

属于下列情形之一的，不得开具增值税专用发票。

（1）向消费者个人销售货物、劳务或者应税服务的。

（2）销售货物、劳务或者应税服务适用免税规定的。

商业企业一般纳税人零售的烟、酒、食品、服装、鞋帽（不包括劳保专用部分）、化妆品等消费品不得开具专用发票。

增值税小规模纳税人销售货物、劳务或提供应税服务，接受方索取增值税专用发票的，可以向主管税务机关申请代开。

【提示】不得由税务机关代开专用发票的范围：小规模纳税人销售自己使用过的固定资产；纳税人销售旧货。

（二）增值税专用发票的基本内容和开具要求

增值税专用发票由基本联次或者基本联次附加其他联次构成。基本联次为三联、依次为记账联、抵扣联和发票联。记账联，作为销售方核算销售收入和增值税销项税额的凭证；抵扣联，作为购买方报送主管税务机关认证和留存备查的凭证；发票联，作为购买方核算采购成本和增值税进项税额的凭证。其他联次用途，由一般纳税人自行确定。

增值税一般纳税人应通过增值税防伪税控系统开具专用发票。防伪税控系统是指经国务院同意推行的，使用专用设备和通用设备，运用数字密码和电子存储技术管理专用发票的计算机管理系统。其中专用设备包括金税卡、IC卡、读卡器等，通用设备包括计算机、打印机、扫描器具等。纳税人可购买专用开票设备自行开票，也可以不购买上述专用开票设备，按《国家税务总局增值税防伪税控主机共享服务系统管理暂行办法》的规定，聘请社会中介机构代为开票。

增值税专用发票应按照增值税纳税义务的发生时间开具，应与实际交易相符，不得提前或滞后。开具时应项目齐全，字迹清楚，不得压线、错格，发票联和抵扣联加盖财务专用章或者发票专用章。对不符合上列要求的专用发票，购买方有权拒收。

对已开具增值税专用发票的销售货物，销货方要及时足额计入当期销售额计税。凡开具了增值税专用发票，其销售额未按规定计入销售账户核算的，一律按偷税论处。

（三）增值税专用发票抵扣联进项税额的抵扣

除国家税务总局另有规定的除外，用于抵扣增值税进项税额的专用发票应经税务机关认证相符。纳税人应在增值税专用发票开具之日起360日内到税务机关认证，经过认证的增值税专用发票应在认证通过的当月按规定核算当期进项税额并申报抵扣，否则不予抵扣进项税额。税务机关认证后，应向纳税人提供一份《增值税专用发票抵扣联认证清单》，以备企业作为纳税申报附列资料。

（四）开具增值税专用发票后发生退货或销售折让的处理

一般纳税人取得专用发票后，发生销货退回、开票有误等情形但不符合作废条件的，或者因销货部分退回及发生销售折让的，购买方应向主管税务机关填报《开具红字增值税专用发票申请单》（以下简称《申请单》）。主管税务机关对一般纳税人填报的《申请单》进行审核后，出具《开具红字增值税专用发票通知单》（以下简称《通知单》）。

（五）专用发票与不得抵扣进项税额的规定

经认证，有下列情形之一的，不得作为增值税进项税额的抵扣凭证，税务机关退还原件，购买方可要求销售方重新开具专用发票。

（1）无法认证，是指专用发票所列密文或者明文不能辨认，无法产生认证结果。

（2）纳税人识别号认证不符，是指专用发票所列购买方纳税人识别号有误。

（3）专用发票代码、号码认证不符，是指专用发票所列密文解译后与明文的代码或者号码不一致。

（六）丢失已开具增值税专用发票的处理

一般纳税人丢失已开具增值税专用发票的发票联和抵扣联，购买方凭销售方提供的相应增值税专用发票记账联复印件及销售方所在地主管税务机关出具的《丢失增值税专用发票已报税证明单》，经购买方主管税务机关审核同意后，可作为增值税进项税额的抵扣凭证．如果丢失前尚未认证的，购买方需凭销售方提供的相应增值税专用发票记账联复印件到主管税务机关进行认证。

一般纳税人丢失已开具专用发票的抵扣联，如果丢失前已认证相符的，可使用专用发票发票联复印件留存备查；如果丢失前未认证的，可使用专用发票发票联到主管税务机关认证，专用发票发票联复印件留存备查。

一般纳税人丢失已开具专用发票的发票联，可将专用发票抵扣联作为记账凭证的附件，专用发票抵扣联复印件留存备查。

（七）增值税专用发票的管理

纳税人必须严格按《增值税专用发票使用规定》保管使用专用发票，对违反规定发生被盗、丢失专用发票的纳税人，按国家有关规定处以一定数额的罚款，并可视具体情况，对丢失专用发票的纳税人，在一定期限内停止领购专用发票。纳税人丢失专用发票后，必须按规定程序向当地主管税务机关、公安机关报失。虚开发票的，由税务机关没收违法所得；虚开金额在1万元以下的，可以并处5万元以下的罚款；虚开金额超过1万元的，并处5万元以上50万元以下的罚款；构成犯罪的，依法追究刑事责任。非法代开发票的，依照前款规定处罚。

知识点二　增值税的计税方法

增值税的计税方法包括一般计税方法和简易计税方法。

纳税人进口货物，按组成计税价格和规定的税率计算增值税税额，不得抵扣任何税额。

一、一般计税方法

根据税法规定，一般纳税人采用一般计税方法计算应纳税额，这是国际上通行的购进扣税法，即先按当期销售额和适用税率计算出销项税额（这是对销售全额的征税），然后对当期购进项目已经缴纳税款进行抵扣，从而间接计算出对当期增值额部分的应纳税额。

增值税一般纳税人销售货物或者提供应税劳务的应纳税额，应该等于当期销项税额抵扣当期进项税额后的余额。其计算公式如下：

$$当期应纳税额 = 当期销项税额 - 当期进项税额$$
$$= 当期销售额 \times 适用税率 - 当期进项税额$$

增值税一般纳税人当期应纳税额的多少，取决于当期销项税额和当期进项税额这两个因素。而当期销项税额的确定关键在于确定当期销售额。对当期进项税额的确定在税法中也做了一些具体的规定。在分别确定销项税额和进项税额的情况下，不难计算出应纳税额。

二、简易计税方法

简易计税方法的应纳税额，是指按照销售额和增值税征收率计算的增值税税额，不得抵扣进项税额。应纳税额计算公式：

$$应纳增值税税额 = 不含税销售额 \times 征收率$$

简易计税方法的销售额不包括其应纳税额，纳税人采用销售额和应纳税额合并定价方法的，按照下列公式计算销售额：

$$销售额 = 含税销售额 \div (1 + 征收率)$$

小规模纳税人、一般纳税人发生财政部和国家税务总局规定的特定应税行为，可以选择适用简易计税方法计税，但一经选择，36个月内不得变更。

一般纳税人发生下列应税行为可以选择适用简易计税方法计税。

（1）公共交通运输服务。

公共交通运输服务，包括轮客渡、公交客运、地铁、城市轻轨、出租车、长途客运、班车。班车，是指按固定路线固定时间运营并在固定站点停靠的运送旅客的陆路运输服务。

【提示】铁路客运服务不得选择简易办法。

（2）经认定的动漫企业为开发动漫产品提供的动漫脚本编撰、形象设计、背景设计、动画设计、分镜、动画制作、摄制、描线、上色、画面合成、配音、配乐、音效合成、剪辑、字幕制作、压缩转码（面向网络动漫、手机动漫格式适配）服务，以及在境内转让动漫版权（包括动漫品牌、形象或者内容的授权及再授权）。

（3）电影放映服务、仓储服务、装卸搬运服务、收派服务和文化体育服务。

（4）以纳入"营改增"试点之日前取得的有形动产为标的物提供的经营租赁服务。

（5）在纳入"营改增"试点之日前签订的尚未执行完毕的有形动产租赁合同。

（6）建筑服务。

① 一般纳税人以清包工方式提供建筑服务的，可以选择适用简易计税方法计税。以清包工方式提供建筑服务，是指施工方不采购建筑工程所需的材料或只采购辅助材料，并收取人工费、管理费或者其他费用的建筑服务。

② 一般纳税人为甲供工程提供的建筑服务，可以选择适用简易计税方法计税，甲供工程是指全部或部分设备、材料、动力由工程发包方自行采购的建筑工程。

③ 一般纳税人为建筑工程老项目提供的建筑服务，可以选择适用简易计税方法计税。

④ 一般纳税人跨县（市）提供建筑服务，选择适用简易计税方法计税的，应以取得的全部价款和价外费用扣除支付的分包款后的余额为销售额。

(7) 销售不动产。

① 一般纳税人销售其 2016 年 4 月 30 日前取得（不含自建）的不动产，可以选择适用简易计税方法，以取得的全部价款和价外费用减去该项不动产购置原价或者取得不动产时的作价后的余额为销售额，按照 5% 的征收率计算应纳税额。纳税人应按照上述计税方法在不动产所在地预缴税款后，向机构所在地主管税务机关进行纳税申报。

② 一般纳税人销售其 2016 年 4 月 30 日前自建的不动产，可以选择简易计税方法，以取得的全部价款和价外费用为销售额，按照 5% 的征收率计算应纳税额。纳税人应按照上述计税方法在不动产所在地预缴税款后，向机构所在地主管税务机关进行纳税申报。

③ 房地产开发企业中的一般纳税人，销售自行开发的房地产老项目，可以选择适用简易计税方法按照 5% 的征收率计税。

(8) 不动产经营租赁服务。

① 一般纳税人出租其 2016 年 4 月 30 日前取得的不动产，可以选择适用简易计税方法，按照 5% 的征收率计算应纳税额。纳税人出租其 2016 年 4 月 30 日以前取得的与机构所在地不在同一县（市）的不动产，应按照上述计税方法在不动产所在地预缴税款后，向机构所在地主管税务机关进行纳税申报。

② 公路经营企业中的一般纳税人收取试点前开工的高速公路的车辆通行费，可以选择适用简易计税方法，减按 3% 的征收率计算应纳税额。试点前开工的高速公路，是指相关施工许可证明上注明的合同开工日期在 2016 年 4 月 30 日前的高速公路。

知识点三　一般纳税人应纳税额的计算

根据税法规定，一般纳税人采用一般计税方法计算应纳税额，即采用当期销项税额抵扣当期进项税额的方法来计算应纳税额。其应缴增值税的计算公式为：

当期应缴增值税 = 当期销项税额 − 当期进项税额

销项税额是指纳税人销售货物或者提供应税劳务，按照销售额或提供应税劳务收入和规定的税率计算并向购买方收取的增值税税额。销项税额的计算公式为：

销项税额 = 销售额 × 适用税率

从销项税额的定义和公式中可以知道，它是由购买方在购买货物或者应税劳务支付价款时，一并向销售方支付的税额。对于属于一般纳税人的销售方来说，在没有抵扣其进项税额前，销售方收取的销项税额还不是其应纳增值税税额。销项税额的计算取决于销售额和适用税率两个因素。在适用税率既定的前提下，销项税额的大小主要取决于销售额的大小。增值税适用税率是比较简单的，因而销项税额计算的关键是如何准确确定作为增值税计税依据的销售额。

一、销项税额的计算

销项税额是纳税人销售货物、劳务或应税服务、无形资产或者不动产时，按照销售额和适用税率计算，并向购买方收取的增值税税额，其计算公式为：

$$销项税额 = 销售额 \times 适用税率$$

销售额以人民币计算。纳税人按照人民币以外的货币结算销售额的，应当折合成人民币计算，折合率可以选择销售额发生的当天或者当月1日的人民币汇率中间价。纳税人应当在事先确定采用何种折合率，确定后12个月内不得变更。

纳税人兼营销售货物、劳务、服务、无形资产或者不动产适用不同税率或者征收率的，应当分别核算适用不同税率或者征收率的销售额；未分别核算的，从高适用税率。纳税人兼营免税、减税项目的，应当分别核算免税、减税项目的销售额；未分别核算的，不得免税、减税。

（一）一般销售方式下销售额的确定

销售额是纳税人销售货物、劳务、无形资产或者不动产或提供应税服务向购买方收取的全部价款和价外费用。

价外费用，包括价外向购买方收取的手续费、补贴、基金、集资费、返还利润、奖励费、违约金、滞纳金、延期付款利息、赔偿金、代收款项、代垫款项、包装费、包装物租金、储备费、优质费、运输装卸费及其他各种性质的价外收费。

但下列项目不包括在内：

① 向购买方收取的销项税额。
② 受托加工应征消费税的消费品所代收代缴的消费税。
③ 同时符合以下条件的代垫运输费用：承运部门的运输费用发票开具给购买方的；纳税人将该项发票转交给购买方的。
④ 符合国家税收法律、法规规定条件代为收取的政府性基金或者行政事业性收费。
⑤ 销售货物的同时代办保险等而向购买方收取的价外费用，以及向购买方收取的代购方缴纳的车辆购置税、车辆牌照费等。

价外费用，无论其会计制度规定如何核算，均应并入销售额计算，且视为含税收入。

【例题3-1】 某企业销售给乙公司同类商品15 000件，每件不含税售价为20.5元，交给A运输公司运输，代垫运输费用6 800元，运费发票开具给乙公司并已转交给乙公司。计算该企业的销项税额。

【解析】

销项税额 = 15 000 × 20.5 × 13% = 39 975（元）

应当注意的是，增值税一般纳税人向购买方收取的价外费用和逾期包装物的押金应视作含税收入，在计算时应换算成不含税收入后并入销售额。

（二）价税合计情况下含税销售额的换算

为了符合增值税价外税的特点，增值税纳税人在填写进销货发票及其他纳税凭证时应该分别填列不含税的销售额和相应的税款。在实际工作中，多方面原因使一般纳税人在销售货物、劳务或应税服务时，未开具增值税专用发票，或采用销售额和增值税税额一起收取的方法，此情况下销售价格是销售额和销项税额的合并定价，因而销售额是含税的销售额。

对于一般纳税人取得的含税销售额，在计算销项税额时，必须换算为不含税的销售额。含税销售额与不含税销售额的换算方法如下：

$$含税销售额 = 不含税销售额 \times (1 + 增值税税率)$$

$$不含税销售额 = 含税销售额 \div (1 + 增值税税率)$$

【例题3-2】某电子设备生产厂（一般纳税人），本月向某商场批发货物一批，开具增值税专用发票注明价款为200万元；向消费者零售货物，开具普通发票注明的价款为50万元。该电子设备生产厂的本月销售额中，既有不含税的销售额，也有含税的零售金额。要求计算该电子设备生产厂本月的应纳税销售额和销项税额。

【解析】

题中电子设备生产厂开具的增值税专用发票中注明价款是不含税销售额，不需换算；普通发票注明的价款是含税销售额，需要换算。

向商场销售的计税销售额：200万元

向消费者零售的计税销售额：$50÷(1+13\%)=44.25$（万元）

计税销售额合计：$200+44.25=244.25$（万元）

销项税额：$244.25×13\%=31.75$（万元）

【例题3-3】某企业（一般纳税人）销售农用机械一批，取得不含税销售额430 000元，另收取包装费15 000元。计算该企业的销项税额。

【解析】

销售农用机械适用税率为9%，包装费收入为价外费用，属于含税收入，需换算成不含税收入。

$$销项税额 = 430\ 000×9\% + 15\ 000÷(1+9\%)×9\% = 39\ 938.53（元）$$

（三）在特殊销售方式下销售额的确定

1. 折扣、折让方式销售货物

纳税人采用的折扣方式一般有折扣销售、销售折扣和销售折让三种形式。不同折扣方式下其计税销售额也有所差别。

（1）折扣销售（商业折扣）。

这是由于购货方购货数量较大等原因而给予购货方的价格优惠。按税法规定，如果销售额和折扣额在同一张发票上分别注明的，可以按折扣后的销售额征收增值税；如果将折扣额另开发票，不论其在财务上如何处理均不得从销售额中减除折扣额。另外，折扣销售仅限于价格折扣，不包括实物折扣。实物折扣不得从货物销售额中减除，应按增值税条例"视同销售货物"中的"赠送他人"计征增值税。

【例题3-4】甲企业销售给乙公司10 000件玩具，每件不含税价格为20元，由于乙公司购买数量多，甲企业按原价的8折优惠销售。计算甲企业此项业务的计税销售额。

【解析】

计税销售额 $= 20×80\%×10\ 000 = 160\ 000$（元）

（2）销售折扣（现金折扣）。

这是为了鼓励及早付款而给予购货方的一种折扣优待。销售折扣不得从销售额中减除。因为销售折扣发生在销货之后，是一种融资性质的理财费用。

【例题3-5】甲企业本月销售给某专卖商店A牌商品一批，由于货款回笼及时，根据合同规定，给予专卖商店2%折扣，甲企业实际取得不含税销售额245万元。计算甲企业此项业务的销项税额。

【解析】

计税销售额 $= 245÷98\% = 250$（万元）

销项税额 = 250 × 13% = 32.5（万元）

（3）销售退回或折让。

这是指货物售出后，一般纳税人发生应税行为，开具增值税专用发票后，由于品种、质量等原因购货方要求予以退货或要求销货方的一种价格折让。由于是货物的品种和质量问题而引起的销售额减少，应按国家税务总局的规定开具红字增值税专用发票。对手续完备的销售退回或折让而退还给购买方的增值税，可从发生销售退回或折让的当期的销项税额中扣减；未按规定开具红字增值税专用发票的，其增值税额不得从销项税额中扣减。对于销售回扣，其实质上是种变相的商业贿赂，不得从销售额中减除。

2. 以旧换新方式销售货物

以旧换新方式销售货物，是指纳税人在销售过程中，折价收回同类货物，并以折价款部分充抵新货物价款的一种销售方式。采取以旧换新方式销售货物的（金银首饰除外），应按新货物的同期销售价格确定销售额，不得扣减旧货物的收购价格。对有偿收回的旧货物，不得抵扣进项税额。金银首饰以旧换新业务，可按销售方式实际收取的不含增值税的全部价款征收增值税。

【例题 3 – 6】 某企业为增值税一般纳税人，生产某种电机产品。本月采用以旧换新方式促销，销售该电机产品 618 台，每台旧电机产品作价 260 元，按照出厂价扣除旧货收购价实际取得不含税销售收入 791 040 元，计算该企业此项业务的销项税额。

【解析】

销项税额 = (791 040 + 618 × 260) × 13% = 123 723.6（元）

【例题 3 – 7】 某商业零售企业为增值税一般纳税人，以旧换新方式销售玉石首饰，旧玉石首饰作价 78 万元，实际收取新旧首饰差价款共计 90 万元；采取以旧换新方式销售原价为 3 500 元的金项链 200 件，每件收取差价款 1 500 元。

【解析】

销项税额 = (78 + 90 + 200 × 1 500 ÷ 10 000) ÷ (1 + 13%) × 13% = 22.78（万元）

3. 还本销售方式销售货物

还本销售，是指将货物销售出去以后，到约定的期限再由销货方一次或分次将购货款部分或全部退还给购货方的一种销售方式，其实质是一种以提供货物换取还本不付息的融资行为。税法规定纳税人采取还本销售方式销售货物，其销售额应是货物的销售全价，不得从销售额中减除还本支出。

【例题 3 – 8】 某钢琴厂为增值税一般纳税人，本月采取"还本销售"方式销售钢琴，开具普通发票 20 张，共收取货款 25 万元。企业扣除还本准备金后按规定 23 万元作为销售处理，求增值税计税销售额。

【解析】

计税销售额 = 25 ÷ (1 + 13%) = 22.12（万元）

4. 以物易物方式销售货物

以物易物，是指购销双方不是以货币结算或主要不以货币结算，而以货物相互结算实现货物购销，是一种较为特殊的货物购销方式。虽然这种方式没有涉及货币收支，但其本质也是一种购销行为。税法规定，以物易物双方都应作购销处理，以各自发出的货物核算销售额，并以此计算销项税额；以各自收到的货物按规定核算购货额，并以此计算进项税额。以物易物双方，如果未相互开具增值税专用发票，也应计算销项税额，但没有进项税额。如果双方相互开具了增值税专用发票,则双方既要计算销项税额,也可抵扣进项税额。

5. 包装物租金、押金的计价

包装物租金作为价外费用,计入销售额计算销项税额。纳税人为销售货物而出租出借包装物所收取的押金,单独记账核算的,不计入销售额征税;但对逾期未收回包装物而不再退还的押金,应换算成不含税收入后计入销售额,按所包装货物的税率计税。另外,对销售除啤酒、黄酒以外的其他酒类产品,其包装物押金一律计入销售额,一并计税。

【例题3-9】某生产企业(一般纳税人)2019年5月销售化工产品取得含税销售额793.26万元,为销售货物出借包装物收取押金15.21万元,约定3个月内返还;当月没收逾期未退还包装物的押金1.3万元。计算该企业2019年5月上述业务的计税销售额。

【解析】
计税销售额 = (793.26 + 1.3) ÷ (1 + 13%) = 703.15(万元)

(四)主管税务机关核定销售额

根据税法相关规定,纳税人销售货物、劳务或者应税服务的价格明显偏低或明显偏高且不具有合理商业目的,或者有视同销售行为而无销售额的,税务机关有权按下列顺序核定销售额。

(1)按纳税人最近时期同类货物或提供同类应税服务的平均销售价格确定。

(2)按其他纳税人最近时期同类货物或提供同类应税服务的平均销售价格确定。

(3)按组成计税价格确定。组成计税价格的公式为:

$$组成计税价格 = 成本 \times (1 + 成本利润率)$$

公式中的成本:销售自产货物的为实际生产成本,销售外购货物的为实际采购成本。

公式中的成本利润率由国家税务总局确定,一般为10%。

属于应征消费税的货物,其组成计税价格中应加入消费税税额,成本利润率按消费税法规定。计算公式为:

$$组成计税价格 = 成本 \times (1 + 成本利润率) + 消费税税额$$

【例题3-10】某企业(一般纳税人)研制一种新型食品,为了进行市场推广和宣传,无偿赠送200件给消费者品尝,该食品无同类产品市场价,生产成本600元/件,成本利润率为10%。计算该新产品应该缴纳的销项税额。

【解析】
销项税额 = 200 × 600 × (1 + 10%) × 13% = 17 160(元)

(五)兼营

试点纳税人销售货物,加工、修理修配劳务,服务,无形资产或者不动产适用不同税率或者征收率的,应当分别核算适用不同税率或者征收率的销售额,未分别核算销售额的,按照以下方法适用税率或者征收率。

(1)兼有不同税率的销售货物,加工、修理修配劳务,服务,无形资产或者不动产,从高适用税率。

(2)兼有不同征收率的销售货物,加工、修理修配劳务,服务,无形资产或者不动产,从高适用征收率。

(3)兼有不同税率和征收率的销售货物,加工、修理修配劳务,服务,无形资产或者不动产,从高适用税率。

（六）特殊销售服务方式下销售额的确定

1. 贷款服务

以提供贷款服务取得的全部利息及利息性质的收入为销售额。

2. 直接收费金融服务

以提供直接收费金融服务收取的手续费、佣金、酬金、管理费、服务费、经手费、开户费、过户费、结算费、转托管费等各类费用为销售额。

3. 金融商品转让

按照卖出价扣除买入价后的余额为销售额。转让金融商品出现的正负差，按盈亏相抵后的余额为销售额。若相抵后出现负差，可结转至下一纳税期与下期转让金融商品销售额相抵，但年末时仍出现负差的，不得转入下一个会计年度。金融商品转让，不得开具增值税专用发票。

4. 经纪代理服务

以取得的全部价款和价外费用，扣除向委托方收取并代为支付的政府性基金或者行政事业性收费后的余额为销售额。向委托方收取的政府性基金或者行政事业性收费，不得开具增值税专用发票。

5. 融资租赁和融资性售后回租业务

（1）经人民银行、银监会或者商务部批准从事融资租赁业务的试点纳税人，提供融资租赁服务，以取得的全部价款和价外费用，扣除支付的借款利息（包括外汇借款和人民币借款利息）、发行债券利息和车辆购置税后的余额为销售额。

（2）经人民银行、银监会或者商务部批准从事融资租赁业务的试点纳税人，提供融资性售后回租服务，以取得的全部价款和价外费用（不含本金），扣除对外支付的借款利息（包括外汇借款和人民币借款利息）、发行债券利息后的余额作为销售额。

（3）试点纳税人根据2016年4月30日前签订的有形动产融资性售后回租合同，在合同到期前提供的有形动产融资性售后回租服务，可继续按照有形动产融资租赁服务缴纳增值税。

6. 航空运输企业的销售额

不包括代收的机场建设费和代售其他航空运输企业客票而代收转付的价款。

7. 试点纳税人中的一般纳税人（以下称一般纳税人）提供客运场站服务

以其取得的全部价款和价外费用，扣除支付给承运方运费后的余额为销售额。

8. 试点纳税人提供旅游服务

可以选择以取得的全部价款和价外费用，扣除向旅游服务购买方收取并支付给其他单位或者个人的住宿费、餐饮费、交通费、签证费、门票费和支付给其他接团旅游企业的旅游费用后的余额为销售额。

选择上述办法计算销售额的试点纳税人，向旅游服务购买方收取并支付的上述费用，不得开具增值税专用发票，可以开具普通发票。

9. 试点纳税人提供建筑服务

适用简易计税方法的，以取得的全部价款和价外费用扣除支付的分包款后的余额为销售额。

4-9项纳税人取得的上述凭证属于增值税扣税凭证的，其进项税额不得从销项税额中抵扣。

二、进项税额的计算

纳税人购进货物、劳务或者接受应税服务支付或者负担的增值税税额为进项税额。在同一项购销业务中,进项税额与销项税额相对应,即销售方收取的销项税额就是购买方支付的进项税额。

一般纳税人应纳增值税的核心是用收取的销项税额抵扣其支付的进项税额,余额就是纳税人应缴纳的增值税税额。但并不是所有的进项税额都可以抵扣。对此,税法明确规定了进项税额的抵扣范围。

(一)准予抵扣的进项税额

1. 以票抵扣

一般纳税人购进货物或应税劳务取得下列法定扣税凭证,并且经税务机关认证通过的,其进项税额允许抵扣。

① 从销售方取得增值税专用发票(含税控机动车销售统一发票,下同)上注明的增值税税额。

② 从海关取得的海关进口增值税专用缴款书上注明的增值税税额。

③ 从境外单位或者个人购进服务、无形资产或者不动产,自税务机关或者扣缴义务人取得的解缴税款的完税凭证上注明的增值税税额。纳税人凭完税凭证抵扣进项税额的,应当具备书面合同、付款证明和境外单位的对账单或者发票。

资料不全的,其进项税额不得从销项税额中抵扣。

2. 计算抵扣

购进农产品,除取得增值税专用发票或者海关进口增值税专用缴款书外,按照农产品收购发票或者销售发票上注明的农产品买价9%的扣除率计算进项税额,购进用于生产销售或委托加工13%税率货物的农产品,按照10%的扣除率计算。计算公式为:

$$进项税额 = 买价 \times 扣除率$$

买价,是指纳税人购进农产品在农产品收购发票或者销售发票上注明的价款和按照规定缴纳的烟叶税。

购进农产品按照《农产品增值税进项税额核定扣除试点实施办法》抵扣进项税额的除外。

根据《财政部 税务总局 海关总署关于深化增值税改革有关政策的公告》(2019年第39号)第六条规定,"一般纳税人购进国内旅客运输服务,除取得增值税专用发票和增值税电子普通发票外,需凭注明旅客身份信息的航空运输电子客票行程单、铁路车票以及公路、水路等其他客票抵扣进项税额,未注明旅客身份信息的其他票证(手写无效),暂不允许作为扣税凭证。因此纳税人不能凭长途客运手撕票抵扣进项税额。"

纳税人购进国内旅客运输服务,其进项税额允许从销项税额中抵扣。

纳税人未取得增值税专用发票的,暂按照以下规定确定进项税额:

(1)取得增值税电子普通发票的,为发票上注明的税额。

(2)取得注明旅客身份信息的航空运输电子客票行程单的,按照下列公式计算进项税额:

$$航空旅客运输进项税额 = (票价 + 燃油附加费) \div (1 + 9\%) \times 9\%$$

（3）取得注明旅客身份信息的铁路车票的，按照下列公式计算进项税额：

$$铁路旅客运输进项税额 = 票面金额 \div (1+9\%) \times 9\%$$

（4）取得注明旅客身份信息的公路、水路等其他客票的，按照下列公式计算进项税额：

$$公路、水路等其他旅客运输进项税额 = 票面金额 \div (1+3\%) \times 3\%$$

【例题3-11】一般纳税人购进某农场自产玉米，收购凭证注明价款为65 830元，从某供销社（一般纳税人）购进玉米，增值税专用发票上注明销售额300 000元，计算进项税额及采购成本。

【解析】

进项税额 = 65 830 × 9% + 300 000 × 9% = 32 924.7（元）

采购成本 = 65 830 × (1 - 9%) + 300 000 = 359 905.3（元）

（二）不得抵扣的进项税额

（1）下列项目的进项税额不得从销项税额中抵扣。

① 用于简易计税方法计税项目，免征增值税项目，集体福利或者个人消费的购进货物，加工、修理修配劳务，服务，无形资产和不动产。其中涉及的固定资产、无形资产、不动产，仅指专用于上述项目的固定资产、无形资产（不包括其他权益性无形资产）、不动产。

② 非正常损失的购进货物，以及相关的加工、修理修配劳务和交通运输服务。

③ 非正常损失的在产品、产成品所耗用的购进货物（不包括固定资产），加工、修理修配劳务和交通运输服务。

④ 非正常损失的不动产，以及该不动产所耗用的购进货物、设计服务和建筑服务。

⑤ 非正常损失的不动产在建工程所耗用的购进货物、设计物、设计服务和建筑服务。纳税人新建、改建、扩建、修缮、装饰不动产，均属于不动产在建工程。

⑥ 购进的贷款服务、餐饮服务、居民日常服务和娱乐服务。

⑦ 纳税人接受贷款服务向贷款方支付的与该笔贷款直接相关的投融资顾问费、手续费、咨询费等费用。

⑧ 财政部和国家税务总局规定的其他情形。

【说明】本条②~⑤所说的"非正常损失"，是指因管理不善造成被盗、丢失、霉烂变质，以及因违反法律法规造成货物或者不动产被依法没收、销毁、拆除的情形。（以下同）

本条第④项、第⑤项所称货物，是指构成不动产实体的材料和设备，包括建筑装饰材料和给排水、采暖、卫生、通风、照明、通信、煤气、消防、中央空调、电梯、电气、智能化楼宇配套设施。

（2）已抵扣进项税额的无形资产或者不动产，发生上述第⑤项规定情形的，按照下列公式计算不得抵扣的进项税额。

$$不得抵扣的进项税额 = 无形资产或者不动产净值 \times 适用税率$$

（3）按照不得从销项税额中抵扣的进项税额中第①项规定未抵扣进项税额的固定资产、无形资产、不动产，发生用途改变，用于允许抵扣进项税额的应税项目，可在用途改变的次月按照下列公式计算可以抵扣的进项税额。

$$可以抵扣的进项税额 = 固定资产、无形资产、不动产净值 / (1+适用税率) \times 适用税率$$

上述可以抵扣的进项税额应取得合法有效的增值税扣税凭证。

（4）适用一般计税方法的纳税人，兼营简易计税方法计税项目、免征增值税项目而无法划分不得抵扣的进项税额,按照下列公式计算不得抵扣的进项税额。

不得抵扣的进项税额 = 当期无法划分的全部进项税额 × (当期简易计税方法计税项目销售额 + 免征增值税项目销售额) ÷ 当期全部销售额

其中:

固定资产是指使用期限超过12个月的机器、机械、运输工具以及其他与生产经营有关的设备、工具、器具等有形动产。

【例题3-12】某企业为增值税一般纳税人,增值税税率13%,企业兼营免税项目。本月全部进项税额为70万元,无法区分是用于免税项目还是用于应税项目。企业本月应税项目销售额为600万元,免税项目销售额为100万元。计算该企业本月应纳增值税税额。

【解析】

无法划分应税项目和免税项目进项税额,按当月免税项目销售额和应税项目销售额占全部销售额的比例来对当月全部进项税额进行分配。

不得抵扣的进项税额 = 70 × 100 ÷ (600 + 100) = 10(万元)

当期可以抵扣的进项税额 = 70 - 10 = 60(万元)

应纳税额 = 600 × 13% - 60 = 18(万元)

三、应纳税额的计算

在确定了增值税一般纳税人的当期销项税额和当期进项税额后,就可以得出实际应纳的增值税税额,增值税一般纳税人应纳税额的计算公式如下:

当期应纳税额 = 当期销项税额 - 当期进项税额 + 进项税额转出 - 上期留抵税

实务中计算时,需要掌握以下几个重要规定。

1. 进项税额不足抵扣的处理

由于增值税实行购进扣税法,有时企业当期购进的货物很多,在计算应纳税额时会出现当期销项税额小于当期进项税额的情况,即进项税额不足抵扣,根据税法规定,当期进项税额不足抵扣的部分可以结转下期继续抵扣。

原增值税一般纳税人兼有销售服务、无形资产或者不动产的,截至纳入"营改增"试点之日前的增值税期末留抵税额,不得从销售服务、无形资产或者不动产的销项税额中抵扣。

2. 进项税额转出的规定

在实务中,如果已抵扣进项税额的购进货物(不含固定资产)、劳务、服务,事后改变用途,发生税法规定的不准抵扣进项税额(简易计税方法计税项目、免征增值税项目除外)的,应当将该进项税额从当期进项税额中扣减;无法确定该进项税额的,按照当期实际成本计算应扣减的进项税额。

需要注意的是,"从当期进项税额中扣减"是指已抵扣进项税额的购进货物、应税劳务及应税服务是在哪一个时期发生上述几种情况的,就从发生改变用途的当期内纳税人的进项税额中扣减,而无须追溯到这些进项税额抵扣的那个当期。"按照当期实际成本计算应扣减的进项税额"是指其扣减进项税额的计算依据不是按该货物、劳务、服务的原进价,而是按发生上述情况的当期该货物、劳务、服务的"实际成本",按征税时该货物、劳务、服务适用的税率计算应扣减的进项税额。

【例题 3-13】甲企业 5 月外购原材料，取得防伪税控增值税专用发票，注明金额 200 万元，增值税 26 万元，运输途中发生损失 5%，经查实属于非正常损失。向农民收购一批免税农产品，收购凭证上注明买价 40 万元，支付运输费用，取得运费增值税专用发票上注明运费 3 万元，购进后将其中的 60% 用于企业职工食堂。计算准予抵扣的进项税额。

【解析】
准予抵扣的进项税额 = 26 × (1 - 5%) + (40 × 9% + 3 × 9%) × (1 - 60%)
　　　　　　　　　= 26.25（万元）

【例题 3-14】某化妆品厂为增值税一般纳税人，5 月产品、材料领用情况：在建的职工文体中心领用外购材料，购进成本 25 万元，其中包括运费 5 万元；生产车间领用外购原材料，购进成本 125 万元。计算不可以抵扣的进项税额。

【解析】
将购进材料用于集体福利，不可以抵扣进项税额。

进项税转出 = (25 - 5) × 13% + 5 × 9% = 3.05（万元）

【例题 3-15】甲食品公司当月购进的免税农产品（已抵扣进项税额）因保管不善发生霉烂，账面成本价 3 000 元（包括运费成本 100 元，已抵扣进项税额）。计算应转出的进项税额。

【解析】
进项税额转出 = (3 000 - 100) ÷ (1 - 9%) × 9% + 100 × 9% = 295.81（元）

3. 一般纳税人销售旧货

一般纳税人销售旧货，按照简易办法依照 3% 征收率减按 2% 征收增值税。

所谓旧货，是指进入二次流通的具有部分使用价值的货物（含旧汽车、旧摩托车和旧游艇），但不包括自己使用过的物品。计算公式如下：

应纳增值税 = 含税售价 ÷ (1 + 3%) × 2%

【说明】根据国家税务总局公告 2015 年第 90 号规定，自 2016 年 2 月 1 日起，纳税人销售自己使用过的固定资产，适用简易办法依照 3% 征收率减按 2% 征收增值税政策的，可以放弃减税，按照简易办法依照 3% 征收率缴纳增值税，并可以开具增值税专用发票。

销售使用过的固定资产计税公式如表 3-1 所示。

表 3-1 销售使用过的固定资产增值税

销售使用过的固定资产	税务处理	计税公式
销售 2008 年 12 月 31 日前购进或自制的固定资产（未抵扣进项税额）	按简易办法：依 3% 征收率减按 2% 征收	增值税 = 含税售价 ÷ (1 + 3%) × 2%
销售 2009 年 1 月 1 日后购进或自制的固定资产（购进当期已抵扣进项税额）	按正常销售货物适用税率征收增值税	增值税 = 含税售价 ÷ (1 + 13%) × 13%

【例题 3-16】某生产企业为增值税一般纳税人，2019 年 6 月把资产盘点过程中不需用的部分资产进行处理：销售已经使用 10 年的机器设备，取得收入 9 200 元；销售自己使用 3 年的运输车 1 辆，取得收入 64 000 元；销售给小规模纳税人库存未使用的钢材取得收入 35 000 元，计算该企业上述业务应纳增值税。（以上收入均为含税收入）

【解析】

销售已经使用过的机器设备应纳税额 = 9 200 ÷ (1 + 3%) × 2% = 178.64（元）

销售机动车应纳税额 = 64 000 ÷ (1 + 13%) × 13% = 7 362.83（元）

销售钢材应纳税额 = 35 000 ÷ (1 + 13%) × 13% = 4 026.55（元）

应纳增值税 = 178.64 + 7 362.83 + 4 026.55 = 11 568.02（元）

【计税实例 3-1】增值税应纳税额的计算

资料： 星光汽车集团为增值税一般纳税人，2019 年 5 月份尚未抵扣完的进项税额为 5 100 元。该企业 2019 年 6 月份有关生产经营业务如下。

① 以交款提货方式销售 A 型小汽车 10 辆给汽车销售公司，每辆不含税售价 15 万元，开具增值税专用发票，注明应收价款 150 万元，款项全部收回。

② 销售 B 型小汽车 50 辆给特约经销商，每辆不含税售价 12 万元，向特约经销商开具了增值税专用发票，注明价款 600 万元，增值税 78 万元。

③ 企业将某单位逾期未退还包装物押金 40 000 元转作其他业务收入。

④ 购进机械设备取得增值税专用发票，注明价款 20 万元，进项税额 2.6 万元，支付运费取得增值税专用发票上注明运费 5 万元，税款 0.45 万元，该设备当月投入使用。

⑤ 当月购进原材料取得税控专用发票，注明金额 600 万元，进项税额 78 万元，支付购进原材料的运费，取得增值税专用发票注明运费 20 万元，税款 1.8 万元；支付装卸费，取得增值税专用发票，注明装卸费 3 万元，税款 0.18 万元。

⑥ 企业以商业汇票方式购入包装物一批，取得增值税专用发票，注明价款为 6 万元，增值税税额为 0.78 万元。

⑦ 企业因材料质量问题将上月所购材料退还给供货方，收回价款 4 万元，增值税税额为 0.52 万元。

⑧ 委托某企业加工一批材料，发出原材料成本 200 万元，支付加工费 10 万元（不含税），材料加工完成后验收入库。

⑨ 企业购进某商品一批，用于给员工发放福利，取得增值税专用发票，价款为 52 万元，其进项税额为 6.76 万元。

⑩ 当月因管理不善而发生意外事故，损失库存原材料金额 35 万元，经批准，计入营业外支出。

要求： 计算该集团本月应缴纳的增值税税额。

【解析】

第一步，逐笔分析经济业务，确定是销项税额还是进项税额，并计算出具体数额。

① 售 A 型小汽车给汽车销售公司应纳增值税。

销项税额 = 1 500 000 × 13% = 195 000（元）

② 售 B 型小汽车给特约经销商应纳增值税。

销项税额 = 780 000 元

③ 逾期未退还包装物押金应纳增值税。因为押金是含税价，因此应换算成不含税价后征收增值税。

销项税额 = [40 000/(1 + 13%)] × 13% = 4 601.77（元）

④ 购进生产经营用固定资产取得增值税专用发票和运输企业增值税专用发票，其进项税额允许抵扣。

$$允许抵扣的进项税额 = 26\,000 + 4\,500 = 30\,500（元）$$

⑤购进原材料取得税控专用发票、运输企业增值税专用发票，其进项税额允许抵扣。

$$允许抵扣的进项税额 = 780\,000 + 18\,000 + 1\,800 = 799\,800（元）$$

⑥ 购进包装物取得增值税专用发票，其进项税额允许抵扣。

$$允许抵扣的进项税额 = 7\,800\ 元$$

⑦ 因材料质量问题将上月所购材料退还给供货方，根据红字增值税专用发票，其税额应冲减可抵扣的进项税额。

$$进项税额 = -5\,200（元）$$

⑧ 委托加工支付加工费，其进项税额允许抵扣。

$$允许抵扣的进项税额 = 100\,000 \times 13\% = 13\,000（元）$$

⑨ 企业将购进货物改变用途用于集体福利的，其进项税额应转出。

$$进项税额转出 = 67\,600\ 元$$

⑩ 管理不善，发生原材料意外损失，其进项税额应转出。

$$进项税额转出 = 350\,000 \times 13\% = 45\,500（元）$$

第二步，计算本期销项税额。

$$本期销项税额 = 195\,000 + 780\,000 + 4\,601.77 = 979\,601.77（元）$$

第三步，计算本期可抵扣的进项税额。

$$当期进项税额 = 30\,500 + 799\,800 + 7\,800 - 5\,200 + 13\,000 = 845\,900（元）$$

$$进项税额转出 = 67\,600 + 45\,500 = 113\,100（元）$$

第四步，计算本期增值税实际应纳税额。

$$当期应纳税额 = 当期销项税额 - 当期进项税额 + 进项税额转出 - 上期留抵税额$$
$$= 979\,601.77 - 845\,900 + 113\,100 - 5\,100 = 241\,701.77（元）$$

知识点四　小规模纳税人应纳税额的计算

一、一般情形

小规模纳税人销售货物或者应税劳务，实行按照销售额和征收率计算应纳税额的简易办法，并不得抵扣进项税额。其应纳税额计算公式是：

$$应纳税额 = 销售额 \times 征收率$$

小规模纳税人取得的销售额是销售货物或提供应税劳务向购买方收取的全部价款和价外费用，但是不包括按3%的征收率收取的增值税税额。小规模纳税人不得抵扣进项税额，这是因为，小规模纳税人会计核算不健全，不能准确核算销项税额和进项税额，不实行按销项税额抵扣进项税额求得应纳税额的税款抵扣制度，而实行简易计税办法。

按照规定，小规模纳税人销售货物只能开具增值税普通发票，不能使用增值税专用发票；其购进货物不论是否取得增值税专用发票，都不能抵扣进项税，但可凭购进税控收款机取得的增值税专用发票上注明的增值税税额，抵免当期应纳增值税。如果购进税控收款机取得的是普通发票,可以凭普通发票上注明的价款,依下列公式计算可抵免的税额。

$$可抵免的税额 = 价款 \div (1+13\%) \times 13\%$$

当期应纳税额不足抵免的,未抵免的部分可在下期继续抵免。

【例题 3–17】某商业零售企业为增值税小规模纳税人,2019 年 6 月购进货物(商品)取得普通发票,共计支付金额 120 000 元;经主管税务机关核准购进税控收款机一台,取得普通发票,支付金额 5 800 元;本月内销售货物取得零售收入共计 158 080 元。计算该企业 8 月份应缴纳的增值税。

【解析】

该企业 8 月份应缴纳的增值税

= 158 080 ÷ (1 + 3%) × 3% – 5 800 ÷ (1 + 13%) × 13% = 3 937.01(元)

二、小规模纳税人(除其他个人外)销售自己使用过的货物和旧货

小规模纳税人(除其他个人外,下同)销售自己使用过的固定资产,减按 2% 征收率征收增值税。

$$增值税 = 售价 \div (1+3\%) \times 2\%$$

小规模纳税人销售自己使用过的除固定资产以外的物品,应按 3% 的征收率征收增值税。

$$增值税 = 售价 \div (1+3\%) \times 3\%$$

【例题 3–18】某汽修厂为增值税小规模纳税人,12 月取得修理收入为 60 000 元;处置使用过的举升机一台,取得收入 5 000 元。计算汽修厂 12 月份应缴纳的增值税。

【解析】

应缴纳的增值税 = 60 000 ÷ (1 + 3%) × 3% + 5 000 ÷ (1 + 3%) × 2% = 1 844.66(元)

三、"营改增"小规模纳税人缴纳增值税政策

(1) 按 3% 征收率。

小规模纳税人跨县(市)提供建筑服务,应以取得的全部价款和价外费用扣除支付的分包款后的余额为销售额,按照 3% 的征收率计算应纳税额。

$$应纳税额 = 计税销售额 \div (1+3\%) \times 3\%$$

(2) 小规模纳税人出售不动产,按 5% 征收率。计税依据如表 3–2 所示。

表 3–2 小规模纳税人出售不动产计税依据

纳税人	不动产性质	计税依据
非房企	销售取得的不动产(不含自建)	全部价款和价外费用减去该项不动产购置原价或取得不动产时的作价后的余额
	销售自建的不动产	全部价款和价外费用
房企	销售开发项目	全部价款和价外费用
其他个人	销售其取得的不动产(不含购买住房)	全部价款和价外费用减去该项不动产购置原价或取得不动产时的作价后的余额

(3) 小规模纳税人出租不动产，按 5% 征收率。计税公式如表 3-3 所示。

表 3-3　小规模纳税人出租不动产的计税公式

纳税人	税务处理	计税公式
小规模纳税人出租取得的不动产（不含个人出租住房）	按 5% 的征收率计算税额	税额 = 租金收入 ÷ (1 + 5%) × 5%
其他个人出租其取得的不动产（非住房）	按 5% 的征收率计算税额	税额 = 租金收入 ÷ (1 + 5%) × 5%
个人出租住房	按 5% 的征收率减按 1.5% 计算税额	税额 = 租金收入 ÷ (1 + 5%) × 1.5%

(4) 为支持小微企业发展，自 2019 年 1 月 1 日至 2021 年 12 月 31 日，对月销售额 10 万元以下（含本数）的增值税小规模纳税人，免征增值税。

知识点五　进口货物应纳税额的计算

对进口货物征税是大多数主权国家的惯例。根据《中华人民共和国增值税暂行条例》的规定，申报进入我国境内的货物均应缴纳增值税。确定一项货物是否属于进口货物，看其是否有报关手续。只要是报关进境的应税货物，不论其用途如何，也不论其取得途径如何，均应按照规定缴纳进口环节的增值税。

我国规定对进口货物征税的同时，对某些进口货物也作出了减免税或不征税的规定，还规定了实行保税的货物不征增值税。如"来料加工进料加工"贸易方式进口国外的原材料、零部件等在国内加工后复出口的，对进口的料件按规定给予免税或减税。对于国外过境或转口货物也给予免税或减税。进口货物的适用税率与国内购销货物相同。

纳税人进口货物，按组成计税价格和规定的税率计算增值税税额，不得抵扣任何税额。其计算公式为：

$$应纳税额 = 组成计税价格 \times 税率$$

组成计税价格的构成分两种情况。

(1) 如果进口货物不征收消费税，则上述公式中组成计税价格为：

$$组成计税价格 = 关税完税价格 + 关税 = 关税完税价格 \times (1 + 关税税率)$$

(2) 如果进口货物征收消费税，则其组成计税价格为：

$$组成计税价格 = 关税完税价格 + 关税 + 消费税$$
$$= 关税完税价格 \times (1 + 关税税率) \div (1 - 消费税税率)$$

纳税人在计算进口货物的增值税时应该注意以下问题。

(1) 在计算进口环节的应纳增值税税额时不得抵扣任何税额，即在计算进口环节的应纳增值税税额时，不得抵扣发生在我国境外的各种税金。

(2) 根据税法规定，纳税人进口货物，从海关取得的海关进口增值税专用缴款书上注明的增值税税额可以在计算本月应纳增值税税额时作为进项税额抵扣。

【例题 3-19】某进出口公司（增值税一般纳税人）2019 年 5 月报关进口数码相机 60 000 台，每台关税完税价格为 3 000 元，进口关税税率为 60%。已缴进口关税和海关代征的增值税，并已取得增值税完税凭证。当月以不含税售价每台 5 600 元全部售出（数码相机不需缴纳消费税）。计算该公司当月进口环节和销售环节应纳增值税税额。

【解析】

（1）进口环节应纳税额的计算。

组成计税价格 = 关税完税价格 + 关税

= 3 000 × 60 000 + 3 000 × 60 000 × 60% = 288 000 000（元）

进口环节应纳税额 = 组成计税价格 × 适用税率

= 288 000 000 × 13% = 37 440 000（元）

（2）国内销售环节应纳增值税税额的计算。

应纳税额 = 当期销项税额 − 当期进项税额

= 5 600 × 60 000 × 13% − 37 440 000 = 6 240 000（元）

知识点六　增值税纳税申报

一、增值税的征收管理

（一）增值税纳税义务发生时间

增值税纳税义务发生时间是指增值税纳税义务人、扣缴义务人发生应缴、扣缴税款行为应承担纳税义务、扣缴义务的起始时间。

（1）销售货物、劳务或者应税服务，为收讫销售款项或者取得索取销售款项凭据的当天；先开具发票的，为开具发票的当天。按销售结算方式的不同，具体分为以下几种情况。

① 采取直接收款方式销售货物，不论货物是否发出，均为收到销售款或取得索取销售款凭据的当天。

② 采取托收承付和委托银行收款方式销售货物，为发出货物并办妥托收手续的当天。

③ 采取赊销和分期收款方式销售货物，为合同约定的收款日期的当天；无书面合同的或者书面合同没有约定收款日期的，为货物发出的当天。

④ 采取预收货款方式销售货物，为货物发出的当天；但生产销售生产工期超过 12 个月的大型机械设备、船舶、飞机等货物，为收到预收款或者书面合同约定的收款当天。

⑤ 纳税人提供有形动产租赁服务采取预收款方式的，其纳税义务发生时间为收到预收款日期的当天。

⑥ 委托其他纳税人代销货物，为收到代销单位的代销清单或者收到全部或者部分货款的当天，未收到代销清单及货款的，为发出代销货物满 180 天的当天。

⑦ 销售应税劳务，为提供劳务同时收讫销售款或取得索取销售款的凭据的当天。

⑧ 纳税人发生视同销售货物行为为货物移送的当天。

（2）纳税人销售服务、无形资产或者不动产纳税义务发生时间。

① 纳税人发生应税行为并收讫销售款项或者取得索取销售款项凭据的当天；先开具发票的，为开具发票的当天。

收讫销售款项，是指纳税人销售服务、无形资产、不动产过程中或者完成后收到款项。

取得索取销售款项凭据的当天，是指书面合同确定的付款日期；未签订书面合同或者书面合同未确定付款日期的，为服务、无形资产转让完成的当天或者不动产权属变更的当天。

② 纳税人提供建筑服务、租赁服务采取预收款方式的，其纳税义务发生时间为收到预收款的当天。

③ 纳税人从事金融商品转让的，为金融商品所有权转移的当天。

④ 纳税人发生视同销售情形的，其纳税义务发生时间为服务、无形资产转让完成的当天或者不动产权属变更的当天。

(3) 纳税人进口货物纳税义务发生时间为报关进口的当天。

(4) 增值税扣缴义务发生时间为纳税人增值税纳税义务发生的当天。

(二) 增值税的纳税期限

增值税的纳税期限分别为1日、3日、5日、10日、15日、1个月或者1个季度，纳税人的具体纳税期限由主管税务机关根据纳税人应纳税额的大小分别核定；不能按照固定期限纳税的，可以按次纳税。

(1) 纳税人以1个月或者1个季度为一期纳税的，自期满之日起15日内申报纳税；以1日、3日、5日、10日或15日为一期纳税的，自期满之日起5日内预缴税款，次月1日起15日内申报纳税并结清上月应纳税款。扣缴义务人解缴税款的期限，依照纳税义务人规定执行。

以1个季度为纳税期限的规定仅适用于小规模纳税人，以及财政部和国家税务总局规定的其他纳税人。小规模纳税人的具体纳税期限，由主管税务机关根据应纳税额的大小分别核定。

(2) 纳税人进口货物的，应当自海关填发海关进口增值税专用缴款书之日起15日内缴纳税款。

(三) 增值税纳税地点

(1) 固定业户应当向其机构所在地或者居住地主管税务机关申报纳税。总机构和分支机构不在同一县（市）的，应当分别向各自所在地的主管税务机关申报纳税；经财政部和国家税务总局或者其授权的财政和税务机关批准，可以由总机构汇总向总机构所在地的主管税务机关申报纳税。

固定业户到外县（市）销售货物、劳务或者应税服务，应当向其机构所在地的主管税务机关申请开具外出经营活动税收管理证明，并向其机构所在地的主管税务机关申报纳税；未开具证明的，应当向销售地、劳务或者服务发生地的主管税务机关申报纳税；未向销售地、劳务或者服务发生地的主管税务机关申报纳税的，由其机构所在地的主管税务机关补征税款。

(2) 非固定业户应当向应税行为发生地的主管税务机关申报纳税；未申报纳税的，由其机构所在地或者居住地的主管税务机关补征税款。

(3) 其他个人提供建筑服务销售或者租赁不动产、转让自然资源使用权,应向建筑服务发生地、不动产所在地、自然资源所在地主管税务机关申报纳税。

(4) 扣缴义务人应当向其机构所在地或者居住地的主管税务机关申报缴纳其扣缴的税款。

(5) 进口货物应当向报关地海关申报纳税。

二、增值税纳税申报

(一) 一般纳税人的纳税申报

1. 申报程序

一般纳税人办理纳税申报,需要经过认证、抄税、报税、办理申报等工作。

(1) 专用发票认证。

增值税专用发票的认证方式可选择手工认证和网上认证。手工认证是指单位办税员月底持专用发票"抵扣联"和运输发票到所属主管税务机关服务大厅认证窗口进行认证;网上认证是纳税人月底前通过扫描仪将专用发票抵扣联扫入认证专用软件生成电子数据,将数据文件传给税务机关完成认证。纳税信用 A 级、B 级、C 级的增值税一般纳税人取得的增值税专用发票可以不再进行认证,通过增值税专用发票税控开票软件登录增值税专用发票查询平台,查询、选择用于申报抵扣或者出口退税的增值税发票信息。

(2) 抄税。

抄税是在当月的最后一天通常是在次月 1 日早上开票前,利用防伪税控开票系统进行抄税处理,将本月开具增值税专用发票的信息读入 IC 卡(抄税完成后,本月不允许再开具发票)。

(3) 报税。

报税是在报税期内,一般单位在每个月 15 日前,将 IC 卡拿到税务机关,由税务人员将 IC 卡的信息读入税务机关的金税系统。经过抄税,税务机关确保了所有开具的销项发票都进入了金税系统。经过报税,税务机关确保了所有抵扣的进项发票都进入了金税系统,就可以在系统内由系统自动进行比对,确保任何一张抵扣的进项发票都有销项发票与其对应。

(4) 办理申报。

申报工作可分为上门申报和网上申报。上门申报是指在申报期内,携带填写的申报表、资产负债表、利润表及其他相关材料到主管税务机关办理纳税申报,税务机关审核后将申报表退还一联给纳税人。网上申报是指纳税人在征税期内,通过互联网将增值税纳税申报表主表、附表及其他必报资料的电子信息传送至电子申报系统。纳税人应从办理税务登记的次月 1 日起 15 日内不论有无销售额,均应按主管税务机关核定的纳税期限按期向当地税务机关申报。

(5) 税款缴纳。

税务机关将申报表单据送到开户银行,由银行进行自动转账处理。未实行税库银联网的纳税人需自己到税务机关指定的银行进行现金缴纳。

2. 申报资料

纳税申报资料包括纳税申报表及其附列资料和纳税申报其他资料。其中，纳税申报表及其附列资料为必报资料；纳税申报其他资料的报备要求由各省、自治区、直辖市和计划单列市国家税务局确定。

（1）纳税申报表及其附列资料。

增值税一般纳税人（以下简称一般纳税人）纳税申报表及其附列资料包括：

①《增值税纳税申报表（一般纳税人适用）》。

②《增值税纳税申报表附列资料（一）》（本期销售情况明细）。

③《增值税纳税申报表附列资料（二）》（本期进项税额明细）。

④《增值税纳税申报表附列资料（三）》（服务、不动产和无形资产扣除项目明细）。

一般纳税人销售服务、不动产和无形资产，在确定服务、不动产和无形资产销售额时，按照有关规定可以从取得的全部价款和价外费用中扣除价款的，需填报《增值税纳税申报表附列资料（三）》。其他情况不填写该附列资料。

⑤《增值税纳税申报表附列资料（四）》（税额抵减情况表）。

⑥《增值税纳税申报表附列资料（五）》（不动产分期抵扣计算表）。

⑦《固定资产（不含不动产）进项税额抵扣情况表》。

⑧《本期抵扣进项税额结构明细表》。

⑨《增值税减免税申报明细表》。

另外从事建筑、房地产、金融或生活服务等经营业务的增值税一般纳税人在办理增值税纳税申报时还需在增值税纳税申报其他资料中增加《"营改增"税负分析测算明细表》。纳税人不论有无销售额，均应按税务机关核定的纳税期限填写《增值税纳税申报表》，并向当地税务机关申报。

（2）纳税申报其他资料。

① 已开具的税控机动车销售统一发票和普通发票的存根联。

② 符合抵扣条件且在本期申报抵扣的增值税专用发票（含税控机动车销售统一发票）的抵扣联。

③ 符合抵扣条件且在本期申报抵扣的海关进口增值税专用缴款书、购进农产品取得的普通发票的复印件。

④ 符合抵扣条件且在本期申报抵扣的税收完税凭证及其清单、书面合同、付款证明和境外单位的对账单或者发票。

⑤ 已开具的农产品收购凭证的存根联或报查联。

⑥ 纳税人销售服务、不动产和无形资产，在确定服务、不动产和无形资产销售额时，按照有关规定从取得的全部价款和价外费用中扣除价款的合法凭证及其清单。

⑦ 主管税务机关规定的其他资料。

【计税实例 3-2】 一般纳税人增值税纳税申报表的填写

根据教材知识点三中"【计税实例 3-1】增值税应纳税额的计算"的计算结果，以星光汽车集团 2019 年 6 月增值税申报为例，说明一般纳税人增值税申报表的格式和填写过程。

【步骤 1】 根据企业各项收入明细账、应交增值税明细账填写各种附列资料表格。在本例中，需填写的附表如表 3-4 至表 3-6 所示。

表 3-4 增值税纳税申报表附列资料（一）

（本期销售情况明细）

税款所属时间：2019 年 06 月 01 日至 2019 年 06 月 30 日

纳税人名称：(公章) 星光汽车集团　　　　　金额单位：元至角分

项目及栏次		开具增值税专用发票		开具其他发票		未开具发票		纳税检查调整		合计			服务、不动产和无形资产扣除项目本期实际扣除金额	扣除后	
		销售额	销项（应纳）税额	销售额	销项（应纳）税额	销售额	销项（应纳）税额	销售额	销项（应纳）税额	销售额	销项（应纳）税额	价税合计		含税（免税）销售额	销项（应纳）税额
		1	2	3	4	5	6	7	8	9＝1+3+5+7	10＝2+4+6+8	11＝9+10	12	13＝11−12	14＝13÷(100%+税率或征收率)×税率或征收率
一、一般计税方法计税 全部征税项目	13%税率的货物及加工、修理修配劳务	1	7 500 000	975 000	35 398.23	4 601.77					7 535 398.23	979 601.77			—	—
	13%税率的服务、不动产和无形资产	2													—	—
	9%税率的货物及加工、修理修配劳务	4a													—	—
	9%税率的服务、不动产和无形资产	4b													—	—
	6%税率	5													—	—

续表

项目及栏次		开具增值税专用发票		开具其他发票		未开具发票		纳税检查调整		合计			服务、不动产和无形资产扣除项目本期实际扣除金额	扣除后	
		销售额	销项(应纳)税额	销售额	销项(应纳)税额	销售额	销项(应纳)税额	销售额	销项(应纳)税额	销售额	销项(应纳)税额	价税合计		含税(免税)销售额	销项(应纳)税额
		1	2	3	4	5	6	7	8	9= 1+3+5+7	10= 2+4+6+8	11= 9+10	12	13= 11-12	14=13÷ (100%+税率 或征收率)× 税率或征收率
其中:即征即退项目	即征即退货物及加工、修理修配劳务 6		—		—		—		—		—	—	—	—	—
	即征即退服务、不动产和无形资产 7		—		—		—		—		—	—	—	—	—
全部征税项目	6%征收率 8		—		—		—		—		—	—	—	—	—
	5%征收率的货物及加工、修理修配劳务 9a		—		—		—		—		—	—	—	—	—
	5%征收率的服务、不动产和无形资产 9b		—		—		—		—		—	—	—	—	—
	3%征收率的货物及加工、修理修配劳务 11		—		—		—		—		—	—	—	—	—
	3%征收率的服务、不动产和无形资产 12		—		—		—		—		—	—	—	—	—

续表

项目及栏次		开具增值税专用发票		开具其他发票		未开具发票		纳税检查调整		合计			服务、不动产和无形资产扣除项目本期实际扣除金额	扣除后	
		销售额	销项（应纳）税额	销售额	销项（应纳）税额	销售额	销项（应纳）税额	销售额	销项（应纳）税额	销售额	销项（应纳）税额	价税合计		含税（免税）销售额	销项（应纳）税额
		1	2	3	4	5	6	7	8	9＝1+3+5+7	10＝2+4+6+8	11＝9+10	12	13＝11-12	14＝13÷(100%+税率或征收率)×税率或征收率
全部征税项目	预征率　　％　13a														
	预征率　　％　13b	—	—	—	—	—	—	—	—	—	—	—		—	—
	预征率　　％　13c	—	—	—	—	—	—	—	—	—	—	—		—	—
其中：即征即退项目	即征即退加工、修理修配劳务　14							—	—						
	即征即退服务、不动产和无形资产　15							—	—						
	货物及加工、修理修配劳务　16							—	—						
	服务、不动产和无形资产　17							—	—						
	货物及加工、修理修配劳务　18	—	—	—	—	—	—	—	—	—	—	—		—	—
	服务、不动产和无形资产　19	—	—	—	—	—	—	—	—	—	—	—		—	—

表 3-5 增值税纳税申报表附列资料（二）
（本期进项税额明细）

税款所属时间：2019 年 06 月 1 日至 2019 年 06 月 30 日

纳税人名称：（公章） 星光汽车集团 金额单位：元至角分

一、申报抵扣的进项税额				
项目	栏次	份数	金额	税额
（一）认证相符的增值税专用发票	1＝2＋3	7	6 640 000.00	852 900.00
其中：本期认证相符且本期申报抵扣	2	7	6 640 000.00	852 900.00
前期认证相符且本期申报抵扣	3			
（二）其他扣税凭证	4＝5＋6＋7＋8			
其中：海关进口增值税专用缴款书	5			
农产品收购发票或者销售发票	6			
代扣代缴税收缴款凭证	7		—	
其他	8			
（三）本期用于购建不动产的扣税凭证	9			
（四）本期不动产允许抵扣进项税额	10		—	
（五）外贸企业进项税额抵扣证明	11		—	—
当期申报抵扣进项税额合计	12＝1＋4－9＋10＋11	7	6 640 000.00	1 110 500.00

二、进项税额转出额		
项目	栏次	税额
本期进项税额转出额	13＝14 至 23 之和	118 300.00
其中：免税项目用	14	
集体福利、个人消费	15	67 600.00
非正常损失	16	45 500.00
简易计税方法征税项目用	17	
免抵退税办法不得抵扣的进项税额	18	
纳税检查调减进项税额	19	
红字专用发票信息表注明的进项税额	20	5 200.00
上期留抵税额抵减欠税	21	
上期留抵税额退税	22	
其他应作进项税额转出的情形	23	

续表

三、待抵扣进项税额				
项目	栏次	份数	金额	税额
（一）认证相符的增值税专用发票	24	—	—	—
期初已认证相符但未申报抵扣	25			
本期认证相符且本期未申报抵扣	26			
期末已认证相符但未申报抵扣	27			
其中：按照税法规定不允许抵扣	28			
（二）其他扣税凭证	29＝30 至 33 之和			
其中：海关进口增值税专用缴款书	30			
农产品收购发票或者销售发票	31			
代扣代缴税收缴款凭证	32		—	
其他	33			
	34			

四、其他				
项目	栏次	份数	金额	税额
本期认证相符的增值税专用发票	35	7	6 640 000.00	852 900.00
代扣代缴税额	36	—	—	

表 3－6　固定资产（不含不动产）进项税额抵扣情况表

纳税人名称（公章）：　　　　　　填表日期：　　年　月　日　　　　　　　　金额单位：元至角分

项目	当期申报抵扣的 固定资产进项税额	申报抵扣的 固定资产进项税额累计
增值税专用发票	26 000.00	26 000.00
海关进口增值税专用缴款书		
合计	26 000.00	26 000.00

【步骤2】根据增值税明细账和申报表的附列资料，填写增值税纳税申报表。如表 3－7 所示。

表 3-7 增值税纳税申报表
(一般纳税人适用)

根据国家税收法律法规及增值税相关规定制定本表。纳税人不论有无销售额，均应按税务机关核定的纳税期限填写本表，并向当地税务机关申报。

税款所属时间：自 2019 年 06 月 1 日至 2019 年 06 月 30 日　　　填表日期：2019 年 7 月 7 日　　　金额单位：元至角分

纳税人识别号				所属行业：制造业	
纳税人名称 星光汽车集团 （公章）		法定代表人姓名	注册地址	生产经营地址	
开户银行及账号		登记注册类型		电话号码	

	项　目	栏次	一般项目		即征即退项目	
			本月数	本年累计	本月数	本年累计
销售额	（一）按适用税率计税销售额	1	7 535 398.23			
	其中：应税货物销售额	2	7 535 398.23			
	应税劳务销售额	3				
	纳税检查调整的销售额	4				
	（二）按简易办法计税销售额	5				
	其中：纳税检查调整的销售额	6				
	（三）免、抵、退办法出口销售额	7			—	—
	（四）免税销售额	8				
	其中：免税货物销售额	9				
	免税劳务销售额	10				
税款计算	销项税额	11	979 601.27			
	进项税额	12	852 900.00			
	上期留抵税额	13	5 100.00			
	进项税额转出	14	118 300.00			
	免、抵、退应退税额	15			—	
	按适用税率计算的纳税检查应补缴税额	16				
	应抵扣税额合计	17 = 12 + 13 - 14 - 15 + 16	739 700.00		—	
	实际抵扣税额	18（如17<11，则为17，否则为11）	739 700.00			
	应纳税额	19 = 11 - 18	239 901.77			
	期末留抵税额	20 = 17 - 18				
	简易计税办法计算的应纳税额	21				
	按简易计税办法计算的纳税检查应补缴税额	22			—	—
	应纳税额减征额	23				
	应纳税额合计	24 = 19 + 21 - 23	239 901.77			

续表

项目	栏次	一般项目		即征即退项目	
		本月数	本年累计	本月数	本年累计
税款缴纳	期初未缴税额（多缴为负数）	25				
	实收出口开具专用缴款书退税额	26			—	—
	本期已缴税额	27 = 28 + 29 + 30 + 31				
	①分次预缴税额	28				
	②出口开具专用缴款书预缴税额	29			—	—
	③本期缴纳上期应纳税额	30				
	④本期缴纳欠缴税额	31				
	期末未缴税额（多缴为负数）	32 = 24 + 25 + 26 − 27	239 901.77			
	其中：欠缴税额（≥0）	33 = 25 + 26 − 27			—	—
	本期应补（退）税额	34 = 24 − 28 − 29	239 901.77		—	—
	即征即退实际退税额	35	—	—		
	期初未缴查补税额	36			—	—
	本期入库查补税额	37			—	—
	期末未缴查补税额	38 = 16 + 22 + 36 − 37			—	—
授权声明	如果你已委托代理人申报，请填写下列资料： 为代理一切税务事宜，现授权_____ （地址）_____为本纳税人的代理申报人，任何与本申报表有关的往来文件，都可寄予此人。 授权人签字：		申报人声明	本纳税申报表是根据国家税收法律法规及相关规定填报的，我确定它是真实的、可靠的、完整的。 声明人签字：		

主管税务机关：　　　　　　　　　　　　　　　　　　　　　　　　　　接收人：

（二）小规模纳税人的纳税申报

小规模企业无论当季有无销售额，均应填报增值税纳税申报表（适用于小规模纳税人），于季满次月15日前报主管税务征收机关。

小规模纳税人纳税申报资料包括申报表及其附列资料。

(1)《增值税纳税申报表(小规模纳税人适用)》。具体格式如表3-8所示。

(2)《增值税纳税申报表(小规模纳税人适用)附列资料》。附列资料主要反映应税行为(3%征收率)扣除额计算、应税行为(3%征收率)计税销售额计算、应税行为(5%征收率)扣除额计算、应税行为(5%征收率)计税销售额计算。

小规模纳税人销售服务,在确定服务销售额时,按照有关规定可以从取得的全部价款和价外费用中扣除价款的,需填报《增值税纳税申报表(小规模纳税人适用)附列资料》。其他情况不填写该附列资料。

(3)资产负债表、利润表。

(4)主管税务机关要求的其他资料。

【计税实例3-3】 小规模纳税人增值税的计算和纳税申报表的填写

资料:

1. 企业基本信息资料

公司名称:南京非凡办公用品有限公司;纳税人识别号:320100579309773;注册类型:有限公司

企业法定代表:王杰;财务负责人:李慧

企业注册、营业地址及电话:南京市上海路1号,025-82318888

开户银行及账号:中国建设银行江陵上海路支行002850691054762

2. 企业经济业务资料

南京非凡办公用品有限公司是增值税小规模纳税人,2019年7月份至9月份发生如下经济业务:

(1) 7月5日,外购纸张一批,取得增值税普通发票,价税合计5 850元。

(2) 8月12日,销售文具一批,由主管国税局代开增值税专用发票,价税合计20 600元。

(3) 9月20日,将使用过的1台复印机销售,原价为60 000元,售价为24 000元,开具普通发票。

(4) 7月1日至31日,零售办公用品,价税合计96 000元,共开具普通发票125张。

【解析】

填写纳税申报表时,注意小规模纳税人采用简易征收办法,没有进项税额抵扣;同时要把含税收入换算成不含税收入,然后乘以征收率计算出当期应纳税额。

在本例中,南京非凡办公用品公司应交增值税计算如下:

(1) 7—9月份销售文具应交增值税 = (20 600 + 96 000) ÷ (1 + 3%) × 3%
= (20 000 + 93 203.88) × 3% = 3 396.12(元)

(2) 销售使用过的复印机应交增值税 = 24 000 ÷ (1 + 3%) × 2% = 23 300.97 × 2% = 466.02(元)

(3) 本期应纳增值税税额 = 3 396.12 + 466.02 = 3 862.14(元)

根据上述计算结果,填写《增值税纳税申报表(小规模纳税人适用)》。如表3-8所示。

表 3-8　增值税纳税申报表

（小规模纳税人适用）

纳税人识别号：320100579309773

纳税人名称（公章）：南京非凡办公用品有限公司　　　　　　　　　　　　金额单位：元至角分

税款所属期：2019 年 7 月 1 日至 2019 年 9 月 30 日　　　　　　　　　填表日期：2019 年 10 月 12 日

	项目	栏次	本期数		本年累计	
			货物及劳务	服务、不动产和无形资产	货物及劳务	服务、不动产和无形资产
一、计税依据	（一）应征增值税不含税销售额（3%征收率）	1	20 000			
	税务机关代开的增值税专用发票不含税销售额	2	20 000			
	税控器具开具的普通发票不含税销售额	3	93 203.88			
	（二）应征增值税不含税销售额（5%征收率）	4	—		—	
	税务机关代开的增值税专用发票不含税销售额	5	—		—	
	税控器具开具的普通发票不含税销售额	6	—		—	
	（三）销售使用过的固定资产不含税销售额	7 (7≥8)	23 300.97	—	—	—
	其中：税控器具开具的普通发票不含税销售额	8	23 300.97	—	—	—
	（四）免税销售额	9 = 10+11+12				
	其中：小微企业免税销售额	10				
	未达起征点销售额	11				
	其他免税销售额	12				
	（五）出口免税销售额	13 (13≥14)				
	其中：税控器具开具的普通发票销售额	14				
二、税款计算	本期应纳税额	15	3 862.14			
	本期应纳税额减征额	16				
	本期免税额	17				
	其中：小微企业免税额	18				
	未达起征点免税额	19				
	应纳税额合计	20 = 15-16	3 862.14			
	本期预缴税额	21			—	
	本期应补（退）税额	22 = 20-21	3 862.14		—	—

纳税人或代理人声明：	如纳税人填报，由纳税人填写以下各栏：	
本纳税申报表是根据国家税收法律法规及相关规定填报，我确定它是真实的、可靠的、完整的。	办税人员（签章）：	财务负责人（签章）：李慧
	法定代表人（签章）：王杰	联系电话：025-82318888
	如委托代理人填报，由代理人填写以下各栏：	
	代理人名称（公章）：	经办人（签章）：
		联系电话：

主管税务机关：　　　　　　　　　　　　　　接收人：　　　　　　　　　　接收日期：

知识点七　增值税出口退税

出口货物以不含国内流转税的价格参与全球市场竞争，是国际通行的惯例。我国依照国际惯例实行出口货物退（免）税政策，目的是平衡税负，使本国出口货物与其他国家或地区生产的货物具有相对平等的税收条件，这在客观上有利于发展外向型经济，增加出口，扩大出口创汇。

一、出口货物退（免）税的基本政策

我国出口货物纳税的基本政策分为以下3种情况。

（一）出口免税并退税

该政策是指对货物在出口销售环节不征增值税。对货物在出口前实际承担的税收负担，按规定的出口退税率计算后予以退还。具体适用对象有：①生产企业自营或委托外贸企业代理出口自产货物；②有出口经营权的外贸企业收购后直接出口或委托其他外贸企业代理出口的货物；③出口企业从小规模纳税人购进并取得增值税专用发票的抽纱、工艺品、香料油、山货、草柳竹藤制品、渔网渔具、松香、五倍子、生漆、鬃尾、山羊板皮、纸制品等12类货物；④特定企业出口的特定货物。

（二）出口免税但不退税

该政策是指出口环节免征增值税。适用该政策的货物因为在前一道生产、销售环节或进口环节是免税的，其价格本身就是不含税的，因此也无须退税。具体适用对象有：①属于生产企业的小规模纳税人自营出口或委托外贸企业代理出口的自产货物；②外贸企业从小规模纳税人购进并持普通发票的货物出口；③外贸企业直接购进国家规定的免税货物（包括免税农业产品）出口的；④其他的免税货物或项目。

（三）出口环节不免税也不退税

出口不免税是指国家限制或禁止出口的某些货物，出口环节视同内销环节，照常征收增值税；出口不退税是指不退还货物出口前其所负担的增值税。具体适用对象有：①国家计划外出口的原油；②援外出口货物；③天然牛黄、麝香、铜及铜基合金（出口电解铜按16%退税率退还增值税）、白银等。

二、出口货物退（免）税的范围

对出口的凡属于已征或应征增值税的货物除国家明文规定不予退（免）税的货物，以及出口企业从小规模纳税人购进，持有普通发票的部分货物外，其他出口货物都属于出口退（免）税的范围。一般而言，出口退税应同时具备以下4个条件：①属于增值税范围的货物；②报关离境的货物；③财务上作销售处理的货物；④出口收汇并已核销的货物。

生产企业承接国外修理修配业务以及利用国际金融组织或外国政府贷款，采用国际招标方式，国内企业中标或外国企业中标后分包给国内企业销售的货物，可以比照出口货物，实行免、抵、退税管理办法。

出口的机械手表（含机芯）、化妆品、乳胶制品和其他橡胶制品、黄金首饰、珠宝玉石、水貂皮、鱼翅、鲍鱼、海参、鱼唇、干贝、燕窝等货物，除国家指定的出口企业可以退税外，其他非指定的企业不能享受出口退税。

三、出口应税服务退（免）税的范围

单位和个人提供适用零税率的应税服务，如果属于适用增值税一般计税方法的，实行免、抵、退税办法，并不得开具增值税专用发票。如果属于适用简易计税方法的，实行免征增值税办法。

1. 适用增值税零税率的范围

单位和个人提供的国际运输服务、向境外单位提供的研发服务和设计服务适用增值税零税率。

（1）国际运输服务

包括以下3种情况。

① 在境内载运旅客或货物出境。

② 在境外载运旅客或货物入境。

③ 在境外载运旅客或货物。

（2）航天运输服务参照国际运输服务，适用增值税零税率。

（3）向境外单位提供的设计服务，不包括对境内不动产提供的设计服务。

2. 应税服务免税的范围

单位和个人提供的下列应税服务免征增值税，但财政部和国家税务总局规定适用零税率的除外。

（1）工程、矿产资源在境外的工程勘察勘探服务。

（2）会议展览地点在境外的会议展览服务。

（3）存储地点在境外的仓储服务。

（4）标的物在境外使用的有形动产租赁服务。

（5）为出口货物提供的邮政业服务和收派服务。

（6）在境外提供的广播影视节目（作品）的发行、播映服务。

（7）符合国际运输的3种情况，但不符合国际运输服务的规定条件。

（8）向境外单位提供的下列应税服务：

① 技术转让服务、技术咨询服务、合同能源管理服务、软件服务、电路设计及测试服务、信息系统服务、业务流程管理服务、商标著作权转让服务、知识产权服务、物流辅助服务（仓储服务除外）、认证服务、鉴证服务、咨询服务。但不包括：合同标的物在境内的合同能源管理服务，对境内货物或不动产的认证服务、鉴证服务和咨询服务。

② 广告投放地在境外的广告服务。

四、增值税退税率

1994年实行的新税制对出口货物增值税实行了零税率，货物出口时，按其征税率退税。从1995年7月1日起，连续多次调低了出口货物退税率。为抵御1997年亚洲金融危机、2008年由美国引起的全球金融危机，缓解出口企业生存压力，解决人员就业问题，改善出口增量回落现象，保持我国外贸经济平稳发展，国家及时运用财税政策对出口退税率进行了

适当的调整。目前，我国的出口退税率分为16%、13%、10%、6%、0 5 档。

五、增值税退（免）税额的计算

不同的出口货物（服务）适用不同的税收政策，因此不是所有出口的货物（服务）都要计算退税额。出口货物（服务）只有在适用既免税又退税的政策时，才会涉及如何计算退税问题。

由于各类企业对于出口货物或服务的会计核算不同，有的对出口货物或服务单独核算，有的对出口货物或服务和内销货物统一核算。我国目前主要有两种退税计算方法：一是"免、抵、退"办法，主要适用于自营和委托出口自产货物的生产企业以及提供适用零税率的应税服务企业；二是"先征后退"办法，主要适用于收购货物出口的外贸企业。

（一）货物出口"免、抵、退"税的计算办法

生产企业自营或委托外贸企业代理出口自产货物，除另有规定外，增值税一律实行"免、抵、退"管理办法。这里所说的生产企业是指独立核算，经主管国税机关认定为增值税一般纳税人，并且具有实际生产能力的企业和企业集团。

"免"税，指对生产企业出口的自产货物和视同自产货物，免征本企业生产销售环节增值税；"抵"税，是指生产企业出口自产货物和视同自产货物所耗用的原材料、零部件、燃料、动力等所含应予退还的进项税额，抵顶内销货物的应纳税额；"退"税，是指生产企业出口的自产货物和视同自产货物在当月内应抵顶的进项税额大于应纳税额时，对未抵顶完的税额部分予以退税。

免、抵．退税的计算公式和步骤如下：

1. 当期应纳税额的计算

（1）当期应纳税额＝当期内销货物的销项税额－（当期进项税额－当期免、抵、退不得免征和抵扣税额）－上期留抵税额。

（2）当期免、抵、退税不得免征和抵扣税额＝当期出口货物离岸价×外汇人民币折合价×（当期出口货物征税率－出口货物退税率）－当期免、抵、退税不得免征和抵扣税额抵减额。

（3）当期免、抵、退税不得免征和抵扣税额抵减额＝当期免税购进原材料价格×（出口货物征税率－出口货物退税率）。

免税购进原材料包括从国内购进免税原材料和进料加工免税进口料件，其中进料加工免税进口料件的价格为组成计税价格。其计算公式为：

进料加工免税进口料件的组成计税价格＝货物到岸价＋海关实征关税＋海关实征消费税

如果当期没有免税购进原材料，前述公式中的"当期免、抵、退税不得免征和抵扣税额抵减额"不用计算。

若上述计算结果为正数，说明从内销货物销项税额中抵扣后仍有余额，该余额则为企业当期应纳的增值税税额，无退税额；若计算结果为负数，则当期期末留抵税额＝当期应纳税额绝对数，则有应退税额，应退税额大小待下面步骤分析确定。

2. 当期免、抵、退税额的计算

（1）当期免、抵、退税额＝出口货物离岸价×外汇人民币折合价×出口货物退税率－免、抵、退税额抵减额。

(2) 免、抵、退税额抵减额＝免税购进原材料价格×出口货物退税率。

值得注意的是：出口货物离岸价（FOB）以出口发票计算的离岸价为准。出口发票不能如实反映实际离岸价的，企业必须按照实际离岸价向主管国税机关进行申报，同时主管税务机关有权依照《中华人民共和国税收征收管理法》《中华人民共和国增值税暂行条例》等有关规定予以核定。

如果当期没有免税购进原材料，则"免、抵、退税额抵减额"不用计算。

3. 当期应退税额和免、抵税额的计算

(1) 如当期应纳税额≥0，则：

当期应退税额＝0

(2) 如当期应纳税额<0，且当期期末留抵税额<当期免、抵、退额，则：

当期应退税额＝当期期末留抵税额

当期免、抵税额＝当期免、抵、退税额－当期应退税额

(3) 如当期应纳税额<0，且当期期末留抵税额≥当期免、抵、退额，则：

当期应退税额＝当期免、抵、退额

当期免、抵税额＝0

公式中的"当期"是指一个纳税申报期，征税率和退税率是指出口货物的征税率和退税率。当期期末留抵税额根据当期增值税纳税申报表中"期末留抵税额"确定。

（二）应税服务出口"免、抵、退"税的计算办法

免、抵、退税办法是指零税率应税服务提供者提供零税率应税服务，免征增值税，相应的进项税额抵减应纳增值税税额（不包括适用增值税即征即退、先征后退政策的应纳增值税税额），未抵减完的部分予以退还。具体计算步骤如下：

1. 计算零税率应税服务当期免、抵、退税额

当期零税率应税服务免、抵、退税额＝当期零税率应税服务免、抵、退税计税价格×外汇人民币牌价×零税率应税服务退税率

零税率应税服务免、抵、退税计税价格为提供零税率应税服务取得的全部价款，扣除支付给非试点纳税人价款后的余额。

2. 计算当期应退税额和当期免、抵税额

① 当期期末留抵税额≤当期免、抵、退税额时，

当期应退税额＝当期期末留抵税额

当期免、抵税额＝当期免、抵、退税额－当期应退税额

② 当期期末留抵税额>当期免、抵、退税额时，

当期应退税额＝当期免、抵、退税额

当期免、抵税额＝0

"当期期末留抵税额"为当期增值税纳税申报表的"期末留抵税额"。

零税率应税服务提供者如同时有货物出口的，可结合现行出口货物免、抵、退税公式一并计算免、抵、退税。

【例题3－20】 国内某大型航空公司主要经营国内和经批准的境外航空客、货、邮、行李运输业务及延伸服务，注册地点在上海浦东，2013年年底被上海市国税局认定为增值税一般纳税人，2019年6月份经营情况如下：国内运输收入24 000万元，国际运输业务收入

15 000万元，航空地面服务收入 9 000 万元；油料支出、飞机维修等可抵扣的进项税额为 4 000万元。计算 6 月份应退增值税税额。

【解析】

① 当期应纳税额 = 24 000 × 9% + 9 000 × 6% - 4 000 = -1 300（万元），即期末留抵税额 = 1 300（万元）。

② 免、抵、退税额 = 15 000 × 9% = 1 350（万元）

③ 当期应退税额 = 1 300（万元）。

④ 当期免、抵税额 = 1 350 - 1 300 = 50（万元）。

（三）"先征后退"的计算办法

"先征后退"是指出口货物在生产（购货）环节按规定缴纳增值税，货物出口后由收购出口的企业向其主管出口退税的税务机关申请办理出口货物退税。"先征后退"方式目前主要适用于有进出口经营权的外贸企业直接出口或委托其他外贸企业代理出口的货物，以及其他特准退税的企业出口的货物。

（1）对有进出口经营权的外贸企业收购货物直接出口或委托其他外贸企业代理出口货物，应按照购进货物所取得的增值税专用发票上注明的进项税额和该货物适用的退税率计算退税。其计算公式为：

应退税额 = 出口货物不含增值税的购进金额 × 出口退税率

= 出口货物的进项税额 - 出口货物不予退税的税额

出口货物不予退税的税额 = 出口货物不含增值税的购进金额 ×

（增值税法定税率 - 退税税率）

【例题3-21】某进出口公司2019年6月出口美国平纹布2 000米，进货增值税专用发票列明单价20元/米，计税金额40 000元，退税税率10%。计算应退税额。

【解析】

应退税额 = 2 000 × 20 × 10% = 4 000（元）

（2）外贸企业委托生产企业加工收回后出口的货物，按照购进国内原辅材料的增值税专用发票的进项税额和相应的退税率计算原辅材料的退税额。支付的加工费的退税率，凭受托方开具的加工费的增值税专用发票的退税率确定，其计算公式如下：

应退税额 = 购进国内原辅材料的进项税额 × 相应退税率 + 加工费 × 相应退税率

【例题3-22】某进出口公司2019年6月购进牛仔布委托加工成服装出口。取得牛仔布增值税发票一张，注明计税金额10 000元（退税税率10%）；取得服装加工费计税金额2 000元（退税税率13%）。计算应退税额

【解析】

应退税额 = 10 000 × 10% + 2 000 × 13% = 1 260（元）

（3）外贸企业从小规模纳税人购进并持普通发票的货物出口，不得退税，但对出口抽纱、工艺品、香料、山货、松香、五倍子等12类货物，考虑其占我国出口比重较大及其生产、采购的特殊因素，凭税务机关代开的增值税专用发票予以退税。其计算公式如下：

应退税额 = 税务机关代开的增值税专用发票注明的金额 × 退税税率

【例题3-23】某进出口公司2019年8月购进某增值税小规模纳税人生产的抽纱工艺品2 000打（套）全部出口，取得税务机关代开的增值税专用发票，发票注明金额50 000元，

退税税率3%。计算应退税额。

【解析】
应退税额 = 50 000 × 3% = 1 500（元）

六、出口货物退（免）税管理

（一）出口货物退（免）税登记

出口企业持商务部及其授权单位批准其出口经营权的批件和工商营业执照，于批准之日起30日内向所在地主管退税业务的税务机关办理退税登记。

出口企业如发生撤销、变更情况，应于批准撤销、变更之日起30日内，向所在地主管出口退税业务的税务机关办理注销或变更退税登记手续。

（二）出口货物退（免）税申报

（1）出口企业应设专职或兼职办理出口退税的人员，经税务机关培训考核后，发给"办税员证"，没有"办税员证"的人员不得办理出口退税业务。

（2）出口企业应在货物报关出口并在财务上作销售处理后，按月填报出口货物退（免）税申报表和经征税部门审核签章的当期增值税纳税申报表及有关退税凭证。出口货物退、免、税申报表分两类：生产企业的申报表有《生产企业出口货物免、抵、退税申报明细表》《生产企业出口货物免、抵、退税申报汇总表》；外贸企业的申报表有《企业外贸出口退税汇总申报表》等。

（3）出口企业代理其他企业出口后，应在货物报关出口之日起60天内凭出口货物报关单、代理出口协议，向主管国家税务机关申请开具"代理出口货物证明"，并及时转给委托出口企业。

（三）办理出口退税必须提供的凭证

（1）购进出口货物的增值税专用发票（抵扣联）、出口销售发票。

（2）盖有海关验讫章的出口货物报关单（出口退税专用）。

（3）由外汇管理部门核准开具的出口收汇核销单（出口退税专用）。

（4）查账时提供出口货物销售明细账。

（5）有委托业务的需提供由受托方税务机关签发的代理出口证明，有远期收汇业务的需提供由当地外经贸主管部门签发的中、远期结汇证明。

【计税实例3-4】出口货物增值税退（免）税的处理

资料：某自营出口生产企业是增值税一般纳税人，出口货物的征税率为13%，退税率为10%，2019年5月购进原材料一批，取得的增值税专用发票上注明的价款为200万元，外购货物准予抵扣进项税款32万元，货已入库。当月海关进口料件的组成计税价格50万元，进口手册号为C4708230028，已按规定向税务机关办理了"生产企业进料加工贸易免税证明"。上期期末留抵税额3万元。当月内销货物销售额170万元，销项税额22.1万元。本月出口货物销售折合人民币130万元。

要求：计算该企业本期免、抵、退税额，并填报相关申报表。

【解析】
第一步，分析购进原材料及进口料件涉税情况。
购进原材料时，其进项税额可以抵扣：允许抵扣的进项税额 = 26万元第二步，分析内销、出口货物涉税情况。

实现内销收入时，应缴纳销项税额 = 22.1 万元

第三步，计算免、抵、退税不得免征和抵扣税额。

免、抵、退税不得免征和抵扣税额抵减额 = 50 × (13% - 10%) = 1.5（万元）

免、抵、退税不得免征和抵扣税额 = 130 × (13% - 10%) - 1.5 = 2.4（万元）

第四步，计算应纳增值税税额。

应纳增值税税额 = 22.1 - (26 - 2.4) - 3 = -4.5（万元）

第五步：计算出口货物免、抵、退税额。

免、抵、退税额抵减额 = 50 × 10% = 5（万元）

出口货物免、抵、退税额 = 130 × 10% - 5 = 8（万元）

第六步，计算当期应退税额及当期免、抵税额。

当期期末留抵税额 4.5 万元小于当期免、抵、退税额 8 万元

当期应退税额 = 4.5 万元

当期免、抵税额 = 8 - 4.5 = 3.5（万元）

第七步，根据会计账簿登记资料和海关出口货物报关单等凭证，填报相关申报表。

随堂训练

一、知识练习

单项选择题

1. 下列行为不得开具增值税专用发票的是（　　）。
   A. 向某个人销售锅炉
   B. 某国有粮食购销企业销售粮食给一般纳税人企业
   C. 将外购货物用于对外捐赠
   D. 军需工厂销售军用产品给某商业企业

2. 下列选项中，不构成销售额的是（　　）。
   A. 增值税税额
   B. 应税消费品的消费税税额
   C. 销售货物时收取的延期付款利息
   D. 销售货物时收取的优质费

3. 单位或个体经营者的下列业务，应视同销售征收增值税的是（　　）。
   A. 将委托加工收回的货物用于个人消费
   B. 将外购的小汽车用于抵偿债务
   C. 商场将购买的商品发给职工
   D. 公司购进建材用于职工宿舍的建设

4. 某酒厂为增值税小规模纳税人，2019 年 7 月销售自己使用过 7 年的固定资产，取得含税销售额 120 000 元；销售自己使用过的包装物，取得含税销售额 30 000 元。2019 年 7 月该酒厂上述业务应纳增值税（　　）元。
   A. 5 781.42　　　　B. 3 203.88　　　　C. 3 125.83　　　　D. 4 077.67

5. 下列选项中，不适用出口免征增值税政策的是（　　）。
   A. 已使用过的设备（购进时未取得增值税专用发票）
   B. 非出口企业委托出口的货物
   C. 农业生产者自产农产品
   D. 进料加工复出口的货物

6. 某生产企业为增值税一般纳税人，2019 年 6 月进口一批钢材，关税完税价格为 300 万元，进口关税为 60 万元，则进口时应缴纳的增值税为（　　）万元。
   A. 39　　　　　B. 46.8　　　　　C. 57.6　　　　　D. 48

7. 一般纳税人销售自己使用过的按规定不得抵扣且未抵扣进项税额的固定资产，按（　　）征收增值税。
   A. 13% 税率　　　　　　　　　　　B. 3% 征收率减按 2%
   C. 4% 征收率　　　　　　　　　　　D. 2% 征收率

8. 某增值税一般纳税人购进玉米一批，支付给某农业开发基地收购价款 10 000 元，取得普通发票，并支付不含税运费 3 000 元，取得货运企业开具的增值税专用发票，注明增值税为 300 元，验收入库后，因管理不善损失 1/5，则该项业务准予抵扣的进项税额为（　　）元。
   A. 1 020　　　　　B. 960.55　　　　　C. 1 200　　　　　D. 960

9. 某白酒生产企业 2019 年 12 月购进玉米一批用于生产白酒。当月销售 1 000 吨白酒，主营业务成本为 1 500 万元，农产品耗用率为 70%，玉米平均购买单价为 4 000 元/吨。按照成本法计算，则该月允许抵扣的农产品进项税额为（　　）万元。
   A. 195　　　　　B. 87.0　　　　　C. 123.85　　　　　D. 120.80

10. 下列选项中，需要缴纳增值税的是（　　）。
    A. 基本建设单位附设工厂在建筑现场制造的预制构件，凡直接用于本单位建筑工程取得的收入
    B. 各地派出所按规定收取的居民身份证工本费用
    C. 纳税人取得的 2014 年的中央财政补贴
    D. 纳税人销售软件产品并随同销售一并收取的软件安装费、维护费、培训费等收入

二、能力训练

某企业为一般纳税人，2019 年 10 月发生下列经济业务，具体资料如下。

1. 从农业生产者手中收购玉米 40 吨，每吨收购价 3 000 元，共计支付收购价款 120 000 元。企业将收购的玉米从收购地直接运往异地的某酒厂生产加工药酒，酒厂在加工过程中代垫辅助材料款 15 000 元。药酒加工完毕，企业收回药酒时取得酒厂开具的增值税专用发票，注明加工费 30 000 元，增值税税额 3 900 元，加工的药酒当地无同类产品市场价格。
本月内企业将收回的药酒批发售出，取得不含税销售额 260 000 元。另外支付给运输单位的销货运输费用 12 000 元，取得普通发票。

2. 购进货物取得增值税专用发票，注明金额 450 000 元、增值税税额 58 500 元；支付给运输单位购货运费，取得增值税专用发票上注明运输费 22 500 元。本月将已验收入库货物的 80% 零售，取得含税销售额 585 000 元，20% 用于本企业集体福利。

3. 购进原材料取得增值税专用发票，注明金额 160 000 元、增值税税额 20 800 元，材料验收入库。本月生产加工一批新产品 450 件，每件成本价 380 元（无同类产品市场价格），全部出售给本企业职工，取得不含税销售额 171 000 元。月末盘存发现半年前从东北购进的原材料被盗，金额 50 000 元（其中含分摊的运输费用 4 650 元）。

4. 销售使用过的一台机器（购进时未抵扣进项税额），取得含税销售额 32 440 元。

5. 当月发生逾期押金收入 12 870 元。

要求：计算企业 10 月份应缴纳的增值税。

业务操作

【任务1】 小规模纳税人的计税与申报

一、实训目的

1. 能够判断哪些业务应当缴纳增值税。
2. 能够正确计算应纳增值税税额。
3. 能够正确填写《增值税纳税申报表（小规模纳税人适用）》，熟练办理小规模纳税人的增值税申报工作。

二、实训程序

1. 计算企业发生的业务应缴纳的增值税。
2. 填报《增值税纳税申报表（小规模纳税人适用）》。

三、实训内容

1. 企业基本资料。

（1）企业名称：北京欧艺家具有限责任公司。注册类型：私营企业。经营范围：家具的生产、销售。公司地址：北京市西城区解放路 88 号。联系电话：010 - 23352701。

（2）开户银行：工行北京市西城区解放路支行。账号：6222024013710197754。税务登记号：370704590443251。

（3）会计政策：企业会计准则。企业法定代表人：李明阳。财务负责人：王飞。总经理：范晓蕊。会计：李莉莉。出纳：吴伟。办税员：郑敏。

2. 经济业务资料。

北京欧艺家具有限责任公司为增值税小规模纳税人，按季度申报缴纳增值税，2019 年第 3 季度发生的经济业务如下：

（1）7 月 7 日，向北京市绿地房地产开发公司销售一批甲型木材，开具普通发票上注明的含税价款为 20 600 元，款项已收到。

（2）7 月 10 日，从济南市立邦油漆有限公司购入油漆 1 000 桶，单价 50 元，取得增值税普通发票，价税合计为 58 000 元，款项已用银行存款支付。

（3）8 月 15 日，向北京雅洁有限责任公司销售一批椅子 50 把，开具普通发票上注明的含税价款为 2 060 元，款项尚未收到。

（4）9 月 19 日，向北京利诚有限责任公司销售办公桌 200 张，单价 180 元，由税务机关代开了增值税专用发票，款项尚未收到。

（5）9 月 22 日，向北京利群股份有限公司销售已使用过的机器设备一台，开具增值税普通发票，含税销售额为 10.3 万元，款项已收到。购买该机器设备时取得增值税专用发票上注明的价税合计为 12.36 万元，已计提累计折旧 3 万元。

【任务2】一般纳税人的计税与申报

一、实训目的

1. 能够判断哪些业务应当计提销项税额，哪些业务的进项税额可以从销项税额中抵扣。
2. 能够正确计算增值税销项税额、项税额和应纳税额。
3. 能够正确填制《增值税纳税申报表（一般纳税人适用）》，熟练办理一般纳税人的增值税纳税申报工作。

二、实训程序

1. 计算企业发生的业务应缴纳的增值税。
2. 填报《值税纳税申报表（一般纳税人适用)》及其附列资料。

三、实训内容

北京市永安工贸公司于 2011 年 6 月成立，注册资金为 1 000 000 元，是一家生产型企业，已取得一般纳税人资格。北京市永安工贸公司 2019 年 8 月份发生的经济业务如下：

（1）8 月 8 日，接受北京市华安商贸公司投入的原材料一批，该原材料评估价值为 200 000 元，取得的增值税专用发票上注明的增值税税额为 26 000 元。经股东协商该批原材料占永安公司注册资金的 15%。

（2）8 月 10 日，外购材料一批，单价 100 元/千克，数量 50 千克，增值税税率 13%，款项已用银行存款支付。验收入库时发现短缺 10 千克，经查是迅达运输公司的责任，经协商迅达公司同意赔偿。

（3）8 月 11 日，从潍坊大地公司购进甲商品 300 件，单价 600 元，取得的增值税专用发票上注明商品价款为 180 000 元，增值税税额为 23 400 元，对方代垫铁路运费 1 000 元，以上款项均已开出转账支票支付。

（4）8 月 15 日，对外销售甲商品 200 件，单位售价 750 元，合计 150 000 元，销项税额为 19 500 元，销货款已存入银行。

（5）8 月 18 日，在销售产品时领用单独计价的包装物一批，实际成本为 5 000 元，售价为 6 000 元，适用的增值税税率为 13%，款项收到并存入银行。

（6）8 月 20 日，出租给利达公司包装箱一批，租期 4 个月。该批包装箱实际成本 10 000 元，收取押金 8 000 元，收取租金 3 390 元，开出普通发票，款项存入银行。

（7）8 月 21 日，以托收承付方式向华丰公司销售一批商品，开出的增值税专用发票上注明售价为 120 000 元，增值税税额为 15 600 元。随同商品出售收取出租包装物租金 4 520 元，开出的增值税专用发票上注明增值税税额为 520 元。该批商品已经发出，并已向银行办妥托收手续。

（8）8 月 22 日，接到红河公司通知，原于 7 月 31 日销售给红河公司的一批商品发现质量不合格，要求在价格上给予 5% 的折让。经查，开出的增值税发票上注明商品售价为 50 000 元，增值税税额为 6 500 元，上月已确认该批商品的销售收入。红河公司提出的销售折让要求符合原合同约定，所以同意红河公司的要求，并凭税务机关出具的"开具红字增值税专用发票通知单"开具了红字增值税专用发票。

项目四

消 费 税

知识准备

知识点一　消费税概述

一、消费税的性质

(一) 消费税的概念

根据《中华人民共和国消费税暂行条例》(以下简称《消费税暂行条例》)的规定,消费税是对我国境内从事生产、委托加工和进口应税消费品的单位和个人,就其销售额或销售数量,在特定环节征收的一种税。简单地说,消费税就是对特定的消费品和消费行为征收的一种税。

消费税是世界各国广泛实行的税种。目前已有120多个国家征收消费税。消费税在开征国和地区税收收入总额中占有相当比重,特别是发展中国家,大多以商品课税为主体,而消费税又是其中的一个主要税种,地位尤其重要。19世纪以来,由于以所得税为主体的直接税制的发展,消费税占各国税收收入的比重有所下降,但因其具有独特的调节作用,仍然受到各国的普遍重视。目前,美国、英国、日本、法国等主要发达国家均对特定的消费品或消费行为征收消费税。

我国的消费税是1994年税制改革中设置的税种。它由原产品税脱胎出来,与实行普遍调节的增值税配套,对某些产品进行特殊调节。1950年征收的货物税、20世纪50年代征收的商品流通税和1958年9月至1973年征收的工商统一税以及1973年至1983年征收的工商税中相当于货物税的部分,1983年至1994年前征收的产品税、增值税,实质上相当于或其中部分相当于消费税性质,只不过一直未命名为消费税,或没有单独成为一个税种而已。

(二) 消费税的特点

一般来说,消费税的征税对象主要是与居民生活、消费相关的最终消费品和消费行为。消费税有如下几个特点。

1. 征收范围的选择性

消费税以税法规定的特定产品为征税对象。即国家可以根据宏观产业政策和消费政策的要求，有目的有重点地选择一些消费品征收消费税，以适当限制某些特殊消费品的消费需求，故消费税税收调节具有特殊性。我国消费税目前主要包括了特殊消费品、奢侈品、高能耗消费品、不可再生的资源消费品和税基宽广、消费普遍、不影响人民群众生活水平，但又具有一定财政意义的普通消费品。目前消费税税目有 15 个。

2. 征税环节的单一性

消费税是在生产（进口）、流通或消费的某一环节一次征收（卷烟除外），而不是在消费品生产、流通或消费的每个环节多次征收，即通常所说的一次课征制。

3. 征收方法的灵活性

消费税采取从价计征、从量计征、复合计征三种方法进行征税。对一部分价格变化较大，且便于按价格核算的应税消费品，实行从价计征；对一部分价格变动较小，品种、规格比较单一的大宗应税消费品，实行从量计征；对卷烟、白酒，实行从价、从量相结合的复合计征办法。

4. 适用税率的特殊性

消费税属于国家运用税收杠杆对某些消费品或消费行为进行特殊调节的税种。这一特殊性表现在两个方面：一是不同的征税项目税负差异较大，对需要限制或控制消费的消费品规定较高的税率，体现特殊的调节目的；二是消费税往往同有关税种配合实行加重或双重调节，通常采取增值税与消费税双重调节的办法，对某些需要特殊调节的消费品或消费行为在征收增值税的同时，再征收一道消费税，形成一种特殊的对消费品双层次调节的税收调节体系。

5. 税收负担的转嫁性

增值税实行价外计税，而消费税是价内税，即消费税款含在应税消费品价格之中。因此，消费税无论是在哪个环节征收，只要是价内计税，消费品中所含的消费税款最终都是由购买应税消费品者负担，生产销售应税消费品的企业和个人虽是纳税人，但其所缴纳的税款最终转嫁到了消费者身上。

（三）消费税的作用

消费税的内涵及特点决定了其在税制和社会经济发展中的重要地位，集中体现了国家的产业政策，强化了国家对经济进行宏观调控的手段。其作用主要表现在以下几个方面。

1. 体现消费政策，优化产业结构

将烟、酒及酒精、鞭炮、焰火列入消费税征税范围，达到限制消费的目的；将摩托车、小汽车、贵重首饰、珠宝玉石、高尔夫球及球具、高档手表、游艇列入征税范围是为了调节和限制消费；将汽油、轮胎、一次性木制筷子、实木地板列入征税范围以节约能源。通过对消费品课税，使产业、产品结构得到进一步的优化，从而实现资源优化配置。

2. 调整消费结构，抑制超前消费

我国需要在政策上正确引导人们的消费方向。通过有选择地征收消费税，并且根据国家经济形势的发展和变化随时调整税目和税率结构，起到引导消费、抑制高水平或超前消费的作用。

3. 筹集资金，增加财政收入

消费税是价内税，税额的实现不受成本等因素的影响，而且消费税的应税品目又大多属于使用广泛、消费量大、具有传统征收高税习惯的重点税源行业的商品，税源稳定、可靠；同时，消费税按消费品的销售额或销售数量征税，使税收与应税消费品生产的增长趋势相适应，保证了财政收入的稳定增长。

4. 调节贫富差距，缓解分配不公

开征消费税有利于配合个人所得税及其他有关税种进行调节，缓解目前存在的社会分配不公的矛盾。通过对某些奢侈品或特殊消费品征收消费税，从调节个人支付能力的角度间接增加某些消费者的税收负担或增加消费支出的超额负担。

二、消费税的纳税人

消费税的纳税人，是在中华人民共和国境内生产、委托加工和进口应税消费品的单位和个人。自2009年5月1日起，对卷烟在批发环节加征一道从价消费税，因此从事卷烟批发的单位和个人也是消费税纳税人。金银首饰、钻石首饰消费税在零售环节征收。在我国境内从事金银首饰、钻石首饰零售业务的单位和个人为消费税的纳税人，委托加工、委托销售金银首饰、钻石首饰的受托方也是纳税人。

这里所谓"中华人民共和国境内"，是指生产、委托加工和进口应税消费品的起运地或所在地在中国境内。所谓"单位"，是指国有企业、集体企业、私营企业、股份制企业、外商投资企业、外国企业和其他企业，以及行政单位、事业单位、军事单位、社会团体和其他单位。所谓"个人"，是指个体经营者和包括中国公民和外国公民在内的其他个人。

三、消费税的征税范围

（一）征税范围的确定原则

确定消费税征税范围的总原则是：立足于我国的经济发展水平、国家的消费政策和产业政策，充分考虑人民的生活水平、消费水平和消费结构状况，注重保证国家财政收入的稳定增长，并适当借鉴国外征收消费税的成功经验和国际通行做法。按照该原则，在种类繁多的消费品中，列入消费税征税范围的消费品并不很多，大体上可归为5类。

（1）特殊消费品。这是指对人类健康、社会秩序、生态环境等方面造成危害的特殊消费品，如烟、酒、鞭炮、焰火等。

（2）奢侈品、非生活必需品，如贵重首饰、化妆品等。

（3）高能耗及高档消费品，如小汽车、摩托车等。

（4）不可再生和替代的资源类消费品，如汽油、柴油等。

（5）促进节能环境保护的消费品，如涂料、实木地板等。

（二）征税范围的具体规定

现行的消费税税目共有15个，具体征收范围如下。

1. 烟

即以烟叶为原料加工生产的特殊消费品。本税目下设卷烟（分生产环节和批发环节）、雪茄烟和烟丝三类。

卷烟的征税范围包括各种规格、型号的国产卷烟、进口卷烟、白包卷烟、手工卷烟等；雪茄烟的征税范围包括各种规格、型号的雪茄烟；烟丝的征税范围包括以烟叶为原料加工生产的不经卷制的散装烟，如斗烟、莫合烟、烟末、水烟、黄红烟丝等。

2. 酒

本税目下设白酒、黄酒、啤酒、其他酒 4 个子目。

酒是指酒精度在 1 度以上的各种酒类饮料，包括白酒、黄酒、啤酒和其他酒。

（1）白酒是指以高粱、玉米、大米、糯米、大麦、小麦、青稞等各种粮食为原料，经过糖化发酵后，采用蒸馏方法酿制的白酒。

（2）黄酒是指以糯米、粳米、籼米、大米、黄米、玉米、小麦、薯类等为原料，经加温、糖化发酵、压榨酿制的酒。由于工艺、配料和含糖量的不同，黄酒分为干黄酒、半干黄酒、半甜黄酒、甜黄酒 4 类。黄酒的消费税征收范围包括各种原料酿制的黄酒和酒度超过 12 度（含 12 度）的土甜酒。

（3）啤酒是指以大麦或其他粮食为原料，加入啤酒花，经糖化、发酵、过滤酿制的含有二氧化碳的酒。啤酒的消费税征收范围包括各种包装和散装的啤酒。无醇啤酒比照啤酒征税。对啤酒源、菠萝啤酒应按啤酒征收消费税。"果啤"属于啤酒，应征消费税（国税函〔2005〕33 号）。对饮食业、商业、娱乐业举办的啤酒屋（啤酒坊）利用啤酒生产设备生产的啤酒，应当按 250 元/吨的税率征收消费税。

（4）其他酒是指除白酒、黄酒、啤酒以外，酒度在 1 度以上的各种酒，包括糠麸白酒、其他原料白酒、土甜酒、复制酒、果木酒、汽酒、药酒等。国税函〔2008〕742 号文件中规定，调味料酒不征消费税。

3. 化妆品

本税目征税范围包括：香水、香水精、香粉、口红、指甲油、胭脂、眉笔、蓝眼油、眼睫毛、成套化妆品和高档护肤类化妆品等。

舞台、戏剧、影视演员化妆用的上妆油、卸妆油油彩、发胶和头发漂白剂等，不属于本税目征收范围。

4. 贵重首饰及珠宝玉石

本税目征税范围包括：各种金银珠宝首饰和经采掘、打磨、加工的各种珠宝玉石。

（1）金银珠宝首饰包括：凡以金、银、白金、宝石、珍珠、钻石、翡翠、珊瑚、玛瑙等高贵稀有物质以及其他金属、人造宝石等制作的各种纯金银首饰及镶嵌首饰（含人造金银、合成金银首饰等）。

（2）珠宝玉石包括：钻石、珍珠、松石、青金石、欧泊石、橄榄石、长石、玉、石英、玉髓、石榴石、锆石、尖晶石、黄玉、碧玺、金绿玉、绿柱石、刚玉、琥珀、珊瑚、煤玉、龟甲、合成刚玉、合成宝石、双合石、玻璃仿制品。

宝石坯是经采掘、打磨、初级加工的珠宝玉石半成品，因此，对宝石坯应按规定征收消费税。

5. 鞭炮、焰火

本税目征税范围包括：各种鞭炮、焰火。体育上用的发令纸、鞭炮引线不按本税目征税。

6. 成品油

本税目下设汽油、柴油、石脑油、溶剂油、润滑油、燃料油、航空煤油 7 个子目。

7. 摩托车

本税目征税范围包括：轻便摩托车、摩托车。

摩托车包括两轮车、边三轮车、正三轮车等。对最大设计车速不超过 50 千米/小时、发动机汽缸总工作容量不超过 50 毫升的三轮摩托车不征收消费税。

8. 小汽车

汽车是指由动力驱动，具有 4 个或 4 个以上车轮的非轨道承载的车辆。本税目下设乘用车、中轻型商用客车子目。

乘用车征收范围包括含驾驶员座位在内最多不超过 9 个座位（含）的，在设计和技术特性上用于载运乘客和货物的各类乘用车。

中轻型商用客车征收范围包括含驾驶员座位在内的座位数在 10 至 23 座（含 23 座）的，在设计和技术特性上用于载运乘客和货物的各类中轻型商用客车。

含驾驶员人数（额定载客）为区间值的（如 8~10 人；17~26 人）小汽车，按其区间值下限人数确定征收范围。

超豪华小汽车征收范围为每辆零售价格 130 万元（不含增值税）及以上的乘用车和中轻型商用客车，即乘用车和中轻型商用客车子税目中的超豪华小汽车。

电动汽车以及沙滩车、雪地车、卡丁车、高尔夫车、企业购进货车或厢式货车改装生产的商务车、卫星通信车等专用汽车等均不属于本税目征税范围，不征消费税。

9. 高尔夫球及球具

本税目包括高尔夫球、高尔夫球杆及高尔夫球包（袋）等。

高尔夫球是指重量不超过 45.93 克、直径不超过 42.67 毫米的高尔夫球运动比赛、练习用球；高尔夫球杆是指被设计用来打高尔夫球的工具，由杆头、杆身和握把三部分组成；高尔夫球包（袋）是指专用于盛装高尔夫球及球杆的包（袋）。

10. 高档手表

本税目是指销售价格（不含增值税）每只在 10 000 元（含）以上的各类手表。

11. 游艇

本税目是指长度大于 8 米小于 90 米，船体由玻璃钢、钢、铝合金、塑料等多种材料制作，可以在水上移动的水上浮载体。按照动力划分，游艇分为无动力艇、帆艇和机动艇。

本税目征收范围包括艇身长度大于 8 米（含）小于 90 米（含），内置发动机，可以在水上移动，一般为私人或团体购置，主要用于水上运动和休闲娱乐等非牟利活动的各类机动艇。

12. 木制一次性筷子

本税目征税范围包括以木材为原料经过锯段、浸泡、旋切、刨切、烘干、筛选、打磨、倒角、包装等环节加工而成的各类一次性使用的筷子。

13. 实木地板

本税目是指以木材为原料，经锯割、干燥、刨光、截断、开榫、涂漆等工序加工而成的块状或条状的地面装饰材料。实木地板按生产工艺不同，可分为独板（块）实木地板、实木接地板、实木复合地板三类；按表面处理状态不同，可分为未涂饰地板（白坯板、素板）和漆饰地板两类。

本税目征收范围包括各类规格的实木地板、实木指接地板、实木复合地板及用于装饰墙壁、天棚的侧端面为榫、槽的实木装饰板。未经涂饰的素板属于本税目征税范围。

14. 电池

本税目征收范围包括原电池、蓄电池、燃料电池、太阳能电池和其他电池。

（1）原电池，又称一次电池，是按不可以充电设计的电池。按照电极所含的活性物质分类，原电池包括锌原电池、锂原电池和其他原电池。

（2）蓄电池，又称二次电池，是按可充电、重复使用设计的电池，包括酸性蓄电池、碱性或其他非酸性蓄电池、氧化还原液流蓄电池和其他蓄电池。

（3）燃料电池，是指通过一个电化学过程，将连续供应的反应物和氧化剂的化学能直接转换为电能的电化学发电装置。

（4）太阳能电池，是将太阳光能转换成电能的装置，包括晶体硅太阳能电池、薄膜太阳能电池、化合物半导体太阳能电池等，但不包括用于太阳能发电储能用的蓄电池。

（5）其他电池，指除原电池、蓄电池、燃料电池、太阳能电池以外的电池。

15. 涂料

涂料是指涂于物体表面能形成具有保护、装饰或特殊性能的固态涂膜的一类液体或固体材料之总称。

涂料由主要成膜物质、次要成膜物质等构成。按主要成膜物质涂料可分为油脂类、天然树脂类、酚醛树脂类、沥青类、醇酸树脂类、氨基树脂类、硝基类、过滤乙烯树脂类、烯类树脂类、丙烯酸酯类树脂类、聚酯树脂类、环氧树脂类、聚氨酯树脂类、元素有机类、橡胶类、纤维素类、其他成膜物类等。

四、消费税的税率

消费税的税率，有3种形式：第一种是比例税率，第二种是定额税率（即单位税额），第三种是定额税率和比例税率相结合的复合税率。

消费税税率形式的选择，主要是根据课税对象的具体情况来确定的。对一些供求基本平衡、价格差异不大、计量单位规范的消费品，选择计税简便的定额税率，如黄酒、啤酒、成品油等；对一些供求矛盾突出、价格差异较大、计量单位不规范的消费品，选择税价联动的比例税率，如烟、白酒、化妆品、鞭炮、焰火、贵重首饰及珠宝玉石、摩托车、小汽车等。

一般情况下，对一种消费品只选择一种税率形式，但为了更有效地保全消费税税基，对一些应税消费品如卷烟、白酒，则采用了定额税率和比例税率双重征收形式。

现行消费税税目税率（税额）如表4-1所示。

表4-1 现行消费税税目税率（税额）

税 目	税 率
一、烟	
1. 卷烟	
（1）甲类卷烟（调拨价70元（不含增值税）/条以上（含70元））	56%加0.003元/支（生产环节）
（2）乙类卷烟（调拨价70元（不含增值税）/条以下）	36%加0.003元/支（生产环节）
（3）批发环节	11%加0.005元/支
2. 雪茄烟	36%
3. 烟丝	30%
二、酒	
1. 白酒	20%加0.5元/500克（或500毫升）
2. 黄酒	240元/吨

续表

税　目	税　率
3. 啤酒	
（1）甲类啤酒（啤酒出厂价格每吨 3 000 元（含）以上）	250 元/吨
（2）乙类啤酒（啤酒出厂价格每吨 3 000 元以下）	220 元/吨
4. 其他酒	10%
三、高档化妆品	15%
四、贵重首饰及珠宝玉石	
1. 金银首饰、铂金首饰和钻石及钻石饰品	5%
2. 其他贵重首饰和珠宝玉石	10%
五、鞭炮、焰火	15%
六、成品油	
1. 汽油	1.52 元/升
2. 柴油	1.20 元/升
3. 航空煤油	1.20 元/升
4. 石脑油	1.52 元/升
5. 溶剂油	1.52 元/升
6. 润滑油	1.52 元/升
7. 燃料油	1.20 元/升
七、摩托车	
1. 气缸容量在 250 毫升（含 250 毫升）以下的	3%
2. 气缸容量在 250 毫升以上的	10%
八、小汽车	
1. 乘用车	
（1）气缸容量在 1.0 升（含 1.0 升）以下的	1%
（2）气缸容量在 1.0 升以上至 1.5 升（含 1.5 升）的	3%
（3）气缸容量在 1.5 升以上至 2.0 升（含 2.0 升）的	5%
（4）气缸容量在 2.0 升以上至 2.5 升（含 2.5 升）的	9%
（5）气缸容量在 2.5 升以上至 3.0 升（含 3.0 升）的	12%
（6）气缸容量在 3.0 升以上至 4.0 升（含 4.0 升）的	25%
（7）气缸容量在 4.0 升以上的	40%
2. 中轻型商用客车	5%
3. 超豪华小汽车	10%
九、高尔夫球及球具	10%
十、高档手表	20%
十一、游艇	10%
十二、木制一次性筷子	5%
十三、实木地板	5%
十四、电池	4%
十五、涂料	4%

注：

① 金、银和金基、银基合金首饰，以及金、银和金基、银基合金的镶嵌首饰，钻石及钻石饰品，铂金首饰，在零售环节纳税，税率5%；其他非金银贵重首饰及珠宝玉石在生产（出厂）、进口、委托加工环节纳税，税率为10%。
② 自2009年1月1日起，航空煤油暂缓征收消费税。
③ 娱乐业、饮食业自制啤酒，一律按250元/吨征税；含铅汽油与无铅汽油均按1.52元/升的税率征税。
④ 自2015年2月1日起，对电池、涂料征收4%的进口环节消费税。
⑤ 自2016年1月1日起，对铅蓄电池征收4%的进口环节消费税。
⑥ 自2016年10月1日起，取消对普通美容、修饰类化妆品征收消费税，将"化妆品"税目名称更名为"高档化妆品"。征收范围包括高档美容、修饰类化妆品、高档护肤类化妆品和成套化妆品。税率调整为15%。将进口环节消费税税率由30%下调为15%。
⑦ 自2016年12月1日起，"小汽车"税目下增设"超豪华小汽车"子税目。对超豪华小汽车，在生产（进口）环节按现行税率征收消费税基础上，在零售环节加征消费税，税率为10%。

消费税采用列举法按具体应税消费品设置税目税率，征税界限清楚，一般不易发生错用税率的情况。但是，存在下列情况时，应按适用税率中最高税率征税。

① 纳税人兼营不同税率的应税消费品，即生产销售两种税率以上的应税消费品时，应当分别核算不同税率应税消费品的销售额或销售数量；未分别核算的，按最高税率征税。
② 纳税人将应税消费品与非应税消费品以及适用税率不同的应税消费品组成成套消费品销售的，应根据组合产制品的销售金额按应税消费品中适用最高税率的消费品税率征税。

税率关系到国家财政收入，也体现着纳税人的负担。因此，税率一旦确定就不能随意变动。这样既有利于国家有计划地安排财政收支，又方便企业对其本身长期发展进行规划。但是，税率确定后并不意味着绝对不能调整，随着国民经济的发展与变化，税率也应进行有升有降的调整，以适应现实情况。需要着重指出的是，消费税税目、税率（税额）的调整，由国务院确定，地方无权调整。

知识点二　消费税税额的计算

一、直接对外销售应税消费品应纳税额的计算

直接对外销售应税消费品消费税税额的计算一般有三种方法：即从价定率法、从量定额法、从价定率和从量定额复合计税法。

（一）从价定率计算方法

消费税是价内税，即以含消费税的价格作为计税价格，应纳税额的计算取决于应税消费品的销售额和适用税率两个因素。其计算公式为：

应纳税额 = 应税消费品的计税销售额 × 比例税率

1. 计税销售额的一般规定

纳税人对外销售其生产的应税消费品，应当以其销售额为依据计算纳税。这里的销售额包括向购货方收取的全部价款和价外费用。由于消费税和增值税实行交叉征收，消费税是价内税，增值税是价外税，因此实行从价定率征收消费税的消费品，其消费税税基和增值税税基是一致的，即都是以含消费税而不含增值税的销售额作为计税基数，所以有关增值税确认销售额的规定同样适用于消费税，在此不再重复。

【例4-1】某化妆品生产企业为增值税一般纳税人，2019年5月15日向某大型商场销

售化妆品一批，开具增值税专用发票，取得不含增值税销售额 40 万元，增值税税额 5.2 万元；5 月 20 日向某单位销售化妆品一批，开具普通发票，取得含增值税销售额 5.8 万元。计算该化妆品生产企业 5 月应缴纳的消费税税额。

【解析】
（1）化妆品适用消费税税率为 15%。
（2）化妆品的应税销售额 = 40 + 5.8 ÷（1 + 13%）= 45.13（万元）。
（3）应缴纳的消费税税额 = 45.13 × 15% = 6.77（万元）。

2. 计税销售额的特殊规定

（1）包装物及押金的计税销售额。

① 应税消费品连同包装物销售的，无论包装物是否单独计价，也不论在会计上如何核算，均应并入应税消费品的销售额中征收消费税。

② 如果包装物不作价随同产品销售而是收取押金，此项押金不应并入应税消费品的销售额中纳税。但对因逾期未收回的包装物不再退还的和已收取一年以上的押金，应并入应税消费品的销售额，按照应税消费品的适用税率缴纳消费税。

③ 对既作价随同应税消费品销售，又另外收取押金的包装物的押金，凡纳税人在规定的期限内不予退还的，均应并入应税消费品的销售额，按照应税消费品的适用税率缴纳消费税。

④ 对酒类产品生产企业销售酒类产品（从价定率办法征收的）而收取的包装物押金，无论押金是否返还及会计上如何核算，均需并入酒类产品销售额中，依酒类产品的适用税率征收消费税。但以上规定不适用于实行从量定额征收消费税的啤酒和黄酒产品。

（2）纳税人销售的应税消费品，如果是以外汇计算销售额的，应当按外汇牌价折合成人民币计算应纳税额。

（3）纳税人通过自设非独立核算门市部销售的自产应税消费品，应当按照门市部对外销售金额缴纳消费税。

（4）纳税人用于换取生产资料和消费资料、投资入股和抵偿债务等方面的应税消费品，应当以纳税人同类应税消费品的最高销售价格作为计税依据计算消费税。

（5）白酒生产企业向商业销售单位收取的"品牌使用费"是随着应税白酒的销售而向购货方收取的，属于应税白酒销售价款的组成部分，因此，不论企业采取何种方式或以何种名义收取价款，均应并入白酒的销售额中缴纳消费税。

（6）从 2009 年 11 月 1 日起，白酒生产企业销售给销售单位的白酒，生产企业消费税计税价格低于销售单位对外销售价格 70% 以下的，税务机关应核定消费税最低计税价格；已核定最低计税价格的白酒，销售单位对外销售价格持续上涨或下降时间达到 3 个月以上、累计上涨或下降幅度在 20%（含）以上的白酒，税务机关需重新核定最低计税价格。

（二）从量定额计算方法

按从量定额办法计算消费税，应纳税额的计算取决于应税消费品的销售数量和单位税额两个因素。其基本计算公式为：

应纳税额 = 应税消费品的销售数量 × 单位税额

1. 从量定额销售数量的确定

根据应税消费品的应税行为，应税消费品的数量具体规定为：

（1）销售应税消费品的，为应税消费品的销售数量。纳税人通过自设的非独立核算门市部销售自产应税消费品的，应当按照门市部对外销售数量征收消费税。

（2）自产自用应税消费品的（用于连续生产应税消费品的除外），为应税消费品的移送使用数量。

（3）委托加工应税消费品的，为纳税人收回的应税消费品数量。

（4）进口的应税消费品，为海关核定的应税消费品进口征税数量。

2. 从量定额的换算标准

在实际销售过程中，一些纳税人往往将计量单位混用。为了规范不同产品的计量单位，《消费税暂行条例实施细则》中具体规定了吨与升两个计量单位的换算标准。

啤酒 1 吨 = 988 升　　　　　黄酒 1 吨 = 962 升

汽油 1 吨 = 1 388 升　　　　柴油 1 吨 = 1 176 升

石脑油 1 吨 = 1 385 升　　　溶剂油 1 吨 = 1 282 升

润滑油 1 吨 = 1 126 升　　　燃料油 1 吨 = 1 015 升

航空煤油 1 吨 = 1 246 升

【例 4-2】 某炼油厂采购原油 35 吨，加工成无铅汽油 10 吨，计算其应纳消费税税额。

【解析】

$$应纳消费税税额 = 10 \times 1\,388 \times 1.52 = 21\,097.6（元）$$

（三）复合计税计算方法

现行消费税的征税范围中，只有卷烟、白酒采用复合计税方法。其计算公式为：

$$应纳税额 = 应税消费品销售额 \times 比例税率 + 应税消费品数量 \times 单位税额$$

白酒的计税依据与前面从价定率、从量定额相同，卷烟的计税依据有以下几方面的特殊规定。

（1）纳税人销售的卷烟因放开销售价格而经常发生价格上下浮动的，应以该牌号规格卷烟销售当月的加权平均价格确定征收类别和适用税率，但销售的卷烟有下列情况之一，不得列入加权平均计算：一是销售价格明显偏低而无正当理由；二是无销售价格的。

（2）卷烟由于接装过滤嘴、改变包装或其他原因提高销售价格后，应按照新的销售价格确定征税类别和适用税率。

（3）实际销售价格高于计税价格和核定价格的卷烟，按实际销售价格征收消费税；实际销售价格低于计税价格和核定价格的卷烟，按计税价格或核定价格征收消费税。

（4）非标准条（每条包装多于或者少于 200 支）包装卷烟应当折算成标准条包装卷烟的数量，依其实际销售收入计算确定其折算成标准条包装后的实际销售价格，并确定适用的比例税率。折算的实际销售价格高于计税价格的，应按照折算的实际销售价格确定适用比例税率；折算的实际销售价格低于计税价格的，应按照同牌号规格标准条包装卷烟的计税价格和适用税率征税。卷烟的折算标准如下：

1 箱 = 250 条；　　　1 条 = 10 包；　　　1 包 = 20 支。

【例 4-3】 某卷烟厂出售卷烟 20 个标准箱，每标准条调拨价格 80 元，共计 400 000 元，烟丝 45 000 元，采用托收承付结算方式，货已发出并办妥托收手续。计算其应纳消费税税额。

【解析】

应纳消费税税额 = 20×150 + 400 000×56% + 45 000×30% = 240 500（元）

【例 4-4】某白酒厂销售白酒 100 吨，当月取得不含增值税销售额 1 480 万元。计算该厂当月应纳的消费税。

【解析】

当月应纳消费税 = 1 480×20% + 100×2 000×0.5/10 000 = 306（万元）

（四）外购应税消费品已纳税款的扣除

为了避免重复征税，现行税法规定，将外购应税消费品继续生产应税消费品销售的，准予从应纳消费税税额中按当期生产领用数量计算扣除外购应税消费品已纳的消费税税款。

1. 扣除范围

（1）外购已税烟丝生产的卷烟。

（2）外购已税化妆品生产的化妆品。

（3）外购已税珠宝玉石生产的贵重首饰及珠宝玉石。

（4）外购已税鞭炮、焰火生产的鞭炮、焰火。

（5）外购已税汽油、柴油、石脑油、燃料油、润滑油为原料生产的应税成品油。

（6）外购已税杆头、杆身和握把为原料生产的高尔夫球杆。

（7）外购已税木制一次性筷子为原料生产的木制一次性筷子。

（8）外购已税实木地板为原料生产的实木地板。

（9）外购已税摩托车生产的摩托车（如用外购两轮摩托车改装三轮摩托车）。

单位和个人外购润滑油大包装经简单加工成小包装或外购润滑油不经加工的行为，视同应税消费品的生产行为。

注意：从商业企业购进应税消费品连续生产应税消费品，符合抵扣条件的，准予扣除外购应税消费品已纳消费税税款。

2. 扣税方法

上述当期准予扣除外购应税消费品已纳消费税税款的，在计税时按当期生产领用数量计算。

（1）从价定率。其计算公式如下：

当期准予扣除的外购应税消费品已纳税款 = 当期准予扣除的外购应税消费品买价 × 外购应税消费品适用税率

当期准予扣除的外购应税消费品买价 = 期初库存的外购应税消费品买价 + 当期购进的外购应税消费品买价 − 期末库存的外购应税消费品买价

外购已税消费品的买价是指购货发票上注明的销售额（不包括增值税税款）。

需要指出的是，纳税人用外购的已税珠宝玉石生产的改在零售环节征收消费税的金银首饰（镶嵌首饰）、钻石首饰，在计税时，一律不得扣除外购珠宝玉石的已纳税款。允许扣除已纳税款的应税消费品只限于从工业企业购进的应税消费品和进口环节已缴纳消费税的应税消费品，对从境内商业企业购进应税消费品的已纳税款一律不得扣除。

（2）从量定额。其计算公式如下：

当期准予扣除的外购应税消费品已纳税款 = 当期准予扣除的外购应税消费品数量 × 外购应税消费品单位税额

$$\begin{matrix}当期准予扣除的外购\\应税消费品数量\end{matrix} = \begin{matrix}期初库存的外购\\应税消费品数量\end{matrix} + \begin{matrix}当期购进的外购\\应税消费品数量\end{matrix} - \begin{matrix}期末库存的外购\\应税消费品数量\end{matrix}$$

【例4-5】晨美化妆品制造公司2019年9月份发生如下业务：

① 购进化工A材料2吨，价款10 000元，增值税1 300元。
② 购进散装香粉1吨，价款10 000元，增值税1 300元。
③ 生产口红及精致香粉，领用A材料1吨及散装香粉0.5吨。
④ 销售口红5箱，不含税价5 000元；
⑤ 销售香粉1箱，含税价33 900元。

计算其应纳增值税及消费税税额。

【解析】

销售香粉的不含增值税价款 = 33 900 / (1 + 13%) = 30 000（元）
增值税销项税 = 5 000 × 13% + 30 000 × 13% = 4 550（元）
应纳增值税税额 = 销项税额 - 进项税额 = 4 550 - (1 300 + 1 300) = 1 950（元）
应纳消费税税额 = (5 000 + 30 000) × 15% - 10 000 ÷ 2 × 15% = 4 500（元）

二、自产自用应税消费品应纳税额的计算

（一）自产自用应税消费品的确定

所谓自产自用，是指纳税人生产应税消费品后，不是直接用于对外销售，而是用于连续生产应税消费品或用于其他方面。根据《中华人民共和国消费税暂行条例》规定，纳税人用于连续生产应税消费品，不缴纳消费税；用于其他方面的，于移送使用时缴纳消费税。

所谓连续生产应税消费品，是指作为生产最终应税消费品的直接材料，并构成最终产品实体的应税消费品。对自产自用的应税消费品，用于连续生产应税消费品的不再征税，体现了税不重征和计税简便的原则，避免了重复征税。例如，卷烟厂生产的烟丝，如果直接对外销售，应缴纳消费税，但如果烟丝用于本厂连续生产卷烟，其烟丝就不征收消费税，只对最终生产出来的卷烟征收。

所谓用于其他方面的，是指纳税人用于生产非应税消费品和在建工程、管理部门非生产机构、提供劳务，以及用于馈赠、赞助、集资、广告、样品、职工福利、奖励等方面的应税消费品。企业自产的应税消费品虽然没有用于销售或连续生产应税消费品，但只要是用于税法所规定的范围都要视同销售，依法缴纳消费税。

（二）自产自用应税消费品消费税计税依据的确定

根据《消费税暂行条例》的规定，纳税人自产自用的应税消费品，凡用于其他方面应当纳税的，其销售额的确定顺序如下：

(1) 按照纳税人生产的当月同类消费品的销售价格计算纳税。
(2) 如果当月同类消费品各期销售价格高低不同，应按销售数量加权平均计算。但销售的应税消费品有下列情况之一的，不得列入加权平均计算。

① 销售价格明显偏低又无正当理由的。
② 无销售价格的。

(3) 如果当月无销售或者当月未完结，应按照同类消费品上月或最近月份的销售价格计算纳税。

(4) 没有同类消费品销售价格的,按照组成计税价格计算纳税。

实行从价定率办法计算纳税的组成计税价格的计算公式为:

$$组成计税价格=(成本+利润)\div(1-比例税率)$$

$$应纳税额=组成计税价格\times 适用税率$$

实行复合计税办法计算纳税的组成计税价格的计算公式为:

$$组成计税价格=(成本+利润+自产自用数量\times 定额税率)\div(1-比例税率)$$

上述公式中所称的"成本"是指应税消费品的产品生产成本。公式中所称"利润"是指根据应税消费品的全国平均成本利润率计算的利润。全国平均利润率由国家税务总局确定。

应税消费品全国平均成本利润率(含新增和调整后的)规定如下。

① 甲类卷烟 10%;
② 乙类卷烟 5%;
③ 雪茄烟 5%;
④ 烟丝 5%;
⑤ 粮食白酒 10%;
⑥ 薯类白酒 5%;
⑦ 其他酒 5%;
⑧ 化妆品 5%;
⑨ 鞭炮、焰火 5%;
⑩ 贵重首饰及珠宝玉石 6%;
⑪ 摩托车 6%;
⑫ 中轻型商用客车 5%;
⑬ 高尔夫球及球具 10%;
⑭ 高档手表 20%;
⑮ 游艇 10%;
⑯ 木制一次性筷子 5%;
⑰ 实木地板 5%;
⑱ 乘用车 8%。

(三) 自产自用应税消费品应纳税额的计算

(1) 从价定率征税的应税消费品应纳税额的计算。

其计算公式为:

$$应纳消费税税额=自产自用同类应税消费品销售额或组成计税价格\times 适用税率$$

(2) 从量定额征税的应税消费品应纳税额的计算。

其计算公式为:

$$应纳消费税税额=应税消费品移送使用数量\times 单位税额$$

(3) 复合计税方法征税的应税消费品应纳税额的计算。

其计算公式为:

$$应纳消费税税额=自产自用同类应税消费品销售额或组成计税价格\times 适用税率+应税消费品移送使用数量\times 单位税额$$

【例 4-6】某企业将生产的成套化妆品作为年终奖励发给本厂职工,查知无同类产品销售价格,其生产成本为 15 000 元。国家税务总局核定的该产品的成本利润率为 5%,化妆品适用税率为 15%。计算应纳消费税税额。

【解析】

组成计税价格 = (15 000 + 15 000 × 5%) ÷ (1 - 15%) = 15 750 ÷ 85% = 18 529.41(元)

应纳税额 = 18 529.41 × 15% = 2 779.41(元)

三、委托加工应税消费品应纳税额的计算

(一) 委托加工应税消费品的确定

委托加工的应税消费品,是指由委托方提供原料和主要材料,受托方只收取加工费和代

垫部分辅助材料加工的应税消费品。对于由受托方提供原材料生产的应税消费品,或者受托方先将原材料卖给委托方,然后再接受加工的应税消费品,以及由受托方以委托方名义购进原材料生产的应税消费品,不论纳税人在财务上是否作销售处理,都不得作为委托加工应税消费品,而应当按照销售自制应税消费品缴纳消费税。

由此可见,作为委托加工的应税消费品,必须具备两个条件:其一是由委托方提供原料和主要材料;其二是受托方只收取加工费和代垫部分辅助材料。无论是委托方还是受托方,凡不符合规定条件的,都不能按委托加工应税消费品进行税务处理,只能按照销售自制应税消费品缴纳消费税。这种处理方法体现了税收管理的源泉控制原则,避免了应缴税款的流失。

采用委托加工方式生产的应税消费品,对受托方来说,只有加工业务收入,没有应税消费品销售收入;对委托方来说,只是用原材料换回产成品并向委托方支付加工费,也没有取得应税消费品销售收入。因此从形式上看,似乎不应当征税。但应当明确,用原材料委托加工应税消费品和从外面购进应税消费品,其性质是一样的,只是取得应税消费品的方式不同。采取委托加工方式时,收回的应税消费品中不包含税金,这就使得委托加工的应税消费品同外购的应税消费品税负不平衡。因此,为了平衡税负,必须把委托加工的应税消费品纳入消费税的征收范围。

(二) 委托加工应税消费品计税依据的确定

根据《消费税暂行条例》的规定,委托加工的应税消费品,按照受托方的同类消费品销售价格计算纳税;没有同类消费品销售价格的按照组成计税价格计算纳税。

(1) 有同类消费品销售价格的,其应纳税额的计算公式为:

$$应纳税额 = 同类消费品销售单价 \times 委托加工数量 \times 适用税率$$

同类消费品的销售价格是指受托方当月销售的同类消费品的销售价格。如果当月同类消费品各期销售价格高低不同,应按销售数量加权平均计算。

但销售的应税消费品有下列情况之一的,不得列入加权平均计算。

① 销售价格明显偏低又无正当理由的。

② 无销售价格的。如果当月无销售或者当月未完结,应按照同类消费品上月或最近月份的销售价格计算纳税。

(2) 没有同类消费品销售价格的,按组成计税价格计税。计算公式为:

$$组成计税价格 = (材料成本 + 加工费) \div (1 - 比例税率)$$

(3) 实行复合计税办法计算纳税的组成计税价格计算公式:

$$组成计税价格 = (材料成本 + 加工费 + 委托加工数量 \times 定额税率) \div (1 - 比例税率)$$

$$应纳税额 = 组成计税价格 \times 适用税率$$

公式中的"材料成本",是指委托方所提供加工材料的实际成本。委托加工应税消费品的纳税人,必须在委托加工合同上如实注明(或以其他方式提供)材料成本,凡未提供材料成本的,受托方所在地主管税务机关有权核定其材料成本。

公式中的"加工费",是指受托方加工应税消费品向委托方所收取的全部费用,包括代垫辅助材料的实际成本。这是税法对受托方的要求。目的在于:一方面可以保证组成计税价格及代收代缴消费税能准确计算出来;另一方面也是税法对受托方就加工费计算缴纳增值税的必然要求。

（三）委托加工应税消费品应纳税额的计算

1. 从价定率征税的应税消费品应纳税额的计算

其计算公式为：

应纳消费税税额 = 委托加工同类应税消费品销售额或组成计税价格 × 适用税率

2. 从量定额征税的应税消费品应纳税额的计算

其计算公式为：

应纳消费税税额 = 纳税人收回的应税消费品数量 × 单位税额

3. 复合计税方法征税的应税消费品应纳税额的计算

其计算公式为：

应纳消费税税额 = 委托加工同类应税消费品销售额或组成计税价格 × 适用税率 + 纳税人收回的应税消费品数量 × 单位税额

（四）委托加工应税消费品消费税的缴纳

（1）对委托加工应税消费品的应纳消费税，受托方是法定的代收代缴义务人，由受托方在向委托方交货时代收代缴消费税。如果受托方没有按有关规定代收代缴消费税，或没有履行代收代缴义务，就要承担补税或罚款的法律责任。

（2）受托方没有按规定代收代缴税款，除受到一定的处罚外，还要追究委托方的责任，委托方要补缴税款，受托方就不再补税了。

对委托方补征税款的计税依据是：如果收回的应税消费品已直接销售，按销售额计税补征；如果收回的应税消费品尚未销售或用于连续生产等，按组成计税价格计税补征。

（3）委托加工的应税消费品，受托方在交货时已代收代缴消费税，委托方收回后直接销售的，不再征收消费税。

委托方收回的应税消费品，以不高于受托方的计税价格出售的，为直接出售不再缴纳消费税。

委托方以高于受托方的计税价格出售的，不属于直接出售，需按照规定申报缴纳消费税，在计税时准予扣除受托方已代收代缴的消费税。

（4）纳税人委托个体经营者加工应税消费品，在委托方收回加工应税消费品后在委托方所在地缴纳消费税。

【例4-7】甲企业委托乙企业加工一批应税消费品，甲企业为乙企业提供原材料等，实际成本为7 000元，支付乙企业加工费2 000元，其中包括乙企业代垫的辅助材料500元。已知适用消费税税率为10%，且实行从价定率办法计征。同时，该应税消费品受托方无同类消费品销售价格。计算乙企业代扣代缴应税消费品的消费税税款。

【解析】

组成计税价格 = (7 000 + 2 000) ÷ (1 - 10%) = 10 000（元）

应代扣代缴消费税税款 = 10 000 × 10% = 1 000（元）

（五）委托加工收回的应税消费品已纳税款的扣除

纳税人委托加工的应税消费品已由受托方代收代缴消费税，如果委托方收回货物后用于连续生产应税消费品的，其已纳税款准予按照规定从连续生产的应税消费品应纳消费税税额中扣除。这种扣税方法与外购已税消费品连续生产应税消费品的扣税方法相似。

1. 扣税范围

(1) 以委托加工收回的已税烟丝为原料生产的卷烟。
(2) 以委托加工收回的已税化妆品为原料生产的化妆品。
(3) 以委托加工收回的已税珠宝玉石为原料生产的贵重首饰及珠宝玉石。
(4) 以委托加工收回的已税鞭炮、烟火为原料生产的鞭炮、焰火。
(5) 以委托加工收回的已税汽油、柴油、石脑油、燃料油、润滑油为原料生产的应税成品油。
(6) 以委托加工收回的已税杆头、杆身和握把为原料生产的高尔夫球杆。
(7) 以委托加工收回的已税木制一次性筷子为原料生产的木制一性筷子。
(8) 以委托加工收回的已税实木地板为原料生产的实木地板。
(9) 以委托加工收回的已税摩托车生产的摩托车（如用外购两轮摩托车改装三轮摩托车）。

2. 扣税方法

上述9种委托加工收回的应税消费品连续生产的应税消费品准予从应纳消费税税额中按当期生产领用数量计算扣除其已纳消费税税款。计算公式如下：

$$\begin{matrix}\text{当期准予扣除的} \\ \text{委托加工应税消} \\ \text{费品已纳税款}\end{matrix} = \begin{matrix}\text{期初库存的委托} \\ \text{加工应税消费品} \\ \text{已纳税款}\end{matrix} + \begin{matrix}\text{当期收回的委托} \\ \text{加工应税消费品} \\ \text{已纳税款}\end{matrix} - \begin{matrix}\text{期末库存的委托} \\ \text{加工应税消费品} \\ \text{已纳税款}\end{matrix}$$

值得注意的是，纳税人用委托加工收回的已税珠宝玉石生产的改在零售环节征收消费税的金银、钻石首饰，在计税时一律不得扣除委托加工收回的珠宝玉石已纳的消费税税款。

四、进口应税消费品应纳税额的计算

（一）进口应税消费品的课税对象

进口应税消费品以进口商品总值为课税对象。进口商品总值具体包括到岸价格、关税和消费税三部分内容。以进口商品总值为课税对象，可使进口应税消费品与国内生产的同种应税消费品的征税依据一致，税负基本平衡，从而有利于防止盲目进口，保护国内经济的发展。

为适应社会经济形势的发展需要，进一步完善消费税制，国家对消费税税目、税率及相关政策进行了调整。根据海关总署公告2013年第74号等文件精神，具体规定如下。

(1) 新增对高尔夫球及球具、高档手表、游艇、木制一次性筷子、实木地板、石脑油、溶剂油、润滑油、燃料油、航空煤油等产品征收消费税，停止对护肤护发品征收消费税，调整汽车、摩托车、汽车轮胎、白酒的消费税税率；石脑油、溶剂油、润滑油、燃料油暂按应纳消费税税额的30%征收；航空煤油暂缓征收消费税；子午线轮胎免征消费税。

(2) 自2014年1月1日起，对部分征收进口环节消费税的成品油税目予以进一步明确。
① 对进口的灯用煤油、其他煤油征收消费税，税额为0.8元/升。
② 对进口的含有生物柴油的成品油、不符合国家《柴油机燃料调合用生物柴油（BD100）》标准的生物柴油及其混合物征收消费税，税额为0.8元/升。

(3) 自2015年2月1日起，对电池涂料征收4%的进口环节消费税。自2016年1月1日起，对铅蓄电池征收4%的进口环节消费税。

(二) 进口一般应税消费品应纳消费税税额的计算

纳税人进口应税消费品,按照组成计税价格和规定的税率计算应纳税额,组成计税价格包括:到岸价格、关税和消费税三部分。

(1) 实行从价定率办法计算应纳税额的,按照组成计税价格计算纳税,计算公式为:

$$组成计税价格 = (关税完税价格 + 关税) \div (1 - 消费税税率)$$

$$应纳税额 = 组成计税价格 \times 消费税税率$$

公式中的"关税完税价格",是指海关核定的关税计税价格。

(2) 实行从量定额办法计算应纳税额的,计算公式为:

$$应纳税额 = 应税消费品数量 \times 消费税定额税率$$

公式中的"应税消费品数量",是指海关核定的应税消费品进口征税数量。

(3) 实行复合计税办法计算纳税的组成计税价格计算公式为:

$$组成计税价格 = \frac{关税完税价格 + 关税 + 进口数量 \times 消费税定额税率}{1 - 消费税比例税率}$$

$$应纳税额 = 进口应税消费品组成计税价格 \times 消费税税率 + 消费税定额税$$

其中:消费税定额税 = 海关核定的进口应税消费品数量 × 消费税定额税率

注意:除国务院另有规定外,进口环节消费税一律不得给予减税、免税。

【例 4 – 8】某公司从境外进口成套化妆品一批,该批化妆品关税完税价格为 56 万元,关税税率为 25%,消费税税率为 15%。计算其应纳消费税税额。

【解析】

组成计税价格 = 560 000 × (1 + 25%) ÷ (1 – 15%) = 823 529.41 (元)

应纳消费税税额 = 823 529.41 × 15% = 123 529.41 (元)

(三) 进口卷烟应纳消费税税额的计算

从 2009 年 5 月 1 日起,国家对进口卷烟的消费税适用比例税率进行了调整。其消费税应纳税额的计算方法如下。

第一步,进口卷烟消费税适用比例税率的确定。

(1) 每标准条进口卷烟 (200 支) 确定消费税适用比例税率的价格 = (关税完税价格 + 关税 + 消费税定额税率) / (1 – 消费税税率)。

其中,关税完税价格和关税为每标准条的关税完税价格及关税税额;消费税定额税率为每标准条 (200 支) 0.6 元 (依据现行消费税定额税率折算而成);消费税税率固定为 36%。

(2) 每标准条进口卷烟 (200 支) 确定消费税适用比例税率的价格 ≥ 70 元人民币的,适用比例税率为 56%;每标准条进口卷烟 (200 支) 确定消费税适用比例税率的价格 < 70 元人民币的,适用比例税率为 36%。

第二步,进口卷烟应纳消费税税额的计算。

$$进口卷烟消费税组成计税价格 = \frac{关税完税价格 + 关税 + 消费税定额税}{1 - 进口卷烟消费税适用比例税率}$$

$$应纳消费税税额 = 进口卷烟消费税组成计税价格 \times 进口卷烟消费税适用比例税率 + 海关核定的进口卷烟数量 \times 消费税定额税率$$

其中,消费税定额税率为每标准箱 (50 000 支) 150 元。

【例 4 – 9】永泰有限责任公司从境外进口 10 箱卷烟,经海关核定,关税的完税价格为

100 000 元，关税 25 000 元。计算应纳消费税税额。

【解析】

（1）每标准条进口卷烟适用比例税率的价格
 =（100 000 + 25 000 + 150 × 10）/（1 − 36%）÷（10 × 250）= 79.06（元）。
79.06 元 > 70（元），所以进口卷烟的比例税率为 56%。

（2）进口卷烟消费税组成计税价格 =（关税完税价格 + 关税 + 消费税定额税）/（1 − 进口卷烟消费税适用比例税率）=（100 000 + 25 000 + 150 × 10）/（1 − 56%）= 287 500（元）。

（3）应纳消费税税额 = 进口卷烟消费税组成计税价格 × 进口卷烟消费税适用比例税率 + 海关核定的进口卷烟数量 × 消费税定额税率 = 287 500 × 56% + 10 × 150 = 162 500（元）。

五、批发和零售环节应税消费品应纳税额的计算

（一）批发环节应纳消费税税额的计算

批发环节的应税消费品特指卷烟，自 2009 年 5 月 1 日起，在我国境内从事卷烟批发业务的所有单位和个人，应就其批发销售的所有牌号、规格的卷烟，按 5% 的税率从价计征消费税。此外，计算批发环节卷烟消费税还应注意：

（1）应将卷烟销售额与其他商品销售额分开核算，未分开核算的，一并征收消费税。

（2）卷烟批发企业之间销售的卷烟不缴纳消费税，只有将卷烟销售给零售商等其他单位和个人时才缴纳消费税。

（3）卷烟批发企业在计算卷烟消费税时不得扣除卷烟生产环节已缴纳的消费税税额。

【例 4 - 10】某市烟草集团公司属增值税一般纳税人，持有烟草批发许可证，7 月收回委托加工的卷烟 200 箱，集团公司将其中 20 箱销售给烟草批发商 N 企业，取得含税销售收入 85.84 万元；80 箱销售给烟草零售商 Y 专卖店，取得不含税销售收入 320 万元；100 箱作为股本与 F 企业合资成立一家烟草零售经销商 Z 公司。

要求：

（1）计算集团公司向 N 企业销售卷烟应缴纳的消费税税额。

（2）计算集团公司向 Y 专卖店销售卷烟应缴纳的消费税税额。

（3）计算集团公司向 Z 公司投资应缴纳的消费税税额。

【解析】

（1）因为 N 企业是烟草批发商，批发商之间销售卷烟不征消费税，因此，向 N 企业销售卷烟应纳消费税为零。

（2）向 Y 专卖店销售卷烟应纳消费税 = 320 × 11% + 80 × 250 ÷ 10 000 = 37.2（万元）

（3）向 Z 公司投资应纳消费税 = 100 × 320 ÷ 80 × 11% + 100 × 250 ÷ 10 000 = 46.5（万元）

（二）零售环节应纳消费税税额的计算

零售环节的应税消费品特指金银首饰、钻石及钻石饰品。"金银首饰"特指金、银和金基、银基合金首饰，以及金、银和金基、银基合金的镶嵌首饰。

对既销售金银首饰，又销售非金银首饰的生产经营单位，应分别核算两类商品的销售额。凡划分不清楚或不能分别核算的，在生产环节销售的，一律从高适用税率征收消费税；在零售环节销售的，一律按金银首饰征收消费税。金银首饰与其他产品组成套装消费品销售的，应按销售额全额征收消费税。对纳税人采取以旧换新方式销售金银首饰的，按实际收取

的不含增值税价款计算消费税。

【例 4-11】东方珠宝店是一家经批准有权经营金银首饰的珠宝零售店，为增值税一般纳税人，2019 年 5 月份涉税业务如下。

(1) 金银首饰及珠宝玉石零售金额共计 252 000 元，其中：金银首饰 113 680 元，钻石及钻石饰品 95 120 元，其他首饰 43 200 元。

(2) 采取以旧换新方式销售金项链 100 条，新项链每条零售价 3 000 元，旧项链每条作价 2 000 元，每条项链实收差价款 1 000 元。

要求：计算东方珠宝店 5 月份应缴纳的消费税税额。

【解析】

(1) 根据消费税法规定，金银首饰和珠宝玉石的消费税在零售环节缴纳，其他首饰消费税应在生产、进口或委托加工环节缴纳。

消费税税额 = (113 680 + 95 120) ÷ (1 + 13%) × 5% = 9 238.94（元）

(2) 金银首饰零售环节以旧换新应以实际取得不含税价款为消费税计税依据。

消费税税额 = 100 × 1 000 ÷ (1 + 13%) × 5% = 4 424.78（元）

【计税实例 4-1】消费税应纳税额的计算

资料：2019 年 11 月，某高校会计专业毕业生张敏到恒盛股份有限责任公司报税岗位上班。该公司主要生产经营酒类、卷烟和高档化妆品，11 月份发生如下经济业务。

① 11 月 1 日，销售高档化妆品 100 套，已知增值税专用发票上注明的价款为 30 000 元，税额 3 900 元，款已收到。

② 11 月 4 日，将自己生产的啤酒 20 吨销售给家乐超市，货款已收到；另外将 10 吨让客户及顾客免费品尝。该啤酒出厂价为 2 800 元/吨，成本为 2 000 元/吨。

③ 11 月 10 日，销售粮食散白酒 20 吨，单价 7 000 元，价款 140 000 元。

④ 11 月 20 日，用自产粮食白酒 10 吨抵偿华盛超市货款 70 000 元，不足或多余部分不再结算。该粮食白酒每吨本月售价在 5 500 ~ 6 500 元之间浮动，平均售价为 6 000 元。

⑤ 11 月 25 日，将一批自产的高档化妆品作为福利发给职工个人，这批化妆品的同类消费品销售价格为 15 000 元。

⑥ 2019 年 7 月 10 日，将外购的烟叶 100 000 元发给嘉华加工公司，委托其加工成烟丝。嘉华加工公司代垫辅助材料 4 000 元（款已付），本月应支付加工费 36 000 元（不含税）、增值税 4 680 元。11 月 5 日，恒盛公司以银行存款付清全部款项和代缴的消费税；6 日，收回已加工的烟丝并全部生产卷烟 10 箱；25 日，该批卷烟全部用于销售，总售价为 300 000 元，款已收到。

⑦ 11 月 26 日，向陈氏超市销售用上月外购烟丝生产的卷烟 20 个标准箱，每标准条调拨价格 80 元，共计 400 000 元（购入烟丝支付含增值税价款为 92 800 元），采取托收承付结算方式，货已发出并办妥托收手续。

⑧ 11 月 28 日，从国外购进成套高档化妆品，关税完税价格 80 000 美元，关税税率为 50%。假定当日美元对人民币的汇率为 1：6.82，货款全部以银行存款付清。

请问：张敏应如何计算该公司 11 月份应纳消费税税额？

【解析】

第一步，判断经济业务类型。

属于直接对外销售应税消费品业务的有：①、②部分、③、④、⑦；

属于自产自用应税消费品业务的有：②部分、⑤；

属于委托加工应税消费品业务的有：⑥；

属于进口应税消费品业务的有：⑧。

第二步，分别确定计税依据并逐项计算应纳消费税税额。

① 计税销售额＝30 000元；应纳消费税税额＝30 000×15%＝4 500（元）

② 对外销售的计税销售量＝20吨；应纳消费税税额＝20×220＝4 400（元）

免费品尝的计税销售量＝10吨；应纳消费税税额＝10×220＝2 200（元）

③ 计税销售额＝140 000（元）；计税销售量＝20吨＝20 000（千克）

应纳消费税税额＝140 000×20%＋20 000×2×0.5＝48 000（元）

④ 计税销售额＝10×6 500＝65 000（元）；计税销售量＝10吨＝10 000（千克）

应纳消费税税额＝65 000×20%＋10 000×2×0.5＝23 000（元）

⑤ 应纳消费税税额＝15 000×15%＝2 250（元）

⑥ 烟丝组成计税价格＝（100 000＋4 000＋36 000）÷（1－30%）＝200 000（元）

嘉华公司代收代缴烟丝的消费税税额＝200 000×30%＝60 000（元）

每条卷烟价格＝300 000÷（10×250）＝120（元），按56%税率计税：

卷烟应纳消费税税额＝300 000×56%＋10×150－60 000＝109 500（元）

⑦ 外购烟丝已纳的消费税税额（可抵扣）＝92 800÷（1＋13%）×30%＝24 637.17（元）

出售卷烟计税销售额＝400 000元；计税销售量＝20箱

应纳消费税税额＝（400 000×56%＋20×150）－24 637.17＝202 362.83（元）

⑧ 进口化妆品组成计税价格＝80 000×6.82×（1＋50%）÷（1－15%）＝962 823.53（元）

海关代征的化妆品消费税＝962 823.53×15%＝144 423.53（元）

第三步，汇总计算本月应纳消费税总额。

恒盛股份有限责任公司11月份应申报缴纳的消费税税额＝4 500＋4 400＋2 200＋48 000＋23 000＋2 250＋109 500＋202 362.83＝396 212.83（元）

海关代征的消费税税额＝144 423.53元

嘉华公司代收代缴的消费税税额＝60 000元

知识点三　消费税纳税申报

一、消费税的征收管理

（一）纳税义务发生时间

消费税纳税义务发生时间分为以下几种情况。

(1) 纳税人销售的应税消费品，其纳税义务发生的时间为：

① 纳税人采取赊销和分期收款结算方式的，为书面合同约定的收款日期的当天，书面合同没有约定收款日期或者无书面合同的，为发出应税消费品的当天。

② 纳税人采取预收货款结算方式的，为发出应税消费品的当天。

③ 纳税人采取托收承付和委托银行收款方式的，为发出应税消费品并办妥托收手续的当天。

④ 纳税人采取其他结算方式的，为收讫销售款或者取得索取销售款凭据的当天。

（2）纳税人自产自用的应税消费品，其纳税义务的发生时间，为移送使用的当天。

（3）纳税人委托加工的应税消费品，其纳税义务的发生时间，为纳税人提货的当天。

（4）纳税人进口的应税消费品，其纳税义务的发生时间，为报关进口的当天。

（二）纳税地点

消费税纳税地点分为以下几种情况。

（1）纳税人销售的应税消费品及自产自用的应税消费品，除国家另有规定外，应当向纳税人机构所在地或者居住地的主管税务机关申报纳税。

纳税人总机构和分支机构不在同一县（市）的，应当分别向各自机构所在地的主管税务机关申报纳税；经财政部、国家税务总局或者授权的财政、税务机关批准，可以由总机构汇总向总机构所在地的主管税务机关申报缴纳消费税。

（2）纳税人到外县（市）销售或委托外县（市）代销自产应税消费品的，在应税消费品销售后，向机构所在地或者居住地主管税务机关申报纳税。

（3）委托加工的应税消费品，受托方为个人的，由委托方向其机构所在地或者居住地主要税务机关申报纳税；受托方为企业等单位的，由受托方向机构所在地或者居住地的主管税务机关报缴税款。

（4）进口的应税消费品由进口人或由其代理人向报关地海关申报纳税。此外，个人携带或者邮寄进境的应税消费品，连同关税由海关征收。具体办法由国务院关税税则委员会会同有关部门制定。

（三）纳税环节

消费税的纳税环节分为以下几种情况。

1. 生产环节

纳税人生产的应税消费品，由生产者于销售时纳税。其中，生产者自产自用的应税消费品，用于本企业连续生产应税消费品的不征税；用于其他方面的，于移送使用时纳税。

委托加工的应税消费品，由受托方在向委托方交货时代收代缴税款。委托加工的应税消费品直接出售的，不再征收消费税；委托加工应税消费品收回后用于连续生产应税消费品的，可以抵扣委托加工应税消费品的已纳消费税税款。例如，以委托加工收回的化妆品为原料生产的化妆品因最终生产的消费品需缴纳消费税，因此，对受托方代收代缴的化妆品消费税税款准予抵扣。

开征消费税的目的决定了消费税税款最终由消费者负担，为此，消费税的纳税环节确定在最终消费环节较为合适。但是《消费税暂行条例》中，却将纳税环节确定在生产环节，主要有以下原因：一是可以大大减少纳税人数量、降低征管费用、加强源泉控制和减少税款流失的风险；二是可以保证税款及时上缴国库；三是把纳税环节提前并实行价内税形式，增加了税负的隐蔽性，这样可以在一定程度上避免不必要的社会震动。

2. 进口环节

进口的应税消费品，由进口报关者于报关进口时纳税。

3. 零售环节

金银首饰消费税由生产销售环节征收改为零售环节征收。

4. 批发环节

自2009年5月1日起,除生产环节外,对卷烟批发环节加征一道从价税。自2015年5月10日起将卷烟批发环节从价税税率由5%提高至11%,并按0.005元/支加征从量税。

(四)纳税期限

按照《中华人民共和国消费税暂行条例》规定,消费税的纳税期限分别为1日、3日、5日、10日、15日或者1个月,由主管税务机关根据纳税人应纳税额的大小分别核定其具体的纳税期限。如果不能按照固定期限纳税的,则可以按次纳税。

纳税人以一个月为一期纳税的,自期满之日起15日内申报纳税;以1日、3日、5日、10日或者15日为一期纳税的,自期满之日起5日内预缴税款,于次月1日起至15日内申报纳税并结清上月应纳税款。

纳税人进口应税消费品,应当自海关填发税款缴款书之日起15日内缴纳税款。

(五)报缴税款的方法

纳税人报缴税款的方法,由所在地主管税务机关视不同情况从下列方法中确定一种。

(1)纳税人按期向税务机关填报纳税申报表,并填开纳税缴款书,向其所在地代理金库的银行缴纳税款。

(2)纳税人按期向税务机关填报纳税申报表,由税务机关审核后填发缴款书,按期缴纳。

(3)对会计核算不健全的小型业户,税务机关可根据其产销情况,按季或按年核定其应纳税额,分月缴纳。

纳税人在办理纳税申报时,如需办理消费税税款抵扣手续,除应按有关规定提供纳税申报所需资料外,还应当提供以下资料。

① 应税消费品连续生产应税消费品的,提供外购应税消费品增值税专用发票(抵扣联)原件和复印件。

如果外购应税消费品的增值税专用发票属于汇总填开的,除提供增值税专用发票(抵扣联)原件和复印件外,还应提供随同增值税专用发票取得的由销售方开具并加盖财务专用章或发票专用章的销货清单原件和复印件。

② 加工收回应税消费品连续生产应税消费品的,提供代扣代收税款凭证原件和复印件。
③ 应税消费品连续生产应税消费品的,提供海关进口消费税专用缴款书原件和复印件。

二、消费税的纳税申报

纳税人无论当期有无销售或是否盈利,均应在次月1日至15日内根据应税消费品分别填写《烟类应税消费品消费税纳税申报表》《酒及酒精消费税纳税申报表》《成品油消费税纳税申报表》《小汽车消费税纳税申报表》《其他应税消费品消费税纳税申报表》,向主管税务机关进行纳税申报。如表4-2、表4-3所示。

除了纳税申报表以外,每类申报表都有附表:《本期准予扣除计算表》《本期代收代缴税额计算表》《生产经营情况表》《准予扣除消费税凭证明细表》等,在申报时一并填写。

表 4-2 烟类应税消费品消费税纳税申报表

税款所属期： 2018 年 11 月 1 日至 2018 年 11 月 30 日

纳税人名称（公章）：

纳税人识别号： 3 1 1 1 0 0 0 0 1 2 3 4 5 6 7 8 9 4

填表日期：2018 年 12 月 14 日　　单位：卷烟万支、雪茄烟支、烟丝千克；金额单位：元（列至角分）

应税消费品名称	适用税率		销售数量	销售额	应纳税额
	定额税率	比例税率			
卷烟	30 元/万支	56%	150	700 000	396 500
卷烟	30 元/万支	36%			
雪茄烟	—	36%			
烟丝	—	30%			
合计	—	—	—	—	396 500

本期准予扣除税额：84 000	声明 **此纳税申报表是根据国家税收法律的规定填报的，我确定它是真实的、可靠的、完整的。** 经办人（签章）： 财务负责人（签章）： 联系电话：
本期减（免）税额：	
期初未缴税额：	
本期缴纳前期应纳税额：	（如果你已委托代理人申报，请填写） **授权声明** 　为代理一切税务事宜，现授权　　　　　（地址）　　　　为本纳税人的代理申报人，任何与本申报表有关的往来文件，都可寄予此人。 授权人签章：
本期预缴税额：	
本期应补（退）税额：312 500	
期末未缴税额：	

以下由税务机关填写

受理人（签章）：　　　　受理日期：　年　月　日　　　　受理税务机关（章）：

表 4-3　其他应税消费品消费税纳税申报表

税款所属期：2018 年 11 月 1 日至 2018 年 11 月 30 日

纳税人名称（公章）财务专用章　纳税人识别号：| 3 | 1 | 1 | 1 | 0 | 0 | 0 | 0 | 1 | 2 | 3 | 4 | 5 | 6 | 7 | 8 | 9 | 4 |

填表日期：2018 年 12 月 14 日　　　　　　　　　金额单位：元（列至角分）

应税消费品名称＼项目	适用税率	销售数量	销售额	应纳税额
高档化妆品	15%		45 000	6 750
合计	—	—	—	6 750

本期准予抵减税额：

本期减（免）税额：

期初未缴税额：

本期缴纳前期应纳税额：

本期预缴税额：

本期应补（退）税额：6 750

期末未缴税额：

声明

此纳税申报表是根据国家税收法律的规定填报的，我确定它是真实的、可靠的、完整的。

经办人（签章）：
财务负责人（签章）：
联系电话：

（如果你已委托代理人申报，请填写）

授权声明

为代理一切税务事宜，现授权_____（地址）_____为本纳税人的代理申报人，任何与本申报表有关的往来文件，都可寄予此人。

授权人签章：

以下由税务机关填写

受理人（签章）：　　受理日期：　年　月　日　　　　受理税务机关（章）：

知识点四 消费税出口退税

一、出口应税消费品退（免）税政策的适用范围

出口应税消费品退（免）消费税的适用政策分为3种情况。

（一）出口免税并退税

适用该政策的是：有出口经营权的外贸企业购进应税消费品直接出口，以及外贸企业受其他外贸企业委托代理出口应税消费品。需要注意的是，外贸企业只有受其他外贸企业委托，代理出口应税消费品才可办理退税，外贸企业受其他企业（主要是非生产性的商贸企业）委托，代理出口应税消费品是不予退（免）税的。该政策限定与前述出口货物退（免）增值税的政策规定是一致的。

（二）出口免税但不退税

适用该政策的是：有出口经营权的生产性企业自营出口或生产企业委托外贸企业代理出口自产的应税消费品，依据其实际出口数量免征消费税，不予办理退还消费税。这里，免征消费税是指对生产性企业按其实际出口数量免征生产环节的消费税；不予办理退还消费税，是指因已免征生产环节的消费税，该应税消费品出口时，已不含有消费税，所以也无须再办理退还消费税。这与前述出口货物退（免）增值税的规定不一致。原因是消费税仅在生产环节征收，生产环节免征，出口的应税消费品就不含有消费税；而增值税却在货物销售的各个环节征收，生产企业出口货物时，已纳的增值税就需退还。

（三）出口不免税也不退税

适用该政策的是：除生产企业、外贸企业外的其他企业，具体是指一般商贸企业，这类企业委托外贸企业代理出口应税消费品一律不予退（免）税。

二、出口应税消费品的退税率

计算出口应税消费品应退消费税的税率或单位税额，依据《中华人民共和国消费税暂行条例》所附《消费税税目税率（税额）表》执行。这是退（免）消费税与退（免）增值税的一个重要区别：当出口的货物是应税消费品时，其退还增值税要按规定的退税率计算，其退还消费税则按该应税消费品所适用的消费税税率计算。

企业应将不同消费税税率的出口应税消费品分开核算和申报，凡划分不清适用税率的，一律从低适用税率计算应退消费税税额。

三、出口应税消费品退税额的计算

（一）从价征收计算退税额

从价定率计征消费税的应税消费品，应依照外贸企业从工厂购进货物时征收消费税的价格计算应退消费税税额，其计算公式为：

$$应退消费税税额 = 出口货物的工厂销售额 \times 税率$$

公式中"出口货物的工厂销售额"不包含增值税，对含增值税的购进金额应换算成不含增值税的金额。

（二）从量征收计算退税额

从量定额计征消费税的应税消费品，应按货物购进和报关出口的数量计算应退消费税税额，其计算公式为：

$$应退消费税税额 = 出口数量 \times 单位税额$$

（三）复合征收计算退税额

复合计征消费税的应税消费品，应按货物购进和报关出口的数量以及外贸企业从工厂购进货物时征收消费税的价格计算应退消费税税额，其计算公式为：

$$应退消费税税额 = 出口货物的工厂销售额 \times 税率 + 出口数量 \times 单位税额$$

【例 4-12】 某外贸公司从某化妆品厂购入高档化妆品一批，增值税专用发票上注明价款 250 万元，增值税税额 32.5 万元。外贸公司将该批高档化妆品销往国外，离岸价为 40 万美元（当日外汇牌价 1:6.83），并按规定申报办理消费税退税。消费税税率为 15%，增值税退税率为 11%。计算外贸公司应收的消费税退税额。

【解析】
应退增值税税额 = 2 500 000 × 10% = 250 000（元）
应退消费税税额 = 2 500 000 × 15% = 375 000（元）

随堂训练

一、知识练习

（一）单项选择题

1. 某手表厂为增值税一般纳税人，下设一非独立核算的展销部，2019 年 11 月将自产的 100 只高档手表移送到展销部展销，作价 1.5 万元/只，展销部当月销售了 60 只，取得含税销售额 135.6 万元，该手表厂 2019 年 11 月应缴纳消费税（　　）万元。（高档手表消费税税率为 20%）

   A. 18.00　　　　B. 24.00　　　　C. 28.00　　　　D. 30.00

2. 某化妆品厂为增值税一般纳税人。2018 年 6 月发生以下业务：8 日销售高档化妆品 400 箱，每箱不含税价 600 元；15 日销售同类高档化妆品 500 箱，每箱不含税价 650 元。当月以 200 箱同类高档化妆品与某公司换取精油。该厂当月应纳消费税（　　）元。

   A. 84 750　　　B. 102 750　　　C. 103 500　　　D. 104 250

3. 2018 年 10 月，某手表生产企业销售 H 牌-1 型手表 800 只，取得不含税销售额 400 万元；销售 H 牌-2 型手表 200 只，取得不含税销售额 300 万元。该手表生产企业当月应纳消费税（　　）万元。（高档手表消费税税率 20%）

   A. 52.80　　　　B. 60.00　　　　C. 152.80　　　　D. 140.00

（二）多项选择题

1. 下列消费品，属于消费税征税范围的有（　　）。

   A. 果木酒　　　　B. 药酒　　　　C. 调味料酒
   D. 黄酒　　　　　E. 复制酒

2. 依据消费税的有关规定，下列消费品中属于高档化妆品税目的有（　　）。

   A. 高档美容、修饰类化妆品　　　　B. 高档护肤类化妆品

C. 成套化妆品 　　　　　　　　D. 演员化妆用的上妆油、卸妆油
E. 香皂、洗发水

3. 以下在零售环节缴纳消费税的项目有（　　）。
   A. 卷烟　　　　　　B. 粮食白酒　　　　　C. 翡翠手镯
   D. 钻石胸针　　　　E. 铂金项链

4. 关于消费税征收范围的说法正确的有（　　）。
   A. 用于水上运动和休闲娱乐等活动的非机动艇属于"游艇"的征收范围
   B. 对于购进乘用车或中轻型商用客车、整车生产的汽车属于"小汽车"的征收范围
   C. 实木指接地板及用于装饰、墙壁、天棚的实木装饰板属于"实木地板"的征收范围
   D. 高尔夫球（包）属于"高尔夫球及球具"的征收范围
   E. 以汽油、汽油组分调和生产的"甲醇汽油"和"乙醇汽油"属于"汽油"的征收范围

5. 下列关于消费税纳税人的说法，正确的有（　　）。
   A. 零售金银首饰的纳税人是消费者
   B. 委托加工化妆品的纳税人是受托加工企业
   C. 携带卷烟入境的纳税人是携带者
   D. 邮寄入境应税消费品的纳税人是收件人
   E. 批发卷烟的纳税人是生产企业

二、能力训练

1. 某啤酒厂既生产甲类啤酒又生产乙类啤酒，"五一节"促销期间，直接销售甲类啤酒 200 吨，取得收入 80 万元，直接销售乙类啤酒 300 吨，取得收入 75 万元，销售甲类啤酒和乙类啤酒礼品盒取得收入 12 万元（内含甲类啤酒和乙类啤酒各 18 吨），上述收入均不含增值税。该企业应纳的消费税为多少万元？

2. 恒盛集团股份有限公司为增值税一般纳税人，主要从事酒类、卷烟、高档化妆品的生产与销售，按月缴纳消费税。11 月份发生如下涉税经济业务。

   （1）11 月 1 日，销售自产啤酒 20 吨，每吨不含增值税单价 3 100 元，让客户免费品尝 10 吨。

   （2）11 月 4 日，销售自产 A 型白酒 20 吨，每吨售价 5 800 元，不含增值税价款 116 000 元，包装物随同产品销售，不含增值税价款 25 000 元。

   （3）11 月 4 日，以自产 A 型白酒 10 吨抵债永生农场大米款 70 000 元，开具增值税专用发票注明单价 6 500 元，价税合计 67 800 元，抵债协议不足或多余部分不再结算。

   （4）11 月 12 日，销售用上月外购烟丝（购入烟丝支付含增值税价款 791 000 元）生产的 A 牌卷烟 20 标准箱，开具增值税专用发票，注明单价 15 000 元，金额 300 000 元，每标准箱调拨价 14 000 元。（1 标准箱 = 250 条，1 条 = 200 支）

   （5）11 月 24 日，从国外进口成套化妆品，关税完税价格 60 000 美元，关税税率 50%。当日美元对人民币汇率 1∶6.9。

   （6）11 月 30 日，对外销售进口的成套化妆品，开具增值税专用发票注明销售额 1 200 000 元。

   要求：根据上述业务，计算恒盛集团股份有限公司 11 月应纳的消费税税额。

项目五

关　税

知识准备

知识点一　关税概述

一、关税的性质

（一）关税的概念和发展历史

关税是世界各国普遍征收的一个税种，是指一国海关对进出境的货物或者物品征收的一种税。进出境指的是进出一国关境。

关境与国境是两个不同的概念。国境是指一个主权国家行使行政权力的领域范围。关境是指一个主权国家行使关税权力的地域范围。一般情况下，一个国家的国境与关境是一致的，但当一个国家在国境内设立自由贸易港、自由贸易区、保税区、保税仓库时，关境就小于国境；当几个国家结成关税同盟，成员国之间相互取消关税，对外实行共同的关税税则时（例如欧盟），就其成员国而言，关境就大于国境。

关税是个历史悠久的税种，在古罗马、古希腊时代就已开征关税。英国很早就有"例行的通行税"。在我国，关税历史源远流长。史载西周建立时，"司关，掌国货之节，以联门市，司货贿之出入者，掌其治禁与其征廛。"到了春秋时期，已很普遍。唐玄宗时，提倡在广州设立了市舶司，由市舶司课征关税，市舶司是我国海关设置的最早形式。各个朝代在沿海港口征收的关税也开始有了各种各样的名称——唐朝的"下碇税"、宋朝的"抽解"、明朝的"引税""船钞"，到了清朝，康熙在沿海设立粤、闽、浙、江4个"海关"，对进出口的货物征收船钞和货税。1949年以后，我国才真正实现了关税自主。

为了适应我国对外贸易的发展，参与国际经济竞争，国务院于1985年3月7日发布了《中华人民共和国进出口关税条例》，1987年9月12日对其进行了修订和发布，1992年3月18日，国务院又对其进行了第二次修订和发布，随后又多次修订。

(二) 关税的分类

1. 按关境的货物或物品流向分类

按通过关境的货物或物品的不同流向，关税可分为进口税和出口税。

(1) 进口税，是指海关对进口货物或物品征收的关税。通常是在货物或物品进入关境或国境或从保税仓库提出投入国内市场时征收。当今世界各国的关税均以进口税为关税主体。征收进口税的目的在于保护本国市场和增加财政收入。

(2) 出口税，是指海关对出口货物或物品征收的关税。征收出口税将增加货物的成本，降低出口货物在国际市场的竞争力。目前世界各国一般少征或不征出口税，但在一些发展中国家和经济落后的国家，为保护本国生产和市场供应，增加财政收入，特别是为防止本国自然资源的大量外流，对部分商品仍征收出口税。

2. 按计税依据分类

按计税标准的不同，关税可分为从价税、从量税、复合税和滑准税。

(1) 从价税，是指以进出口货物的完税价格为计税标准而计算征收的关税，是一种最常用的关税计税标准。我国目前海关计征关税主要是从价税。

(2) 从量税，是指以进出口货物的数量、重量、体积、容积等计量单位为计税标准而计算征收的关税。计税时以货物的计量单位乘以每单位应纳税额即可得出该商品的关税税额。

(3) 复合税，是对同种进出口货物同时采用从价和从量两种标准计算征收的关税。即制订从价、从量两种税率，随着完税价格和进口数量而变化，征收时两种税率合并计征。我国目前对录像机、放像机、数字照相机和摄录一体机实行复合税。

(4) 滑准税，是根据货物的不同价格适用不同税率的一类特殊的从价关税。它的关税税率随进口货物价格由高至低而由低至高来设置，即进口货物的价格越高，其进口关税税率越低；进口货物的价格越低，其进口关税税率越高。其特点是可保持实行滑准税货物的国内市场价格的相对稳定，而不受国际市场价格波动的影响，目前我国仅对进口新闻纸实行滑准税。

3. 按货物关税政策的分类

对进口货物输出国实行区别对待的原则，关税可分为加重关税和优惠关税。

(1) 加重关税，也称歧视性关税，是为了达到某种特别目的而征收的关税。如为了保护本国工农业生产和本国经济的发展征收加重关税，即在征收一般关税之外又加征的一种临时性的进口附加税，主要包括反倾销税、反补贴税和报复关税。

(2) 优惠关税，是指对某些国家进口的货物使用低于普通税率的优惠税率所征收的关税，包括互惠税、特惠税、最惠国待遇、普惠制和世界贸易组织成员国间的关税减让。

4. 按征收关税目的分类

按征收目的的不同，关税可分为财政关税和保护关税。

(1) 财政关税，又称收入关税，是以增加财政收入为主要目的而课征的关税。其税率一般比保护关税低。

(2) 保护关税，是以保护本国经济发展为主要目的而课征的关税。它是实现一个国家对外贸易政策的重要措施之一，通过征收高额进口税，使进口货物成本增高，从而削弱其在进口国市场的竞争能力，甚至阻碍其进口，以达到保护本国经济发展的目的。

（三）关税的作用

我国关税在促进对外贸易和国民经济的发展等方面，发挥了重要作用，主要体现在以下几个方面。

1. 筹集财政收入

关税是国家财政收入的重要来源。特别是1999年以来，随着国家打击走私力度的加大，全国海关严格执法，加强对关税和进口环节税收的征收管理，为增加中央财力作出了重大贡献，也为社会主义现代化建设积累了大量的资金。

2. 维护国家主权和利益

关税是贸易谈判中捍卫本国利益的重要武器。合理和适度运用关税杠杆，可迫使谈判对方同等程度降低和减免关税，提供相同或相似的贸易条件和贸易保证，拒绝或限制对方对本国的商品倾销；同时，关税也是实行贸易歧视或反歧视的手段，迫使贸易伙伴考虑本国的既得利益；不仅如此，关税在国与国交往的其他方面也可充当重要的中介力量和谈判砝码。

3. 调控经济有效运行

关税税率的高低和关税的征免，直接影响进出口货物的成本，进而影响到商品的市场价格和销售数量，以及企业的生产经营和经济效益。因此，国家往往通过关税来调节经济、调节市场，从而达到调控国民经济、保护与扶持民族工业、促进经济健康发展的目的。

4. 加快改革开放进程

《中华人民共和国海关法》（以下简称《海关法》）和《中华人民共和国进出口关税条例》（以下简称《进出口关税条例》）的制定，特别是鼓励国家经济建设必需物资和人民生活必需品的进口、引进外资、引进先进技术等一系列关税优惠措施的制定，加快了改革开放对外贸易的繁荣与发展。

二、关税的征税对象

关税的征税对象，是进出我国国境或关境的货物或物品。货物是指贸易性商品；物品指入境旅客随身携带的行李物品和个人邮递物品、各种运输工具上的服务人员携带进口的自用物品、个人邮递物品、馈赠物品及以其他方式入境的个人物品。其征税范围具体包括3个方面。

（一）进口货物的征税范围

国家准许进口的货物，除《海关进出口税则》列明免税的外，均应征收进口关税。征收进口关税的货物在《海关进出口税则》中已按货物的名称详细列举。我国目前进口应税货物大致有4类：一是必需品类，即国内不能生产或生产较少的货物；二是需要品类，即非必需品，但仍属需要的货物；三是非必需品类，即在国内已经大量生产或非国计民生必需物品；四是限制进口类，即奢侈性货物。

（二）出口货物的征税范围

为了鼓励出口贸易，我国仅选择了一些因种种原因，国家需要控制盲目出口的货物征收出口关税，对其他出口货物则不征税。征收出口关税的货物亦由《海关进出口税则》按货物名称详细列举。

(三) 入境物品的征税范围

对入境旅客的行李物品和个人邮递物品进口税的征税范围为：一切入境旅客随身携带的行李和物品、各种运输工具上服务人员携带进口的自用物品、个人邮递物品、馈赠物品及以其他方式入境的个人物品。

三、关税的纳税义务人

贸易性商品的纳税人是经营进口货物的收货人、出口货物的发货人。进出口货物的收、发货人是依法取得对外贸易经营权，并进口或者出口货物的法人或者其他社会团体。对虽然从事进出口业务，但没有自营进出口权的企业，必须委托专门的报关人代理报关和申报纳税。

进出境物品的纳税人是物品的所有人和推定为所有人的人。一般情况下包括：①对于携带进境的物品，推定其携带人为所有人；②对分离运输的行李，推定相应的进出境旅客为所有人；③对以邮递方式进境的物品，推定其收件人为所有人；④以邮递或其他运输方式出境的物品，推定其寄件人或托运人为所有人。

四、关税的税率

《海关进出口税则》是征收关税的法律依据，税率表是税则的主体。目前我国的关税税率主要有以下几种。

(一) 进口货物税率

改革开放后特别是我国加入WTO后，我国多次对进口关税税率进行了调整和降低。从1992年年初的44.4%（简单算术平均，下同）降至1996年年初的23%；1997年10月1日起，平均税率为17%，2001年12月11日起我国正式成为世界贸易组织成员，2001年平均税率为15.3%，按2002年新税则，我国的关税总水平2002年已降至12.7%，2006年我国的关税总水平为9.9%，2015年以后我国关税总体水平为9.8%左右。2016年、2017年和2018年我国均对进出口关税进行了部分调整。进口关税设置最惠国税率、协定税率、特惠税率、普通税率、配额税率等，进口货物一定期限内可以实行暂定税率。适用最惠国税率、协定税率、特惠税率的国家或者地区名单，由国务院关税税则委员会决定。

(1) 最惠国税率，适用原产于与我国共同适用最惠国待遇条款的世界贸易组织成员国或地区的进口货物；或原产于与我国签订有相互给予最惠国待遇条款的双边贸易协议的国家或地区的进口货物。

(2) 协定税率，适用原产于我国参加的含有关税优惠条款的区域性贸易协定的有关缔约方的进口货物。

(3) 特惠税率，适用原产于与我国签订有特殊优惠关税协定的国家或地区的进口货物。

(4) 普通税率，适用原产于上述国家或地区以外的国家或地区的进口货物。

(5) 配额税率，配额内关税是对一部分实行关税配额的货物，按低于配额外税率的进口税率征收的关税，按照国家规定实行关税配额管理的进口货物，关税配额内的，适用关税配额税率；关税配额外的，其税率的适用按照前述的规定执行。

(6) 暂定税率，是对某些税号中的部分货物在适用最惠国税率的前提下，通过法律程序暂时实施的进口税率，具有非全税目的特点，低于最惠国税率。

（二）出口货物税率

我国出口关税则为一栏税率。为鼓励国内企业出口创汇，又做到能够控制一些商品的盲目出口，因而我国对绝大部分出口货物不征收出口关税，只对少数产品征收出口关税。

五、关税的优惠政策

（一）法定减免

法定减免是指《海关法》《进出口关税条例》和《海关进出口税则》等法规中所规定的减免税，包括9种情况。

（1）下列货物，经海关审查无讹，可以免税。

① 关税税额在人民币50元以下的一票货物。

② 无商业价值的广告品和货样。

③ 外国政府、国际组织无偿赠送的物资。

④ 进出境运输工具装载的途中必需的燃料、物料和饮食用品。

（2）中华人民共和国缔结或者参加的国际条约规定减征、免征关税的货物、物品，海关按规定减免关税。

（3）有下列情形之一的进口货物，海关可以酌情减免关税。

① 在境外运输途中或者在起卸时遭受损坏或者损失。

② 起卸后海关放行前，因不可抗力遭受损坏或者损失。

③ 海关查验时已经破漏、损坏或者腐烂，经证明不是保管不慎造成的。

（4）为境外厂商加工、装配成品和为制造外销产品而进口的原材料、辅料、零件、部件、配套件和包装物料，海关按实际加工出口的成品数量免征进口关税；或者对进口料件先征进口关税，再按实际加工出口的成品数量予以退税。

（5）经海关核准，暂时进境或暂时出境并在6个月内复运出境或复运进境的货样、展览品、施工机械、工程车辆、工程船舶、安装设备时使用的仪器和工具、电视或电影设置器械、盛装货物的容器，以及剧团的服装道具等，在货物收发货人向海关缴纳相当于税款的保证金或提供担保后，准予暂时免纳关税。

（6）无代价抵偿货物，即进口货物在征税放行后，发现货物残损、短少或品质不良，而由国外承运人、发货人或保险公司免费补偿或更换的同类货物，可以免税，但有残损或质量问题的原进口货物如未退回国外，其进口的无代价抵偿货物应该照章征税。

（7）因故退还的中国出口货物，经海关查实，可予免征进口关税，但已征的出口关税不予退还。

（8）因故退还的境外进口货物，经海关查实，可予免征出口关税，但已征的进口关税不予退还。

（9）法律规定的其他可以免税的进出口货物。

（二）特定减免税

特定减免税亦称政策性减免税，是指在法定减免税以外，由国务院或国务院授权的机关颁布法规、规章特别规定的减免。特定减免税货物一般有地区、企业和用途的限制，海关需要进行后续管理，并进行减免税统计。

(三) 临时减免税

临时减免税是指在法定和特定减免税以外的其他减免税，即由国务院根据《海关法》对某个单位、某类商品、某个项目或某批进出口货物的特殊情况，给予特别照顾，一案一批，专文下达的减免税，一般不能比照执行。

知识点二　关税税款的计算

一、关税完税价格的确定

《海关法》规定，关税完税价格是海关以进出口货物的实际成交价格为基础审定完税价格，是海关计征关税所使用的计税价格。实际成交价格是一般贸易项下进口或出口货物的买方为购买该项货物向卖方实际支付或应当支付的价格。实际成交价格不能确定时，完税价格由海关依法估定。纳税人向海关申报的价格不一定等于完税价格，只有经海关审核并接受的申报价格才能作为完税价格。

(一) 一般进口货物完税价格的确定

1. 以成交价格为基础的完税价格的确定

根据《中华人民共和国海关法》的相关规定，进口货物以海关审定的成交价格为基础的到岸价格为完税价格。"到岸价格"包括货价加上货物运抵我国境内输入地点起卸前的运费、包装费、保险费和其他劳务费。"我国境内输入地"为入境海关地，包括内陆河、江口岸，一般为第一口岸。"成交价格"是指买方为购买该货物，并按有关规定调整后的实付或应付价格，即买方为购买进口货物直接或间接支付的总额。具体要注意以下几点。

(1) 下列费用或价值未包含在进口货物的成交价格中，应一并计入完税价格。

① 特许权使用费，但与进口货物无关或者不构成进口货物向境内销售条件的不计入完税价格。

② 除购货佣金以外的佣金和经纪费，比如卖方佣金。"购货佣金"指买方为购买进口货物向自己的采购代理人支付的劳务费用；"经纪费"指买方为购买进口货物向代表买卖双方利益的经纪人支付的劳务费用。

③ 货物运抵我国关境内输入地点起卸前由买方支付的包装费、运费、保险费和其他劳务费用。

④ 由买方负担的与进口货物视为一体的容器费用。

⑤ 由买方负担的包装材料和包装劳务的费用。

⑥ 卖方直接或间接从买方对该货物进口后转售（含处置和使用）所得中获得的收益。

(2) 下列费用如在货物的成交价格中单独列明的，应从完税价格中扣除。

① 工业设施、机械设备类货物进口后发生的基建、安装、调试、技术指导等费用。

② 货物运抵境内输入地点起卸后的运输费用、保险费用和其他相关费用。

③ 进口关税及其他国内税收。

④ 为在境内复制进口货物而支付的费用。

⑤ 境内外技术培训及境外考察费用。

(3) 进口货物完税价格中的运费和保险费按下列规定确定。

① 进口货物的运费，应当按照实际支付的费用计算。如果进口货物的运费无法确定的，海关应当按照该货物的实际运输成本或者该货物进口同期运输行业公布的运费率（额）计算运费。

运输工具作为进口货物，利用自身动力进境的，海关在审查确定完税价格时，不再另行计入运费。

② 进口货物的保险费，应当按照实际支付的费用计算。如果进口货物的保险费确定或者未实际发生，海关应当按照"货价加运费"两者总额的3%计算保险费。

③ 邮运进口的货物，应当以邮费作为运输及其相关费用、保险费。

④ 以境外边境口岸价格条件成交的铁路或者公路运输进口货物，海关应当按照境外边境口岸价格的1%计算运输及其相关费用、保险费。

2. 进口货物海关估价的方法

进口货物的成交价格不符合成交价格条件或者成交价格不能确定的，海关经了解有关情况，并与纳税义务人进行磋商后，依次以下列方法审查确定该货物的完税价格。

(1) 相同货物成交价格估价法，是指海关以与进口货物同时或者大约同时向我国境内销售相同货物的成交价格为基础，审查确定进口货物完税价格的估价方法。

(2) 类似货物成交价格估价法，是指海关以与进口货物同时或者大约同时向我国境内销售类似货物的成交价格为基础，审查确定进口货物的完税价格的估价方法。

(3) 倒扣价格估价方法，是指海关以进口货物、相同或者类似进口货物在境内的销售价格为基础，扣除境内发生的关税和进口环节海关代征税及其他国内税、运费、保险费、利润等相关规定费用后，审查确定进口货物完税价格的估价方法。

(4) 计算价格估价方法，是指海关按照下列各项总和计算出完税价格：生产该货物所使用的料件成本和加工费用；向境内销售同等级或者同种类货物通常的利润和一般费用；该货物运抵境内输入地点起卸前的运输及相关费用、保险费。

(5) 其他合理方法，是指海关以客观量化的数据资料为基础审查确定进口货物完税价格的估价方法。

（二）特殊进口货物完税价格的确定

1. 运往境外加工的货物

运往境外加工的货物，出境时已向海关报明，并在海关规定的期限内复运进境的，应当以运往境外加工费和料件费以及该货物复运进境的运输及其相关费用、保险费为基础审查确定完税价格。

2. 运往境外修理的货物

运往境外修理的机械器具、运输工具或其他货物，出境时已向海关报明，并在海关规定期限内复运进境的，应当以境外修理费和料件费为基础审查确定完税价格。

3. 租赁方式进口的货物

租赁方式进口的货物，按照下列方法审查确定完税价格。

(1) 以租金方式对外支付的租赁货物，在租赁期间以海关审查确定的租金作为完税价格，利息应当予以计入。

（2）留购的租赁货物以海关审查确定的留购价格作为完税价格。

（3）纳税义务人申请一次性缴纳税款的，可以选择申请按照进口货物海关估价的方法确定完税价格，或者按照海关审查确定的租金总额作为完税价格。

4. 暂时进境货物

经海关批准的暂时进境的货物，应按照一般进口货物估价办法的规定估定完税价格。

5. 留购的进口货样等货物

国内单位留购的进口货样、展览品及广告陈列品，以海关审定的留购价格为完税价格。

（三）出口货物完税价格的确定

1. 以成交价格为基础的完税价格

出口货物的完税价格由海关以该货物的成交价格为基础审查确定，并应当包括货物运至我国境内输出地点装载前的运输及其相关费用、保险费。但不包括出口关税税额。

出口货物的成交价格，是指该货物出口销售时，卖方为出口该货物应当向买方直接收取和间接收取的价款总额，但下列费用应予扣除。

（1）成交价格中含有支付给国外的佣金，与货物成交价格分列的，应予扣除；未单独列明的，则不予扣除。

（2）出口货物的销售价格如果包括离境口岸至境外口岸之间的运输、保险费的，该运费、保险费应予扣除。

出口货物完税价格的计算公式为：

$$完税价格 = 离岸价格 \div (1 + 出口关税税率)$$

【例题5-1】某进出口公司出口某种应税产品一批，离开我国口岸价格为600万元，假定该种产品出口关税税率为30%，纳税人在计算关税时，以600万元作为完税价格计算应纳关税税额，请问这样的计算对吗？

【解析】

某进出口公司以离岸价600万元作为完税价格计算应纳关税税额显然是错误的，出口货物应以海关审定的离岸价格扣除出口关税后作为完税价格。

所以，完税价格 = 600 ÷ (1 + 30%) = 461.54（万元）。

2. 由海关估定的完税价格

出口货物的发货人或其代理人应如实向海关申报出口货物售予境外的价格，对出口货物的成交价格不能确定时，完税价格由海关依次按下列方法予以估定。

（1）同时或大约同时向同一国家或地区销售出口的相同货物的成交价格。

（2）同时或大约同时向同一国家或地区销售出口的类似货物的成交价格。

（3）根据境内生产相同或类似货物的成本、利润和一般费用、境内发生的运输及其相关费用、保险费计算所得的价格。

（4）按照其他合理方法估定的价格。

二、关税应纳税额的计算

（一）进口货物应纳关税的计算

1. 从价关税应纳税额的计算

从价关税应纳税额的计算公式为：

关税税额 = 应税进口货物数量 × 单位完税价格 × 关税税率

具体分以下几种情况。

(1) 以我国口岸到岸价格（CIF）成交的，或者和我国毗邻的国家以两国共同边境地点交货价格成交的进口货物，其成交价格即为完税价格。应纳关税的计算公式为：

应纳进口关税税额 = CIF × 关税税率

【例题 5 – 2】 某进出口公司 2018 年 9 月从美国进口一批货物，到岸价格为 CIF 上海 USD900 000 元，另外在货物成交过程中，公司向卖方支付佣金 USD40 000 元，已知当时外汇牌价为 1 美元 = 6.80 元人民币，该货物的进口关税税率为 20%。计算该公司进口该批货物应纳的关税。

【解析】

该批货物的完税价格包括到岸价格和支付给卖方的佣金，故：

完税价格 =（900 000 + 40 000）× 6.80 = 6 392 000（元）

应纳进口关税税额 = 6 392 000 × 20% = 1 278 400（元）

(2) 以国外口岸离岸价（FOB）或国外口岸到岸价格成交的，应另外加上从发货口岸或国外交货口岸运到我国口岸以前的运杂费和保险费作为完税价格。应纳关税的计算公式为：

应纳进口关税税额 =（FOB + 运杂费 + 保险费）× 关税税率

在国外口岸成交情况下，完税价格中包括的运杂费、保险费，原则上应按实际支付的金额计算，若无法得到实际支付金额，也可以外贸系统海运进口运杂费率或按协商规定的固定运杂费率计算运杂费，保险费按中国人民保险公司的保险费率计算。其计算公式为：

应纳税额 =（FOB + 运杂费）×（1 + 保险费率）× 关税税率

【例题 5 – 3】 某进出口公司进口一批材料，该批材料实际支付离岸价为 USD480 000 元，海外运输费、包装费、保险费共计 USD20 000 元（支付日市场汇价为 6.70 元人民币），进口报关当日人民银行公布的市场汇价为 1 美元 = 6.65 元人民币，进口关税税率为 20%。计算该公司进口该批货物应纳的关税。

【解析】

应纳进口关税 =（480 000 + 20 000）× 6.65 × 20% = 665 000（元）

(3) 以国外口岸离岸价格加运费（即 CFR 价格）成交的，应另加保险费作为完税价格。其计算公式为：

应纳进口关税税额 =（CFR + 保险费）× 关税税率

= CFR ×（1 + 保险费率）× 关税税率

2. 从量关税应纳税额的计算

从量关税应纳税额的计算公式为：

关税税额 = 应税进口货物数量 × 单位税额

3. 复合关税应纳税额的计算

复合关税应纳税额的计算公式为：

关税税额 = 应税进口货物数量 × 单位税额 + 应税进口货物数量 × 单位完税价格 × 税率

（二）出口货物应纳关税的计算

1. 从价关税应纳税额的计算

从价关税应纳税额的计算公式为：

关税税额 = 应纳出口货物数量 × 单位完税价格 × 税率

具体分以下几种情况。

(1) 以我国口岸离岸价格 (FOB) 成交的,出口关税计算公式为:

应纳关税税额 = FOB ÷ (1 + 关税税率) × 关税税率

(2) 以国外口岸到岸价格 (CIF) 成交的,出口关税计算公式为:

应纳关税税额 = (CIF − 保险费 − 运费) ÷ (1 + 关税税率) × 关税税率

(3) 以国外口岸价格加运费价格 (CFR) 成交的,出口关税计算公式为:

应纳关税税额 = (CFR − 运费) ÷ (1 + 关税税率) × 关税税率

【例题 5−4】某进出口公司自营出口商品一批,我国口岸 FOB 价格折合人民币为 960 000元,出口关税税率为20%。根据海关开出的专用缴款书,以银行转账支票付讫税款。计算应纳的出口关税。

【解析】

出口关税 = 960 000 ÷ (1 + 20%) × 20% = 160 000(元)

2. 从量关税应纳税额的计算

从量关税应纳税额的计算公式为:

出口关税税额 = 应税出口货物数量 × 单位货物税额

3. 复合关税应纳税额的计算

我国目前实行的复合税都是先计征从量税,再计征从价税。复合关税应纳税额的计算公式为:

出口关税税额 = 应税出口货物数量 × 单位税额 + 应税出口货物数量 × 单位完税价格 × 税率

知识点三 关税征收管理

关税由海关负责征收。货物的进、出口需要向海关申报,简称报关,这个过程需要填报海关进口货物报关单或出口货物报关单,而关税的缴纳只是报关中的一个环节,凭海关填发的进(出)口关税专用缴款书向指定银行缴纳。当企业发生退还关税情况时,还需要办理税款的退还等工作。

一、进、出口货物报关

(一) 报关时间

进口货物的纳税人应当自运输工具申报进境之日起 14 日内,向货物的进境地海关申报,如实填写海关进口货物报关单,并提交进口货物的发票、装箱清单、进口货物提货单或运单、关税免税或免予查验的证明文件等。

出口货物的发货人除海关特准外,应当在运抵海关监管区装货的 24 小时以前,填报出口货物报关单,交验出口许可证和其他证件,申报出口,由海关放行,否则货物不得离境出口。

(二) 报关应提交的相关材料

进出口货物时应当提交以下材料:①进、出口货物报关单 (如表 5−1 所示);②合同;

③发票;④装箱清单;⑤载货清单(舱单);⑥提(运)单;⑦代理报关授权委托协议;⑧进出口许可证件;⑨海关要求的加工贸易手册(纸质或电子数据的)及其他进出口有关单证。

表5-1 中华人民共和国海关出口货物报关单

预录入编号:　　　　　　　　　　海关编号:

收发货人	出口口岸		出口日期	申报日期
生产销售单位	运输方式		运输工具名称	提运单号
申报单位	监管方式		征免性质	备案号
贸易国(地区)	运抵国(地区)		起运港	境内货源地
许可证号	成交方式	运费	保费	杂费
合同协议号	件数	包装种类	毛重(千克)	净重(千克)
集装箱号	随附单据		生产厂家	
标记唛码及备注				
项目　商品编号　商品名称、规格型号　数量及单位　原产国(地区)　单价　总价　币制　征免				
特殊关系确认:　　价格影响确认:　　支付特许权使用费确认:				
录入员　录入单位	兹声明以上内容承担如实申报、依法纳税之法律责任		海关审单批注(签章)	
报关人员	申报单位(签章)			

二、关税的缴纳

(一)纳税地点

根据纳税人的申请及进出口货物的具体情况,关税可以在关境地缴纳,也可在主管地缴纳。关境地缴纳是指进出口货物在哪里通关,纳税人即在哪里缴纳关税,这是最常见的做法。主管地纳税是指纳税人住址所在地海关监管其通关并征收关税,它只适用于集装箱运载的货物。

(二)缴纳凭证

海关在接受进出口货物通关手续申报后,逐票计算应征关税并向纳税人或其代理人填发海关进(出)口关税专用缴款书,纳税人或其代理人持海关进(出)口关税专用缴款书在规定期限内向银行办理税款交付手续。

三、关税的强制执行

根据《海关法》规定,纳税人或其代理人应当在海关规定的缴款期限内缴纳税款,逾期未缴的即构成关税滞纳。为保证海关有关决定的执行和国家财政收入的及时入库,《海关法》赋予海关对滞纳关税的纳税人强制执行的权利。强制措施主要有两类。

（一）征收滞纳金

滞纳金自关税缴纳期限届满滞纳之日起，至纳税人缴纳关税之日止，按滞纳税款万分之五的比例按日征收，周末或法定节假日不予扣除。其计算公式为：

$$关税滞纳金金额 = 滞纳关税税额 \times 0.5‰ \times 滞纳天数$$

（二）强制征收

纳税人自海关填发缴款书之日起3个月仍未缴纳税款的，经海关关长批准，海关可以采取强制措施扣缴。强制措施主要有强制扣缴和变价抵缴两种。

1. 强制扣缴

强制扣缴是指海关依法自行或向人民法院申请采取从纳税人的开户银行或其他金融机构的存款中将相当于纳税人应纳税款的款项强制划拨入国家金库的措施，即书面通知其开户银行或其他金融机构从其存款中扣缴税款。

2. 变价抵缴

变价抵缴是指如果纳税人的银行账户中没有存款或存款不足以强制扣缴时，海关可以将未放行的应税货物依法变卖，以销售货物所得价格抵缴应缴税款。如果该货物已经放行，海关可以将该纳税人的其他价值相当于应纳税款的货物或其他财产依法变卖，所得价款抵缴应缴税款。

强制扣缴和变价抵缴的税款含纳税人未缴纳的税款滞纳金。

四、关税的退还

关税的退还是指海关纳税人缴纳税款后，因某种原因的出现，海关将实际征收多于应当征税的税款退还给原纳税人的一种行政行为。根据《海关法》规定，海关多征的税款，海关发现后应当立即退还。

按规定，有下列情形之一的，纳税人可以自缴纳税款之日起1年内，书面申明理由，连同原缴纳凭证及相关资料向海关申请退还税款并加算银行同期活期存款利息，逾期不予受理。

（1）因海关误征多纳税款的。

（2）海关核准免验进口的货物，在完税后发现有短缺情况，经海关审查认可的。

（3）已征出口关税的货物，因故未装运出口，申报退关，经海关查明属实的。

对已征出口关税的出口货物和已征进口关税的进口货物，因货物品种或规格原因（非其他原因）原状复运进境或出境的，经海关查验属实的，也应退还已征关税。海关应当在受理退税申请之日起30日内作出书面答复并通知退税申请人。

五、关税的补征和追征

关税的补征和追征是海关在纳税人按海关规定缴纳关税后，发现实际征收税额少于应当征收的税额时，责令纳税人补缴所差税款的一种行政行为。

根据《海关法》的规定，进出境货物或物品放行后，海关发现少征或漏征税款，应当自缴纳税款或者货物物品放行之日起1年内，向纳税人补征。

因纳税人违反规定而造成的少征或者漏征的税款，自纳税人应缴纳税款之日起3年以内可以追征，并从缴纳税款之日起按日加收少征或者漏征税款万分之五的滞纳金。

六、关税的争议

纳税争议的内容一般为进出境货物和物品的纳税人对海关在原产地认定，税则归类，税率或汇率使用，完税价格确定，关税减征、免征、追征、补征和退还等征税行为是否合法或适当，是否侵害了纳税义务人的合法权益，而对海关征收关税的行为表示异议。

为保护纳税人合法权益，我国《海关法》和《关税条例》都规定了纳税人对海关确定的进口货物的征税、减税、补税或者退税当有异议时，有提出申诉的权利。在纳税义务人同海关发生纳税争议时，可以向海关申请复议，但同时应当在规定期限内按海关核定的税额缴纳关税，逾期则构成滞纳，海关有权按规定采取强制执行措施。

纳税争议的申诉程序：纳税义务人自海关填发税款缴款书之日起30日内，向原征税海关的上一级海关书面申请复议。逾期申请复议的，海关不予受理。海关应当自收到复议申请之日起60日内作出复议决定，并以复议决定书的形式正式答复纳税人；纳税人对海关复议决定仍然不服的，可以自收到复议决定书之日起15日内，向人民法院提起诉讼。

> **随堂训练**

一、知识练习

（一）单项选择题

1. 我国关税由（　　）征收。
   A. 税务机关　　　　　　　　　　B. 海关
   C. 工商行政管理部门　　　　　　D. 人民政府

2. 《进出口关税条例》规定，关税税额在人民币（　　）元以下的一票货物，经海关审查无误，可以免税。
   A. 50　　　　　B. 100　　　　　C. 1 000　　　　　D. 10 000

3. 关税的纳税义务人不可能是（　　）。
   A. 进口货物的收货人　　　　　　B. 进口货物的发货人
   C. 入境物品的所有人　　　　　　D. 出口货物的发货人

4. 下列不属于特别关税的是（　　）。
   A. 反倾销税、反补贴税　　　　　B. 关税追征
   C. 报复性关税　　　　　　　　　D. 保障性关税

5. 某钢铁公司享有进出口经营权，从国外购进钢材10 000吨用于生产，经海关审定的关税完税价格为8 000万元，适用关税税率为20%。根据《进出口关税条例》相关规定，进口应纳关税为（　　）万元。
   A. 1 320　　　　B. 1 600　　　　C. 2 000　　　　D. 3 200

6. 进口货物到岸价格的组成公式是（　　）
   A. 到岸价格＝货价
   B. 到岸价格＝货价＋其他劳务费
   C. 到岸价格＝货价＋包装、运输、保险费＋其他劳务费
   D. 到岸价格＝货价＋进口关税＋其他劳务费

7. 已征出口关税的货物，因故未装运出口，申报退关，经海关查验属实的，纳税人可自缴纳税款之日起（　　）内申请退还税款。
   A. 半年　　　　　B. 1 年　　　　　C. 2 年　　　　　D. 3 年
8. 关税纳税义务人因不可抗力或者在国家税收政策调整的情形下，不能按期缴纳税款的，经海关总署批准，可以延期缴纳税款，但最多不得超过（　　）。
   A. 3 个月　　　　B. 6 个月　　　　C. 9 个月　　　　D. 12 个月
9. 关税滞纳金自（　　）起，至纳税义务人缴纳关税之日止，按滞纳税款万分之五的比例按日征收，周末或法定节假日不予扣除。
   A. 商品报关之日　　　　　　　　　B. 商品进出关境之日
   C. 关税缴纳期限届满之日　　　　　D. 自海关填发税款缴款书之日
10. 进出口货物，因收发货人或者他们的代理人违反规定而造成少征或者漏征关税的，海关可以（　　）征收。
    A. 在 1 年内　　B. 在 3 年内　　C. 在 10 年内　　D. 无限期
11. 海关对逾期未交的关税，按日加收（　　）滞纳金。
    A. 2‰　　　　　B. 0.5‰　　　　C. 2%　　　　　D. 1%
12. 纳税义务人或他们的代理人应在海关填发税款缴纳凭证的之日起（　　）内，向指定银行缴纳税款。
    A. 7 日　　　　　B. 10 日　　　　C. 15 日　　　　D. 30 日
13. 某公司进口一批货物，海关于 2018 年 6 月 1 日填发税款缴款书，但公司迟至 6 月 26 日才缴纳 500 万元的关税。海关应征收关税滞纳金（　　）万元。
    A. 2.75　　　　　B. 3　　　　　　C. 6.5　　　　　D. 6

（二）多项选择题

1. 我国海关法规定，减免进出口关税的权限属中央政府，关税的减免形式有（　　）。
   A. 法定减免　　B. 特定减免　　C. 临时减免　　D. 困难减免
2. 进口货物以海关审定的成交价格为基础的到岸价格作为完税价格。到岸价格包括货价，加上货物运抵中国关境内输入地起卸前的（　　）等费用。
   A. 包装费　　　B. 其他劳务费　　C. 保险费　　　D. 运输费
3. 下列未包含在进口货物价格中的项目，应计入进口货物完税价格的有（　　）。
   A. 买方负担除购货佣金以外的佣金及经纪费
   B. 卖方负担的佣金
   C. 由买方负担的与该货物视为一体的容器费用
   D. 由买方负担的包装劳务费
4. 下列各项中，属于关税征税对象的有（　　）。
   A. 贸易性商品
   B. 个人邮寄物品
   C. 馈赠物品或以其他方式进入国境的个人物品
   D. 入境旅客随身携带的行李和物品

5. 进口货物的成交价格不符合规定或者成交价格不能确定的，海关经了解有关情况，并与纳税人进行价格磋商后，可以按顺序采用一定方法审查确定该货物的完税价格。下列属于海关可以采用的方法有（   ）。
   A. 相同货物成交价格估价方法　　　B. 类似货物成交价格估价方法
   C. 倒扣价格估价方法　　　　　　　D. 最大销售总量估价方法
6. 在征收方式上，进口应税货物分别实行（   ）。
   A. 从价税　　　B. 从量税　　　C. 复合税　　　D. 滑准税
7. 关税的征收管理规定中，关于补征和追征的期限为（   ）。
   A. 补征期为 1 年内　　　　　　　　B. 追征期为 1 年内
   C. 补征期为 3 年内　　　　　　　　D. 追征期为 3 年内

二、能力训练

1. 某公司进口一批应缴消费税的消费品，货价为 500 万元；该公司另外向境外支付特许权使用费 25 万元；此外，该批货物运抵我国关境需支付运费和保险费 25 万元。假设该货物适用关税税率为 8%、增值税税率为 13%、消费税税率为 20%。

   要求：分别计算该公司应纳的关税、消费税和增值税。

2. 某公司进口货物一批，CIF 成交价格为人民币 600 万元，含单独计价并经海关审核属实的进口后装配调试费用 30 万元，该货物进口关税税率为 10%，海关填发税款缴纳证日期为 2019 年 1 月 10 日，该公司于 1 月 25 日缴纳税款。

   要求：计算其应纳关税及滞纳金。

项目六

企业所得税

知识准备

知识点一　企业所得税概述

一、企业所得税的概念

企业所得税是对我国境内的企业和其他取得收入的组织的生产经营所得和其他所得征收的一种税，是国家参与企业分配的重要工具。

二、企业所得税的特点

1. 通常以净所得为征税对象

按照税法规定，纳税人的收入总额扣除各项成本、费用后的余额为应纳税所得额。

2. 计征比较复杂

通常以经过计算得出的应纳税所得额为计税依据，涉及收入的确定、成本和费用的归集和分配、亏损弥补等。

3. 税收负担不易转嫁

因为在分配环节课征，较之于流转环节征税，所得税税负不易转嫁。纳税人和实际负担人通常是一致的，可以直接调节纳税人的所得。

4. 符合公平原则

企业所得税是以所得为计税依据，更能体现企业的实际负担能力，体现了税收公平的原则。

三、企业所得税的作用

企业所得税在组织财政收入、促进社会经济发展、实施宏观调控等方面具有重要的职能作用。企业所得税调节的是国家与企业之间的利润分配关系，这种分配关系是我国经济分配制度中最重要的一个方面，是处理其他分配关系的前提和基础。企业所得税的作用主要体现在以下 3 个方面。

1. 组织财政收入

企业所得税是我国第二大主体税种，对组织国家税收收入作用非常重要，是政府财政收入的支柱。

2. 宏观调控作用

企业所得税是国家实施税收优惠政策的最主要的税种，有减免税、降低税率、加计扣除、加速折旧、投资抵免、减计收入等众多的税收优惠措施，是贯彻国家产业政策和社会政策，实施宏观调控的主要政策工具。在为国家组织财政收入的同时，企业所得税作为国家宏观调控的一种重要手段，也促进了我国产业结构调整和经济又好又快地发展，加快了经济增长方式的转变。

3. 国家调节分配关系的重要工具

国家通过企业所得税的征税，调节分配比例，制定优惠措施，调节纳税人的税后利润水平，维护经济的良性运行和发展。

知识点二　企业所得税法律规定

一、纳税义务人

企业所得税的纳税人是在中华人民共和国境内的企业和其他取得收入的组织。按照国际惯例，一般分为居民企业和非居民企业。依照中国法律、行政法规规定成立的个人独资企业、合伙企业不适用企业所得税法，依法计征个人所得税。

（一）居民企业

居民企业是指依法在中国境内成立，或者依照外国法律成立但实际管理机构在中国境内的企业。

实际管理机构，是指对企业的生产经营、人员、账务、财产等实施实质性全面管理和控制的机构。

（二）非居民企业

非居民企业指依照外国法律成立且实际管理机构不在中国境内，但在中国境内设立机构、场所，或者在中国境内未设立机构、场所，但有来源于中国境内所得的企业。

"机构、场所"是指在中国境内从事生产经营活动的机构、场所，包括：管理机构、营业机构、办事机构；.工厂、农场、开采自然资源的场所；提供劳务的场所；从事建筑、安装、装配、修理、勘探等工程作业的场所和其他从事生产经营活动的机构、场所。

非居民企业委托营业代理人在中国境内从事生产经营活动的，包括委托单位或者个人经常代其签订合同，或者储存、交付货物等，该营业代理人视为非居民企业在中国境内设立的机构、场所。

【例题 6-1】多选题：下列各项中，属于企业所得税纳税人的有（　　）。

A. 在中国境内成立的有限责任公司
B. 在中国境内成立的个人独资企业
C. 有来源于中国境内股息所得的外国企业

D. 依中国法律在境内成立的一人有限公司

E. 依美国法律成立，但实际管理机构在中国境内的企业

正确答案 ACDE 答案

【解析】B，在中国境内成立的个人独资企业负无限责任，应该缴纳个人所得税。

二、征税对象

1. 居民企业的征税对象

居民企业就来源于中国境内、境外的所得作为征税对象，包括生产经营所得和其他所得。所谓"生产经营所得"是指企业从事物质生产、商品流通、交通运输、劳务服务以及其他事业取得的境内外所得。其他所得包括转让财产所得，股息、红利所得，利息所得，租金所得，特许权使用费所得，接受捐赠所得等其他所得。

2. 非居民企业的征税对象

非居民企业在中国境内设立机构、场所的，应当就其所设机构、场所取得的来源于中国境内的所得，以及发生在中国境外但与其所设机构、场所有实际联系的所得，缴纳企业所得税。

非居民企业在中国境内未设立机构、场所的，或者虽设立机构、场所但取得的所得与其所设机构、场所没有实际联系的，应当就其来源于中国境内的所得缴纳企业所得税。

所得来源地的确定如表6-1所示。

表6-1 所得来源地的确定

1. 销售货物所得	交易活动发生地
2. 提供劳务所得	劳务发生地
3. 转让财产所得	（1）不动产转让所得按照不动产所在地确定； （2）动产转让所得按照转让动产的企业或者机构、场所所在地确定； （3）权益性投资资产转让所得按照被投资企业所在地确定
4. 股息、红利等权益性投资所得	分配所得的企业所在地
5. 利息所得、租金所得、特许权使用费所得	负担、支付所得的企业或者机构、场所所在地确定
6. 其他所得	国务院财政、税务主管部门确定

三、税率

企业所得税税率如表6-2所示。

表6-2 企业所得税税率

基本税率	25%	居民企业，在中国境内设有机构、场所且所得与机构、场所有关联的非居民企业
低税率	20%（实际适用10%）	在中国境内未设立机构、场所的非居民企业虽设立机构、场所但取得的所得与其所设机构、场所无实际联系的非居民企业

四、收入的确认

应纳税所得额 = 收入总额 - 不征税收入 - 免税收入 - 各项扣除 - 以前年度亏损

(一) 收入总额

(1) 销售货物收入,即企业销售商品、产品、原材料、包装物、低值易耗品以及其他存货取得的收入。

(2) 提供劳务收入,即企业提供加工、修理修配劳务及服务取得的收入。

(3) 转让财产收入,即企业转让固定资产、生物资产、无形资产、股权、债权等财产取得的收入。既包括现金、存款、应收账款、应收票据、准备持有至到期的债券投资以及债务的豁免等货币形式,也包括固定资产、生物资产、无形资产、股权投资、存货、不准备持有至到期的债券投资、劳务以及有关权益等非货币形式。这些非货币资产应当按照公允价值确定收入额。公允价值是指按照市场价格确定的价值。

转让股权收入扣除为取得该股权所发生的成本后,为股权转让所得。

企业在计算股权转让所得时,不得扣除被投资企业未分配利润等股东留存收益中按该项股权所可能分配的金额。

(4) 股息、红利等权益性投资收益,按照被投资方做出利润分配决定的日期确认收入的实现。

被投资企业将股权(票)溢价所形成的资本公积转为股本的,不作为投资方企业的股息、红利收入,投资方企业也不得增加该项长期投资的计税基础。

(5) 利息收入,按照合同约定的债务人应付利息的日期确认收入的实现。

(6) 租金收入,按照合同约定的承租人应付租金的日期确认收入的实现。

(7) 特许权使用费收入,按照合同约定的特许权使用人应付特许权使用费的日期确认收入的实现。

(8) 接受捐赠收入,按照实际收到捐赠资产的日期确认收入的实现。

(9) 其他收入,包括企业资产溢余收入、逾期未退包装物押金收入、确实无法偿付的应付款项、已作坏账损失处理后又收回的应收款项、债务重组收入、补贴收入、违约金收入、汇兑收益等。

【例题6-2】多选题:以下属于企业所得税应税收入的有(   )。

A. 债务重组收入 B. 转让资产取得的收入
C. 股东对企业的投资款 D. 销售商品取得的收入
E. 未逾期的包装物押金

正确答案 ABD

【解析】选项C,股东对企业的投资款直接作实收资本或者资本公积;选项E,未逾期的包装物押金不属于应税收入。

(二) 特殊收入的确认

(1) 分期收款方式销售货物的,按照合同约定的收款日期确认收入的实现。

(2) 企业受托加工制造大型机械设备、船舶、飞机,以及从事建筑、安装、装配工程业务或者提供其他劳务等,持续时间超过12个月的,按照纳税年度内完工进度或者完成的工作量确认收入的实现。

如：某企业受托加工制造大型机械设备,持续时间为18个月(2016年7月至2017年12月),约定的收入总额是1 000万元,成本预计是700万元;假设到2016年年底,完成的工作量为30%,此时应确认的应税收入为300万元。

(3)采取产品分成方式取得收入的,按照企业分得产品的日期确认收入的实现,其收入额按产品的公允价值确定。

(4)企业发生非货币性资产交换,以及将货物、财产、劳务用于捐赠、偿债、赞助、集资、广告、样品、职工福利或者利润分配等用途的,应当视同销售货物、转让财产或者提供劳务,与流转税的口径相同。但国务院财政、税务主管部门另有规定的除外。

(三)相关收入实现的确认

1. 销售商品

同时满足下列4项条件,应确认收入的实现。

(1)商品销售合同已经签订,企业已将商品所有权相关的主要风险和报酬转移给购货方。

(2)企业对已售出的商品既没有保留通常与所有权相联系的继续管理权,也没有实施有效控制。

(3)收入的金额能够可靠地计量。

(4)已发生或将发生的销售方的成本能够可靠地核算。

具体规定如表6-3,表6-4和表6-5所示。

表6-3 不同结算方式收入的确认

结算方式	确认收入的实现
托收承付方式	在办妥托收手续时确认
预收款方式	在发出商品时确认
销售商品需要安装和检验	购买方接受商品以及安装和检验完毕时确认;如果安装程序比较简单,可在发出商品时确认
采用支付手续费方式委托代销	在收到代销清单时确认

表6-4 特殊业务的税务处理

特殊业务		税务处理
售后回购	一般情况	销售的商品按售价确认收入;回购的商品作为购进商品处理
	以销售商品方式进行融资	收到的款项应确认为负债;回购价格大于原售价的,差额应在回购期间确认为利息费用
	以旧换新	应当按照销售商品收入确认条件确认收入;回收的商品作为购进商品处理

表6-5 不同折扣的税务处理

特殊业务	税务处理
商业折扣	按扣除商业折扣后的金额确定销售商品收入金额
现金折扣	按扣除现金折扣前的金额确定销售商品收入金额;现金折扣在实际发生时作为财务费用扣除
销售折让和退回	应在发生当期冲减当期销售商品收入

2. 提供劳务收入

企业在各个纳税期末,提供劳务交易的结果能够可靠估计的,应采用完工进度(完工百分比)法确认提供劳务收入。安装费应根据安装完工进度确认收入,安装工作是商品销售附带条件的,安装费在确认商品销售实现时确认收入。其他劳务收入的确认如表6-6所示。

表6-6 其他劳务收入的确认

宣传媒介的收费	应在相关的广告或商业行为出现于公众面前时确认
	广告的制作费,应根据制作广告的完工进度确认
软件费	为特定客户开发软件的收费,应根据开发的完工进度确认收入
服务费	包含在商品售价内可区分的服务费,在提供服务的期间分期确认收入
艺术表演、招待宴会和其他特殊活动的收费	在相关活动发生时确认收入
	收费涉及几项活动的,预收的款项应合理分配给每项活动,分别确认收入

(四) 不征税收入

(1) 财政拨款,即各级人民政府对纳入预算管理的事业单位、社会团体等组织拨付的财政资金。

(2) 依法收取并纳入财政管理的行政事业性收费、政府性基金。

(3) 国务院规定的其他不征税收入。

(五) 免税收入

(1) 国债利息收入。

(2) 符合条件的居民企业之间的股息、红利等权益性收益。

(3) 在中国境内设立机构、场所的非居民企业从居民企业取得与该机构、场所有实际联系的股息、红利等权益性投资收益。

(4) 非营利组织的下列收入为免税收入。

① 接受其他单位或者个人捐赠的收入。

② 除《企业所得税法》第七条规定的财政拨款以外的其他政府补助收入,但不包括因政府购买服务取得的收入。

③ 按照省级以上民政、财政部门规定收取的会费。

④ 不征税收入和免税收入孳生的银行存款利息收入。

⑤ 财政部、国家税务总局规定的其他收入。

五、扣除原则和范围

(一) 税前扣除应遵循的原则

(1) 权责发生制原则。

(2) 配比原则。

(3) 合理性原则。

【例题6-3】多选题:除税法另有规定外,企业在计算企业所得税时,税前扣除一般应遵循的原则有（　　）。

A. 配比原则　　　　　B. 合理性原则　　　　　C. 谨慎性原则
D. 重要性原则　　　　E. 权责发生制原则

正确答案 ABE

（二）扣除项目的范围

企业实际发生的与取得收入有关的、合理的支出，包括成本、费用、税金、损失和其他支出，准予在计算应纳税所得额时扣除。

1. 成本

企业销售商品、提供劳务、转让固定资产、无形资产（包括技术转让）的成本。

2. 费用

（1）销售费用：广告费、销售佣金（能直接认定的进口佣金计入商品成本）、代销手续费。

（2）管理费用：业务招待费、职工工资、福利费、工会经费、职工教育经费。

（3）财务费用：利息支出（利率）、汇兑净损失。

3. 税金

消费税、城市维护建设税及教育费附加、出口关税、资源税、土地增值税、房产税、车船税、土地使用税、印花税等相关税费。

增值税是价外税，不影响损益，出口退回的增值税不影响损益。

企业为个人负担的个人所得税不得税前扣除。

4. 损失

税前可扣除的损失为净损失，即企业的损失减除责任人赔偿和保险赔款后的余额。

企业已经作为损失处理的资产，在以后纳税年度又全部收回或者部分收回时，应当计入当期收入。

5. 其他支出

企业在生产经营活动中发生的与生产经营活动有关的、合理的其他支出。

【例题6－4】多选题：下列支出可以在企业所得税前扣除的有（　　）。

A. 销售材料的成本　　　B. 代收代缴的消费税　　　C. 按规定计缴的印花税
D. 按规定计缴的增值税　　E. 按规定计缴的房产税

正确答案 ACE

（三）具体规定

1. 工资、薪金支出

企业发生的合理的工资、薪金支出准予据实扣除。

"合理工资、薪金"是指企业按照股东大会、董事会、薪酬委员会或相关管理机构制订的工资、薪金制度规定实际发放给员工的工资、薪金。

2. 职工福利费、工会经费、职工教育经费

企业发生的职工福利费支出，不超过工资、薪金总额14%的部分准予扣除。企业职工福利费，包括以下内容：①为职工卫生保健、生活等发放或支付的各项现金补贴和非货币性福利。②企业尚未分离的内设集体福利部门所发生的设备、设施和人员费用。③职工困难补助，或者企业统筹建立和管理的专门用于帮助、救济困难职工的基金支出。④离退休人员统

筹外费用，包括离休人员的医疗费及离退休人员其他统筹外费用。⑤按规定发生的其他职工福利费，包括丧葬补助费、抚恤费、职工异地安家费、独生子女费、探亲假路费，以及符合企业职工福利费定义但没有包括在上述各条款项目中的其他支出。

企业拨缴的工会经费，不超过工资、薪金总额2%的部分准予扣除，凭工会组织开具的"工会经费收入专用收据"在企业所得税税前扣除。

除国务院财政、税务主管部门另有规定外，企业发生的职工教育经费支出，不超过工资、薪金总额8%的部分准予扣除；超过部分准予结转以后纳税年度扣除。

【例题6-5】A公司2018年实际发放职工工资1 200万元，发生职工福利费支出180万元，拨缴工会经费25万元并取得专用收据，发生职工教育经费支出20万元，以前年度累计结转至本年的职工教育经费未扣除额为5万元。计算应调整的应纳税所得额。

【解析】
可以扣除的福利费限额=1 200×14%=168（万元）
应调增应纳税所得额=180-168=12（万元）
可以扣除的工会经费限额=1 200×2%=24（万元）
应调增应纳税所得额=25-24=1（万元）
可以扣除的教育经费限额=1 200×8%=96（万元）
本年教育经费支出20万元可全额扣除，并可扣除上年结转的扣除额5万元，应调减应纳税所得额5万元。

3. 社会保险费

按照政府规定的范围和标准缴纳的"五险一金"，即基本养老保险费、基本医疗保险费、失业保险费、工伤保险费、生育保险费等基本社会保险费和住房公积金，准予扣除。

企业为投资者或者职工支付的补充养老保险费、补充医疗保险费，在国务院财政、税务主管部门规定的范围和标准内，准予扣除。

企业依照国家有关规定为特殊工种职工支付的人身安全保险费和符合国务院财政、税务主管部门规定可以扣除的商业保险费准予扣除。

企业参加财产保险，按照规定缴纳的保险费，准予扣除。

企业为投资者或者职工支付的商业保险费，不得扣除。

4. 利息费用

（1）非金融企业向金融企业借款的利息支出、金融企业的各项存款利息支出和同业拆借利息支出、企业经批准发行债券的利息支出可据实扣除。

（2）非金融企业向非金融企业借款的利息支出，不超过按照金融企业同期同类贷款利率计算的数额的部分可据实扣除，超过部分不许扣除；企业在按照合同要求首次支付利息并进行税前扣除时，应提供"金融企业的同期同类贷款利率情况说明"，以证明其利息支出的合理性。

5. 业务招待费

企业发生的与生产经营活动有关的业务招待会支出，按照发生额的60%扣除，但最高不得超过当年销售（营业）收入的5‰。

当年销售（营业）收入=会计主营业务收入+其他业务收入+视同销售收入

【例题6-6】A公司2018年取得主营业务收入5 000万元，其他业务收入600万元，营业外收入50万元，发生业务招待费支出50万元。计算业务招待费应调整的应纳税所得额。

【解析】

业务招待费的扣除限额 =（5 000 + 600）× 0.5% = 28（万元）

实际发生额的 60% = 50 × 60% = 30（万元）

二者比较，税前允许扣除的业务招待费是 28 万元。

业务招待费应调整的应纳税所得额 = 50 - 28 = 22（万元）

企业筹建期间，与筹办有关的业务招待费支出，按实际发生额的 60% 计入筹办费，按规定税前扣除。

6. 广告费和业务宣传费

企业发生的符合条件的广告费和业务宣传费支出，除国务院财政、税务主管部门另有规定外，不超过当年销售（营业）收入 15% 的部分，准予扣除；超过部分，准予结转以后纳税年度扣除。

广告性质的赞助支出作为宣传费处理。

企业申报扣除的广告费支出，必须符合下列条件：广告是通过工商部门批准的专门机构制作的；已实际支付费用，并已取得相应发票；通过一定的媒体传播。

对部分行业广告费和业务宣传费税前扣除的特殊规定：

（1）对化妆品制造与销售、医药制造和饮料制造（不含酒类制造，下同）企业发生的广告费和业务宣传费支出，不超过当年销售（营业）收入 30% 的部分，准予扣除；超过部分，准予在以后纳税年度结转扣除。

（2）对签订广告费和业务宣传费分摊协议（以下简称"分摊协议"）的关联企业，其中一方发生的不超过当年销售（营业）收入税前扣除限额比例内的广告费和业务宣传费支出，可以在本企业扣除，也可以将其中的部分或全部按照分摊协议归集至另一方扣除。另一方在计算本企业广告费和业务宣传费支出企业所得税税前扣除限额时，可将按照上述办法归集至本企业的广告费和业务宣传费不计算在内。

（3）烟草企业的烟草广告费和业务宣传费支出，一律不得在计算应纳税所得额时扣除。

（4）企业筹建期间，发生的广告费、业务宣传费，按实际发生额计入筹办费，按规定税前扣除。

【**例题 6-7**】A 公司 2018 年主营业务收入 5 000 万元，其他业务收入 1 000 万元，营业外收入 300 万元，发生广告费支出 500 万元，非广告性质的赞助支出 50 万元。计算应调整的应纳税所得额。

【解析】

扣除的基数 = 5 000 + 1 000 = 6 000（万元）

可以扣除的广告费限额 = 6 000 × 15% = 900（万元）

当年发生的 500 万元广告费无需作纳税调增，但非广告性质的赞助支出不能在税前扣除，应调增应税所得 50 万元。

【**例题 6-8**】某公司 2018 年成立，在筹建期间发生业务招待费 10 万元，广告宣传费 15 万元。计算应调整的应纳税所得额。

【解析】

筹建期间的业务招待费 10 万元应该按发生额的 60% 计入开办费，应调增应税所得 4 万元。

筹建期间发生的广告费可据实列支。

7. 公益性捐赠支出

公益性捐赠是指企业通过公益性社会团体或者县级以上人民政府及其部门，用于《中华人民共和国公益事业捐赠法》规定的公益事业的捐赠。

企业发生的公益性捐赠支出，不超过年度利润总额12%的部分，准予扣除；超过部分，准予三年内结转扣除。年度利润总额，是指企业依照国家统一会计制度的规定计算的年度会计利润。

【例题6-9】 A公司2018年主营业务收入5 500万元，其他业务收入400万元，营业外收入300万元，主营业务成本2 800万元，其他业务成本300万元，营业外支出210万元，税金及附加420万元，管理费用550万元，销售费用900万元，财务费用180万元，投资收益120万元。A公司对外捐赠货币资金150万元（通过县级政府向贫困地区捐赠120万元，直接向某学校捐赠30万元）。计算应调整的应纳税所得额。

【解析】

会计利润=5 500+400+300-2 800-300-210-420-550-900-180+120=960（万元）

公益性捐赠的扣除限额=960×12%=115.2（万元）

通过县级政府向贫困地区捐赠应作纳税调增；

应调增应纳税所得额=120-115.2=4.8（万元）

超过部分4.8万元准予在之后三年内结转扣除。

直接向某学校捐赠30万元不能税前扣除，应调增应纳税所得额30万元。

对于通过公益性群众团体发生的公益性捐赠支出，主管税务机关应对照财政、税务部门联合发布的名单，接受捐赠的群众团体位于名单内，则企业或个人在名单所属年度发生的公益性捐赠支出可按规定进行税前扣除；接受捐赠的群众团体不在名单内，或虽在名单内但企业或个人发生的公益性捐赠支出不属于名单所属年度的，不得扣除。

8. 手续费及佣金支出

企业发生与生产经营有关的手续费及佣金支出，不超过以下规定计算限额以内的部分，准予扣除；超过部分，不得扣除。

① 保险企业：财产保险企业按当年全部保费收入扣除退保金等后余额的15%（含本数，下同）计算限额；人身保险企业按当年全部保费收入扣除退保金等后余额的10%计算限额。

② 电信企业在发展客户、拓展业务等过程中（如委托销售电话入网卡、电话充值卡等），需向经纪人、代办商支付手续费及佣金的，其实际发生的相关手续费及佣金支出，不超过企业当年收入总额5%的部分，准予在企业所得税前据实扣除。

③ 其他企业：按与具有合法经营资格中介服务机构或个人（不含交易双方及其雇员、代理人和代表人等）所签订服务协议或合同确认的收入金额的5%计算限额。

9. 以前年度发生应扣未扣支出

以前年度实际发生的、按照税收规定应在企业所得税前扣除而未扣除或者少扣除的支出，专项申报及说明后，准予追补至该项目发生年度计算扣除，但追补确认期限不得超过5年。

上述原因多缴的税款，可在追补确认年度企业所得税应纳税款中抵扣；不足抵扣的，可以向以后年度递延抵扣或申请退税。

亏损企业追补确认以前年度未在企业所得税前扣除的支出，或盈利企业经过追补确认后出现亏损的，应首先调整该项支出所属年度的亏损额，然后再按照弥补亏损的原则计算以后年度多缴的企业所得税税款，并按前款规定处理。

（四）不得扣除的项目

（1）向投资者支付的股息、红利等权益性投资收益款项。

（2）企业所得税税款。

（3）税收滞纳金。

（4）罚金、罚款和被没收财物的损失。

（5）超过规定标准的捐赠支出。

（6）赞助支出，是指企业发生的与生产经营活动无关的各种非广告性质支出。

（7）未经核定的准备金支出，是指不符合国务院财政、税务主管部门规定的各项资产减值准备、风险准备等准备金支出。

（8）企业之间支付的管理费、企业内营业机构之间支付的租金和特许权使用费，以及非银行企业内营业机构之间支付的利息。

（9）与取得收入无关的其他支出。

【例题 6－10】多选题：居民企业发生的下列支出中，可在企业所得税税前扣除的有（　　）。

A. 逾期归还银行贷款的罚息　　　　B. 企业内营业机构之间支付的租金
C. 未能形成无形资产的研究开发费用　D. 以经营租赁方式租入固定资产的租金
E. 按规定缴纳的财产保险费

正确答案 ACDE

（五）亏损弥补

税法意义上的亏损，即经过纳税调增、调减后的应税所得小于零。

企业某一纳税年度发生的亏损可以用下一年度的所得弥补，下一年度的所得不足以弥补的，可以逐年延续弥补，但最长不得超过 5 年。

【例题 6－11】某企业 2016 年弥补亏损前的应纳税所得额为 600 万元，2010—2015 年待弥补亏损分别是 30 万元、100 万元、120 万元、150 万元、30 万元、100 万元。计算 2016 年弥补亏损后的应纳税所得额。

【解析】

2010 年的亏损已过 5 年，故不得在 2016 年税前弥补。

2011—2015 年的亏损可以在 2016 年税前弥补。

2016 年弥补亏损后的应纳税所得额 = 600 － 100 － 120 － 150 － 30 － 100 = 100（万元）

六、资产的税务处理

（一）固定资产的税务处理

1. 固定资产计税基础

外购的固定资产：以购买价款和支付的相关税费以及直接归属于使该资产达到预定用途发生的其他支出为计税基础。

自行建造的固定资产：以竣工结算前支出为计税基础。

融资租入的固定资产：以租赁合同约定的付款总额和承租人在签订租赁合同过程中发生的相关费用为计税基础；租赁合同未约定付款总额的，以该资产的公允价值和承租人在签订租赁合同过程中发生的相关费用为计税基础。

盘盈的固定资产：以同类固定资产的重置完全价值为计税基础。

通过捐赠、投资、非货币性资产交换、债务重组方式取得的固定资产：以该资产的公允价值和相关税费为计税基础。

改建的固定资产：除已足额提取折旧的固定资产和租入的固定资产以外的，以改建过程中发生的改建支出增加为计税基础。

2. 下列固定资产不得计算折旧扣除

房屋、建筑物以外未投入使用的固定资产；以经营租赁方式租入的固定资产；以融资租赁方式租出的固定资产；已足额提取折旧仍继续使用的固定资产；与经营活动无关的固定资产；单独估价作为固定资产入账的土地；其他不得计算折旧扣除的固定资产。

3. 固定资产折旧的计提方法

企业应当自固定资产投入使用月份的次月起计算折旧；停止使用的固定资产，应当自停止月份的次月起停止计算折旧。企业应当根据固定资产的性质和使用情况，合理确定固定资产的预计净残值。固定资产的预计净残值一经确定，不得变更。固定资产按照直线法计算的折旧，准予扣除。

4. 固定资产改扩建的税务处理

企业对房屋、建筑物固定资产在未足额提取折旧前进行改扩建的：如属于推倒重置的，该资产原值减除提取折旧后的净值，应并入重置后的固定资产计税成本，并在该固定资产投入使用后的次月起，按照税法规定的折旧年限，一并计提折旧。如属于提升功能、增加面积的，该固定资产的改扩建支出，并入该固定资产计税基础，并从改扩建完工投入使用后的次月起，重新按税法规定的该固定资产折旧年限计提折旧。如该改扩建后的固定资产尚可使用的年限低于税法规定的最低年限的，可以按尚可使用的年限计提折旧。

5. 固定资产折旧的计提年限

除国务院财政、税务主管部门另有规定外，固定资产计算折旧的最低年限如下。

① 房屋、建筑物，为20年。

② 飞机、火车、轮船、机器、机械和其他生产设备，为10年。

③ 与生产经营活动有关的器具、工具、家具等，为5年。

④ 飞机、火车、轮船以外的运输工具，为4年。

⑤ 电子设备，为3年。

6. 固定资产折旧的企业所得税处理

（1）企业固定资产会计折旧年限如果短于税法规定的最低折旧年限，其按会计折旧年限计提的折旧高于按税法规定的最低折旧年限计提的折旧部分，应调增当期应纳税所得额。

企业固定资产会计折旧年限已期满且会计折旧已提足，但税法规定的最低折旧年限尚未到期且税收折旧尚未足额扣除，其未足额扣除的部分准予在剩余的税收折旧年限继续按规定扣除。

（2）企业固定资产会计折旧年限如果长于税法规定的最低折旧年限，其折旧应按会计折旧年限计算扣除，税法另有规定除外。

（3）企业按会计规定提取的固定资产减值准备，不得税前扣除，其折旧仍按税法确定的固定资产计税基础计算扣除。

（4）企业按税法规定实行加速折旧的，其按加速折旧办法计算的折旧额可全额在税前扣除。

（5）石油天然气开采企业在计提油气资产折耗（折旧）时，由于会计与税法规定计算方法不同导致的折耗（折旧）差异，应按税法规定进行纳税调整。

（二）生物资产的税务处理

生物资产分为消耗性、公益性、生产性3类。生产性生物资产包括经济林、薪炭林、产畜和役畜等。生产性生物资产按照直线法计算的折旧，准予扣除。

最低折旧年限：林木类生产性生物资产，10年；畜类生产性生物资产，3年。

（三）无形资产的税务处理

下列无形资产不得计算摊销费用扣除。

（1）自行开发的支出已在计算应纳税所得额时扣除的无形资产。

（2）自创商誉。

（3）与经营活动无关的无形资产。

（4）其他不得计算摊销费用扣除的无形资产。

无形资产的摊销采取直线法计算，无形资产的摊销不得低于10年；作为投资或者受让的无形资产，有关法律规定或者合同约定使用年限的，可以按照规定或者约定的使用年限分期摊销。

外购商誉支出，在企业整体转让或者清算时准予扣除。

事业单位购进软件，可以按照固定资产或无形资产进行核算，其折旧或摊销年限可以适当缩短，最短可为2年。

（四）长期待摊费用的税务处理

企业发生的下列支出作为长期待摊费用，按照规定摊销的，准予扣除。

（1）已足额提取折旧的固定资产的改建支出。

（2）租入固定资产的改建支出。

（3）固定资产的大修理支出。

（4）其他应当作为长期待摊费用的支出。

房屋、建筑物的日常维修支出，直接在发生当期扣除。

已提足折旧的固定资产的改建支出，按照固定资产预计尚可使用年限分期摊销。

租入的固定资产的改建支出，按照合同约定的剩余租赁期限分期摊销。

固定资产的大修理支出，按照固定资产尚可使用年限分期摊销。

企业所得税法所指固定资产的大修理支出，是指同时符合下列两个条件的支出。

（1）修理支出达到取得固定资产时的计税基础50%以上。

（2）修理后固定资产的使用年限延长2年以上。

其他应当作为长期待摊费用的支出，自支出发生月份的次月起，分期摊销，摊销年限不得低于3年。

（五）存货的税务处理

企业使用或者销售的存货的成本计算方法，可以在先进先出法、加权平均法、个别计价法中选用一种。计价方法一经选用，不得随意变更。

（六）投资资产的税务处理

企业对外投资期间，投资资产的成本在计算应纳税所得额时不得扣除；企业在转让或者处置投资资产时，投资资产的成本准予扣除。

七、税法规定与会计规定差异的处理

企业不能提供完整、准确的收入及成本、费用凭证，不能正确计算应纳税所得额的，由税务机关核定其应纳税所得额。

企业依法清算时，以其清算终了后的清算所得为应纳税所得额，按规定缴纳企业所得税。

清算所得＝企业全部资产可变现价值或交易价格－（资产净值＋清算费用＋相关税费）。

八、资产损失

企业发生的资产损失，应按规定的程序和要求向主管税务机关申报后方能在税前扣除。未经申报的损失，不得在税前扣除。企业以前年度发生的资产损失未能在当年税前扣除的，可以按照规定，向税务机关说明并进行专项申报扣除。其中，属于实际资产损失，准予追补至该项损失发生年度扣除，其追补确认期限一般不得超过5年。

实际资产损失，指企业在实际处置、转让上述资产过程中发生的合理损失。实际资产损失在实际发生且会计上已作损失处理的年度申报扣除。

法定资产损失，指企业虽未实际处置、转让上述资产，但符合规定条件计算确认的损失；法定资产损失在企业向主管税务机关提供证据资料证明该项资产已符合法定资产损失确认条件，且会计上已作损失处理的年度申报扣除。

九、视同销售

企业将开发产品用于捐赠、赞助、职工福利、奖励、对外投资、分配给股东或投资人、抵偿债务、换取其他企事业单位和个人的非货币性资产等行为，应视同销售，于开发产品所有权或使用权转移，或于实际取得利益权利时确认收入（或利润）的实现。

确认收入（或利润）的方法和顺序为：

（1）按本企业近期或本年度最近月份同类开发产品市场销售价格确定。

（2）由主管税务机关参照当地同类开发产品市场公允价值确定。

（3）按开发产品的成本利润率确定。开发产品成本利润率不得低于15%，具体比例由主管税务机关确定。

知识点三　企业所得税的计算

一、居民企业应纳税额的计算

应纳税额＝应纳税所得额×适用税率－减免税额－抵免税额

(一) 直接计算法

应纳税所得额 = 收入总额 – 不征税收入 – 免税收入 – 各项扣除 – 弥补亏损

(二) 间接计算法

应纳税所得额 = 会计利润总额 ± 纳税调整项目金额

纳税调整项目金额包括两方面的内容：一是企业财务会计制度规定的项目范围与税收法规规定的项目范围不一致应予以调整的金额（例如会计上按权益法核算的投资损益、租金收入，在特定情况下税法采用收付实现制确定纳税）；二是企业财务会计制度规定的扣除标准与税法规定的扣除标准不一致应予以调整的金额（例如广告费、业务招待费、福利费、公益性捐赠等）。

【例题 6 – 12】某企业为居民企业，2018 年发生经济业务如下：

(1) 取得产品销售收入 4 000 万元。

(2) 发生产品销售成本 2 600 万元。

(3) 发生销售费用 770 万元（其中广告费 650 万元），管理费用 480 万元（其中业务招待费 25 万元，新技术开发费用 40 万元），财务费用 60 万元。

(4) 销售税金 160 万元（含增值税 120 万元）。

(5) 营业外收入 80 万元，营业外支出 50 万元（含通过公益性社会团体向贫困山区捐款 30 万元，支付税收滞纳金 6 万元）。

(6) 计入成本、费用中的实发工资总额 200 万元、拨缴职工工会经费 5 万元、发生职工福利费 31 万元、发生职工教育经费 7 万元。

要求：计算该企业 2018 年度实际应纳的企业所得税。

【解析】

(1) 会计利润总额 = 4 000 – 2 600 – 770 – 480 – 60 – 40 + 80 – 50 = 80（万元）

(2) 广告费应调增所得额 = 650 – 4 000 × 15% = 650 – 600 = 50（万元）

(3) 业务招待费：4 000 × 5‰ = 20（万元）> 25 × 60% = 15（万元）

应调增所得额 = 25 – 25 × 60% = 25 – 15 = 10（万元）

(4) 新技术开发费用应调减所得额 = 40 × 50% = 20（万元）

(5) 捐赠支出应调增所得额 = 30 – 80 × 12% = 20.4（万元）

(6) 工会经费应调增所得额 = 5 – 200 × 2% = 1（万元）

(7) 职工福利费应调增所得额 = 31 – 200 × 14% = 3（万元）

(8) 职工教育经费扣除限额 = 200 × 8% = 16（万元）（在扣除限额内，不做调整）

(9) 应纳税所得额 = 80 + 50 + 10 – 20 + 20.4 + 6 + 1 + 3 = 150.4（万元）

(10) 2018 年应缴企业所得税 = 150.4 × 25% = 37.6（万元）

【例题 6 – 13】某上市公司为高新技术企业，2018 年度取得主营业务收入 48 000 万元，其他业务收入 2 000 万元，营业外收入 1 000 万元，投资收益 500 万元；发生主营业务成本 25 000 万元，其他业务成本 1 000 万元，营业外支出 1 500 万元，税金及附加 4 000 万元，管理费用 3 000 万元，销售费用 10 000 万元，财务费用 1 000 万元；实现年度利润总额 6 000 万元。

当年发生的相关具体业务如下：

(1) 广告费支出 8 000 万元。

(2) 业务招待费支出 350 万元。

(3) 实发工资 4 000 万元。

(4) 拨缴职工工会经费 150 万元,发生职工福利费 900 万元、职工教育经费 160 万元。

(5) 专门用于新产品研发的费用 2 000 万元,独立核算管理。

(6) 计提资产减值损失准备金 1 500 万元,该资产减值损失准备金未经税务机关核定。

(7) 公司取得的投资收益中包括国债利息收入 200 万元,购买某上市公司股票分得股息 300 万元,该股票持有 8 个月后卖出。

(8) 获得当地政府财政部门补助的具有专项用途的财政资金 500 万元,已取得财政部门正式文件,支出 400 万元。

(9) 向民政部门捐赠 800 万元用于救助贫困儿童。

各扣除项目均已取得有效凭证,相关优惠已办理必要手续。

要求:根据相关资料,按顺序回答涉及企业所得税纳税调增、调减问题,并计算该上市公司应交的企业所得税。

【解析】
(1) 广告费扣除限额 = 50 000 × 15% = 7 500(万元)
应调增应纳税所得额 = 8 000 − 7 500 = 500(万元)
(2) 业务招待费限额 1 = 50 000 × 5‰ = 250(万元)
业务招待费限额 2 = 350 × 60% = 210(万元)
应调增应纳税所得额 = 350 − 210 = 140(万元)
(3) 该项无调增、调减。
(4) 工会经费可扣除数额 = 6 000 × 2% = 120(万元),应调增应纳税所得额 30 万元;
福利费可扣除数额 = 6 000 × 14% = 840(万元),应调增应纳税所得额 60 万元;
教育经费扣除数额 = 6 000 × 8% = 480(万元)(扣除限额内,不做调整)
应调增应纳税所得额合计 = 30 + 60 = 90(万元)
(5) 研发费用可加计 50% 扣除,应调减应纳税所得额 1 000 万元。
(6) 未经核定的准备金支出不得和除,资产减值准备金属于未经核定的准备金。资产减值准备金应调增应纳税所得额 1 500 万元。
(7) 投资收益应调减应纳税所得额 200 万元。
(8) 符合规定的不征税收入不计入收入总额,其形成的支出也不得在税前列支。财政补助应调减应纳税所得额 500 − 400 = 100(万元)
(9) 向民政部门捐赠可扣除限额 = 6 000 × 12% = 720(万元)
应调增应纳税所得额 = 800 − 720 = 80(万元)
应纳企业所得税税额 = (6 000 + 500 + 140 + 90 − 1 000 + 1 500 − 200 − 100 + 80) × 15%
= 7 010 × 15% = 1 051.5(万元)

(三)境外所得抵扣税额的计算
(1) 确定当期实际可抵免分国(地区)别的境外所得税税额和抵免限额。
① 境内所得的应纳税所得额(以下称境内应纳税所得额)和分国(地区)别的境外所得的应纳税所得额(以下称境外应纳税所得额)。
② 分国(地区)别的可抵免境外所得税税额。
③ 分国(地区)别的境外所得税的抵免限额。
可抵免境外所得税税额,是指企业来源于中国境外的所得依照中国境外税收法律以及相

关规定应当缴纳并已实际缴纳的企业所得税性质的税款。

但不包括：按照境外所得税法律及相关规定属于错缴或错征的境外所得税税款；按照税收协定规定不应征收的境外所得税税款；因少缴或迟缴境外所得税而追加的利息、滞纳金或罚款；境外所得税纳税人或者其利害关系人从境外征税主体得到实际返还或补偿的境外所得税税款；按照我国《企业所得税法》及其实施条例规定，已经免征我国企业所得税的境外所得负担的境外所得税税款；按照国务院财政、税务主管部门有关规定已经从企业境外应纳税所得额中扣除的境外所得税税款。

某国（地区）所得税抵免限额 = 中国境内、境外所得依照《企业所得税法》及其实施条例的规定计算的应纳税总额 × 来源于某国（地区）的应纳税所得额/中国境内、境外应纳税所得总额

公式中"中国境内、境外所得依照《企业所得税法》及其实施条例的规定计算的应纳税总额"的税率，除国务院财政、税务主管部门另有规定外，应为25%。

在计算实际应抵免的境外已缴纳和间接负担的所得税税额时，企业在境外一国（地区）当年缴纳和间接负担的符合规定的所得税税额低于所计算的该国（地区）抵免限额的，应以该项税额作为境外所得税抵免额从企业应纳税总额中据实抵免；超过抵免限额的，当年应以抵免限额作为境外所得税抵免额进行抵免，超过抵免限额的余额允许从次年起在连续5个纳税年度内，用每年度抵免限额抵免当年应抵税额后的余额进行抵补。

企业实际应纳所得税税额 = 企业境内外所得应纳税总额 - 企业所得税减免、抵免优惠税额 - 境外所得税抵免额

【例题6-14】假定某企业2018年度境内应纳税所得额为200万元，适用25%的企业所得税税率。另外，该企业分别在A、B两国设有分支机构（我国与A、B两国已经缔结避免双重征税协定），在A国的分支机构的应纳税所得额为50万元，A国税率为20%；在B国的分支机构的应纳税所得额为30万元，B国税率为30%。假设该企业在A、B两国所得按我国税法计算的应纳税所得额和按A、B两国税法计算的应纳税所得额一致，两个分支机构在A、B两国分别缴纳了10万元和9万元的企业所得税。要求：计算该企业2018年度汇总时在我国应缴纳的企业所得税。

【解析】
① 该企业按我国税法计算的境内、境外所得的应纳税额为：
$$(200 + 50 + 30) \times 25\% = 70（万元）$$

② A、B两国的扣除限额。
A国扣除限额 = $70 \times [50/(200 + 50 + 30)] = 12.5$（万元）
B国扣除限额 = $70 \times [30/(200 + 50 + 30)] = 7.5$（万元）
在A国缴纳的所得税为10万元，低于扣除限额，可全额扣除。
在B国缴纳的所得税为9万元，高于扣除限额，其超过扣除限额的部分1.5万元当年不能扣除。

③ 汇总时在我国应缴纳的所得税 = 70 - 10 - 7.5 = 52.5（万元）。

（2）居民企业应就其来源于境外的股息、红利等权益性投资收益，以及利息、租金、特许权使用费、转让财产等收入，扣除按照《企业所得税法》及其实施条例等规定计算的与取得该项收入有关的各项合理支出后的余额为应纳税所得额。

(3) 非居民企业在境内设立机构、场所的，应就其发生在境外但与境内所设机构、场所有实际联系的各项应税所得，比照上述第 2 项的规定计算相应的应纳税所得额。

(4) 在计算境外应纳税所得额时，企业为取得境内、境外所得而在境内、境外发生的共同支出，与取得境外应税所得有关的、合理的部分，应在境内、境外［分国（地区）别，下同］应税所得之间，按照合理比例进行分摊后扣除。

(5) 在汇总计算境外应纳税所得额时，企业在境外同一国家（地区）设立不具有独立纳税地位的分支机构，按照《企业所得税法》及其实施条例的有关规定计算的亏损，不得抵减其境内或他国（地区）的应纳税所得额，但可以用同一国家（地区）其他项目或以后年度的所得按规定弥补。

其他相关规定：

企业取得来源于中国香港、澳门、台湾地区的应税所得，参照上述规定执行。

中国政府同外国政府订立的有关税收的协定与国内有关规定有不同规定的，依照协定的规定办理。

(四) 居民企业核定征收应纳税额的计算

1. 核定征收企业所得税的范围

居民企业纳税人具有下列情形之一的，核定征收企业所得税。

(1) 依照法律、行政法规的规定可以不设置账簿的。

(2) 依照法律、行政法规的规定应当设置但未设置账簿的。

(3) 擅自销毁账簿或者拒不提供纳税资料的。

(4) 虽设置账簿，但账目混乱或者成本资料、收入凭证、费用凭证残缺不全，难以查账的。

(5) 发生纳税义务未按照规定的期限办理纳税申报，经税务机关责令限期申报，逾期仍不申报的。

(6) 申报的计税依据明显偏低，又无正当理由的。

特定企业不适用：①享受税收优惠政策的企业（不包括仅享受《企业所得税法》第 26 条即国债利息、股息、非营利组织收入优惠政策的企业）；②汇总纳税企业；③上市公司；④金融企业；⑤会计、审计、评估、税务、估价、律师等中介机构；⑥国家税务总局规定的其他企业。

2. 采用应税所得率方式核定征收企业所得税的，应纳所得税额计算公式

$$应纳税所得额 = 应税收入额 \times 应税所得率$$

$$应税收入额 = 收入总额 - 不征税收入 - 免税收入$$

$$应纳税所得额 = 成本（费用）支出额 \div (1 - 应税所得率) \times 应税所得率$$

$$应纳所得税额 = 应纳税所得额 \times 适用税率$$

【例题 6 - 15】某居民企业 2018 年度自行申报营业收入 100 万元，成本费用 132 万元，经税务机关审核，该企业申报的收入总额无法核实，成本费用核算正确。假定对该企业采取核定征收企业所得税，应税所得率为 20%，计算该居民企业 2018 年度应缴纳企业所得税。

【解析】

应缴纳企业所得税 = 132 ÷ (1 - 20%) × 20% × 25% = 8.25（万元）

税务机关采用一种方法不足以正确核定应税所得额或应纳税额的，可以同时采用两种以上的方法核定。采用两种以上方法测算的应纳税额不一致时，可按测算的应纳税额从高核定。

3. 核定征收企业所得税的管理

税务机关应在每年 6 月底前对上年度实行核定征收企业所得税的纳税人进行重新鉴定。主管税务机关应当分类逐户公示核定的应纳所得税额或应税所得率。纳税人对税务机关确定的企业所得税征收方式、核定的应纳所得税额或应税所得率有异议的，应当提供合法、有效的相关证据，税务机关经核实认定后调整有异议的事项。

纳税人实行核定应税所得率方式的，按下列规定申报纳税（B 类申报表）。

（1）主管税务机关根据纳税人应纳税额的大小确定纳税人按月或者按季预缴，年终汇算清缴。预缴方法一经确定，一个纳税年度内不得改变。

（2）纳税人应依照确定的应税所得率计算纳税期间实际应缴纳的税额，进行预缴。按实际数额预缴有困难的，经主管税务机关同意，可按上一年度应纳税额的 1/12 或 1/4 预缴，或者按经主管税务机关认可的其他方法预缴。

纳税人实行核定应纳所得税额方式的，按下列规定申报纳税（B 类申报表）。

（1）纳税人在应纳所得税额尚未确定之前，可暂按上年度应纳所得税额的 1/12 或 1/4 预缴，或者按经主管税务机关认可的其他方法，按月或按季分期预缴。

（2）在应纳所得税额确定以后，减除当年已预缴的所得税额，余额按剩余月份或季度均分，以此确定以后各月或各季的应纳税额。

（3）年度终了后，纳税人在规定的时限内按照实际经营额或实际应纳税额向税务机关申报纳税。

申报额超过核定经营额或应纳税额的，按申报额缴纳税款；申报额低于核定经营额或应纳税额的，按核定经营额或应纳税额缴纳税款。

二、非居民企业应纳税额的计算

对于在中国境内未设立机构、场所的，或者虽设立机构、场所，但取得的所得与其所设机构、场所没有实际联系的非居民企业的所得，按照下列方法计算应纳税所得额。

（1）股息、红利等权益性投资收益和利息、租金、特许权使用费所得，以收入全额为应纳税所得额。

"营改增"试点中的非居民企业，应以不含增值税的收入全额作为应纳税所得额。

（2）转让财产所得，以收入全额减除财产净值后的余额为应纳税所得额。

财产净值是指财产的计税基础减除已经按照规定扣除的折旧、折耗、摊销、准备金等后的余额。

（3）其他所得，参照前两项计算所得额。

【例题 6-16】 境外某公司在中国境内未设立机构、场所，2018 年取得境内 A 公司支付的利息收入 120 万元，取得境内 B 公司支付的财产转让收入 50 万元，该项财产原值 30 万元，已提折旧 20 万元。计算 2018 年度该境外公司在我国应缴纳企业所得税。

【解析】

应纳企业所得税 = 120 × 10% + [50 − (30 − 20)] × 10% = 16(万元)

（4）非居民企业所得税核定征收办法。

非居民企业因会计账簿不健全，资料残缺难以查账，或者其他原因不能准确计算并据实申报其应纳税所得额的，税务机关有权采取以下方法核定其应纳税所得额。

① 按收入总额核定应纳税所得额。

$$应纳税所得额 = 收入总额 \times 经税务机关核定的利润率$$

② 按成本费用核定应纳税所得额。

$$应纳税所得额 = 成本费用总额 \div (1 - 经税务机关核定的利润率) \times 经税务机关核定的利润率$$

③ 按经费支出换算收入核定应纳税所得额。

$$应纳税所得额 = 经费支出总额 \div (1 - 经税务机关核定的利润率) \times 经税务机关核定的利润率$$

税务机关可按照以下标准确定非居民企业的利润率。

① 从事承包工程作业、设计和咨询劳务的,利润率为15%~30%;

② 从事管理服务的,利润率为30%~50%;

③ 从事其他劳务或劳务以外经营活动的,利润率不低于15%。

税务机关有根据认为非居民企业的实际利润率明显高于上述标准的,可以按照比上述标准更高的利润率核定其应纳税所得额。

非居民企业与中国居民企业签订机器设备或货物销售合同,同时提供设备安装、装配、技术培训、指导、监督服务等劳务,其销售货物合同中未列明提供上述劳务服务收费金额,或者计价不合理的,主管税务机关可以根据实际情况,参照相同或相近业务的计价标准核定劳务收入。无参照标准的,以不低于销售货物合同总价款的10%为原则,确定非居民企业的劳务收入。

非居民企业为中国境内客户提供劳务取得的收入,凡其提供的服务全部发生在中国境内的,应全额在中国境内申报缴纳企业所得税。

凡其提供的服务同时发生在中国境内外的,应以劳务发生地为原则划分其境内外收入,并就其在中国境内取得的劳务收入申报缴纳企业所得税。

知识点四 企业所得税的免征与减征优惠

一、一般规定

(一) 从事农、林、牧渔业项目的所得

(1) 企业从事下列项目的所得,免征企业所得税。

① 蔬菜、谷物、薯类、油料、豆类、棉花、麻类、糖料、水果、坚果的种植。

② 农作物新品种的选育。

③ 中药材的种植。

④ 林木的培育和种植。

⑤ 牲畜、家禽的饲养。

⑥ 林产品的采集。

⑦ 灌溉、农产品的初加工、兽医、农技推广、农机作业和维修等农、林、牧、渔服务业项目。

⑧ 远洋捕捞。

(2) 企业从事下列项目的所得,减半征收企业所得税。

① 花卉、茶以及其他饮料作物和香料作物的种植。

② 海水养殖、内陆养殖。

(二) 从事国家重点扶持的公共基础设施项目投资经营的所得

国家重点扶持的公共基础设施项目指《公共基础设施项目企业所得税优惠目录》规定的港口码头、机场、铁路、公路、电力、水利等项目。项目取得第1笔生产经营收入所属纳税年度起，第1~3年免征企业所得税，第4~6年减半征收企业所得税。

企业承包经营、承包建设和内部自建自用的项目，不得享受本条规定的企业所得税优惠。

(三) 从事符合条件的环境保护、节能节水项目的所得

自项目取得第一笔生产经营收入所属纳税年度起，第1~3年免征企业所得税，第4~6年减半征收企业所得税。在减免税期限内转让的，受让方自受让之日起，可在剩余期限内享受规定的减免税优惠。

减免税期限届满后转让的，受让方不得就该项目重复享受减免税待遇。

符合条件的环境保护、节能节水项目，包括公共污水处理、公共垃圾处理、沼气综合开发利用、节能减排技术改造、海水淡化等。

项目的具体条件和范围参阅《关于公布环境保护、节能节水项目企业所得税优惠目录(试行)的通知》(财税〔2009〕166号)。

(四) 符合条件的技术转让所得

一个纳税年度内，居民企业转让技术所有权所得不超过500万元的部分，免征企业所得税；超过500万元的部分，减半征收企业所得税。

技术转让的范围，包括居民企业转让专利技术、计算机软件著作权、集成电路布图设计权、植物新品种、生物医药新品种、5年(含)以上非独占许可使用权(新)，以及财政部和国家税务总局确定的其他技术。

享受减免企业所得税优惠的技术转让应符合以下条件。

(1) 享受优惠的技术转让主体是企业所得税法规定的居民企业。
(2) 技术转让属于财政部、国家税务总局规定的范围。
(3) 境内技术转让经省级以上科技部门认定。
(4) 向境外转让技术经省级以上商务部门认定。
(5) 国务院税务主管部门规定的其他条件。

(五) 对企业持有2014年和2015年发行的中国铁路建设债券取得的利息收入，减半征收企业所得税

中国铁路建设债券是指经国家发展改革委核准，以中国铁路总公司为发行和偿还主体的债券。

(六) 从2014年11月17日起，对合格境外机构投资者(简称QFII)、人民币合格境外机构投资者(简称RQFII)取得来源于中国境内的股票等权益性投资资产转让所得，暂免征收企业所得税

在2014年11月17日之前QFII和RQFII取得的上述所得应依法征收企业所得税。

(七) 经营性文化事业单位转制为企业税收优惠

经营性文化事业单位转制为企业，自转制注册之日起免征企业所得税。

所称"转制注册之日"，是指经营性文化事业单位转制为企业并进行工商注册之日。对经营性文化事业单位转制中资产评估增值、资产转让或划转涉及的企业所得税、增值税、城市维护建设税、印花税、契税等，符合现行规定的享受相应税收优惠政策。转制为企业的出版、发行单位处置库存呆滞出版物形成的损失，允许按照税收法律法规的规定在企业所得税前扣除。

由财政部门拨付事业经费的文化单位转制为企业，自转制注册之日起对其自用房产免征房产税。

(八) 沪港通试点有关税收政策

(1) 对内地企业投资者通过沪港通投资香港联交所上市股票取得的转让差价所得，计入其收入总额，依法征收企业所得税。

(2) 对内地企业投资者通过沪港通投资香港联交所上市股票取得的股息、红利所得，计入其收入总额，依法计征企业所得税。其中，内地居民企业连续持有 H 股满 12 个月取得的股息、红利所得，依法免征企业所得税。

(3) 香港联交所上市 H 股公司应向中国结算提出申请，由中国结算向 H 股公司提供内地企业投资者名册，H 股公司对内地企业投资者不代扣股息、红利所得税款，应纳税款由企业自行申报缴纳。

(4) 内地企业投资者自行申报缴纳企业所得税时，对香港联交所非 H 股上市公司已代扣代缴的股息、红利所得税，可依法申请税收抵免。

(5) 对香港市场投资者（企业）投资上交所上市 A 股取得的转让差价所得，暂免征收所得税。

(6) 对香港市场投资者（企业）投资上交所上市 A 股取得的股息、红利所得，在香港中央结算有限公司（香港结算）不具备向中国结算提供投资者的身份及持股时间等明细数据的条件之前，暂不执行按持股时间实行差别化征税政策，由上市公司按照 10% 的税率代扣所得税，并向其主管税务机关办理扣缴申报。

对于香港投资者中属于其他国家税收居民且其所在国与中国签订的税收协定规定股息、红利所得税率低于 10% 的，企业可以自行或委托代扣代缴义务人，向上市公司主管税务机关提出享受税收协定待遇的申请，主管税务机关审核后，应按已征税款和根据税收协定税率计算的应纳税款的差额予以退税。

二、高新技术企业优惠

(一) 国家需要重点扶持的高新技术企业减按 15% 的税率征收企业所得税

国家需要重点扶持的高新技术企业，是指拥有核心自主知识产权，并同时符合下列 6 方面条件的企业。

(1) 在中国境内（不含港、澳、台地区）注册的企业，近 3 年内通过自主研发、受让、受赠、并购等方式，或通过 5 年以上的独占许可方式，对其主要产品（服务）的核心技术拥有自主知识产权。

（2）产品（服务）属于《国家重点支持的高新技术领域》规定的范围。

（3）企业为获得科学技术（不包括人文、社会科学）新知识，创造性运用科学技术新知识，或实质性改进技术、产品（服务）而持续进行了研究开发活动，且近3个会计年度的研究开发费用总额占销售收入总额的比例符合如下要求。

① 最近一年销售收入小于5 000万元的企业，比例不低于6%。

② 最近一年销售收入在5 000万元至20 000万元的企业，比例不低于4%。

③ 最近一年销售收入在20 000万元以上的企业，比例不低于3%。

其中，企业在中国境内发生的研究开发费用总额占全部研究开发费用总额的比例不低于60%。

企业注册成立时间不足3年的，按实际经营年限计算。

（4）高新技术产品（服务）收入占企业当年总收入的60%以上。

（5）具有大学专科以上学历的科技人员占企业当年职工总数的30%以上，其中研发人员占企业当年职工总数的10%以上。

（6）高新技术企业认定管理办法规定的其他条件。

（二）高新技术企业资格复审期间企业所得税预缴

高新技术企业应在资格期满前3个月内提出复审申请，在通过复审之前，在其高新技术企业资格有效期内，其当年企业所得税暂按15%的税率预缴。

（三）高新技术企业境外所得适用税率及税收抵免

自2010年1月1日起，以境内、境外全部生产经营活动有关的研究开发费用总额、总收入、销售收入总额、高新技术产品（服务）收入等指标申请并经认定的高新技术企业，对其来源于境外所得可以按照15%的优惠税率缴纳企业所得税，在计算境外抵免限额时，可按照15%的优惠税率计算境内外应纳税总额。

（四）经济特区和上海浦东新区

对经济特区和上海浦东新区内在2008年1月1日（含）之后完成登记注册的国家需要重点扶持的高新技术企业（简称新设高新技术企业），在经济特区和上海浦东新区内取得的所得，自取得第一笔生产经营收入所属纳税年度起，两免三减半。

三、小型微利企业优惠

小型微利企业减按20%的税率征收企业所得税。

（一）小型微利企业认定

小型微利企业的条件如下：

（1）工业企业，年度应纳税所得额不超过100万元，从业人数不超过100人，资产总额不超过3 000万元。

（2）其他企业，年度应纳税所得额不超过100万元，从业人数不超过80人，资产总额不超过1 000万元。

非居民企业，不适用上述规定。

（二）小型微利企业的优惠政策

按照财税〔2019〕13号规定，自2019年1月1日起至2021年12月31日，对年应纳税所得额低于 100 万元（含 100 万元）的小型微利企业，其所得减按 25% 计入应纳税所得额，按 20% 的税率缴纳企业所得税。对年应纳税所得额超过 100 万元但不超过 300 万元的部分，减按 50% 计入应纳税所得额，按 20% 的税率缴纳企业所得税。

（三）小型微利企业的征收管理

（1）符合规定条件的小型微利企业，无论采取查账征收还是核定征收方式均可享受小微优惠。

（2）符合规定条件的小型微利企业自行申报享受优惠。

汇算清缴时，小型微利企业通过填报企业所得税年度纳税申报表中"从业人数、资产总额"等栏次履行备案手续。

（3）企业预缴时享受小型微利企业所得税优惠政策，按照以下规定执行。

① 查账征收企业。

上一纳税年度符合小型微利企业条件的，分别按照以下情况处理：按照实际利润预缴企业所得税的，预缴时累计实际利润不超过 100 万元（含，下同）的，可以享受减半征税政策；按照上一纳税年度应纳税所得额平均额预缴企业所得税的，预缴时可以享受减半征税政策。

② 定率征收企业。

上一纳税年度符合小型微利企业条件，预缴时累计应纳税所得额不超过 100 万元的，可以享受减半征税政策。

③ 定额征收企业。

根据优惠政策规定需要调减定额的，由主管税务机关按照程序调整，依照原办法征收。

④ 本年度新办小型微利企业，预缴时累计实际利润或应纳税所得额不超过 100 万元的，可以享受减半征税政策。

（4）企业预缴时享受了减半征税政策，但汇算清缴时不符合规定条件的，应当按照规定补缴税款。

四、创业投资企业优惠

创业投资企业采取股权投资方式投资于未上市的中小高新技术企业 2 年以上，可以按照其对中小高新技术企业投资额的 70%，在股权持有满 2 年的当年抵扣该创业投资企业的应纳税所得额；当年不足抵扣的，可以在以后纳税年度结转抵扣。

五、其他优惠

（一）研究开发费加计扣除

1. 研究开发费用

研究开发费，是指企业为开发新技术、新产品、新工艺发生的研究开发费用，在 2018 年 1 月 1 日至 2020 年 12 月 31 日期间，科技型中小企业开展研发活动中实际发生的研发费用，未形成无形资产计入当期损益的，在按规定据实扣除的基础上，再按照实际发生额的 75% 在税前加计扣除；形成无形资产的，在上述期间按照无形资产成本的 175% 在税前摊销。

（二）企业安置残疾人员所支付的工资

支付给残疾职工工资据实扣除的基础上，按照支付给残疾职工工资的100%加计扣除。残疾人员的范围适用《中华人民共和国残疾人保障法》有关规定。

企业享受安置残疾职工工资100%加计扣除应同时具备如下条件：

（1）依法与安置的每位残疾人签订了1年以上（含1年）的劳动合同或服务协议，并且安置的每位残疾人在企业实际上岗工作。

（2）为安置的每位残疾人按月足额缴纳了企业所在区县人民政府根据国家政策规定的基本养老保险、基本医疗保险、失业保险和工伤保险等社会保险。

"基本养老保险"和"基本医疗保险"是指"职工基本养老保险"和"职工基本医疗保险"，不含"城镇居民社会养老保险""新型农村社会养老保险""城镇居民基本医疗保险"和"新型农村合作医疗"。

（3）定期通过银行等金融机构向安置的每位残疾人实际支付了不低于企业所在区县适用的经省级人民政府批准的最低工资标准的工资。

（4）具备安置残疾人上岗工作的基本设施。

（三）加速折旧优惠

企业的固定资产由于技术进步原因确实需要加速折旧，可以缩短折旧年限或者采取加速折旧的方法。

可以采取缩短折旧年限或者采取加速折旧的方法的固定资产，包括：

（1）由于技术进步，产品更新换代较快的固定资产。

（2）常年处于强震动、高腐蚀状态的固定资产。

采取缩短折旧年限方法的，最低折旧年限不得低于规定折旧年限的60%；采取加速折旧方法的，可以采取双倍余额递减法或者年数总和法。

（四）减计收入优惠

（1）企业以《资源综合利用企业所得税优惠目录》规定的资源作为主要原材料，生产国家非限制和禁止并符合国家和行业相关标准的产品取得的收入，减按90%计入收入总额。

（2）以下收入自2017年1月1日至2019年12月31日，在计算应纳税所得额时，按90%计入收入总额：金融机构农户小额贷款利息收入；保险公司为种植业、养殖业提供保险业务的保费收入。

（3）提供社区养老、托育、家政服务取得的收入，在计算应纳税所得额时，减按90%计入收入总额。

（五）税额抵免优惠

企业购置并实际使用《环境保护专用设备企业所得税优惠目录》《节能节水专用设备企业所得税优惠目录》等规定的环境保护、节能节水、安全生产等专用设备的，该专用设备的投资额的10%可以从企业当年的应纳税额中抵免；当年不足抵免的，可以在以后5个纳税年度结转抵免。

企业购置上述专用设备在5年内转让、出租的，应当停止享受企业所得税优惠，并补缴已经抵免的企业所得税税款；转让的受让方可以按照该专用设备投资额的10%抵免当年企业所得税应纳税额；当年应纳税额不足抵免的，可以在以后5个纳税年度结转抵免。

企业同时从事适用不同企业所得税待遇的项目的，其优惠项目应当单独计算所得，并合理分摊企业的期间费用；没有单独计算的，不得享受企业所得税优惠。

如增值税进项税额允许抵扣，其专用设备投资额不再包括增值税进项税额；如增值税进项税额不允许抵扣，其专用设备投资额应为增值税专用发票上注明的价税合计金额。企业购买专用设备取得普通发票的，其专用设备投资额为普通发票上注明的金额。

（六）民族自治地方的优惠

民族自治地方的自治机关对本民族自治地方的企业应缴纳的企业所得税中属于地方分享的部分，可以决定减征或者免征。自治州、自治县决定减征或者免征的，须报省、自治区、直辖市人民政府批准。

（七）促进节能服务产业发展的优惠

对符合条件的节能服务公司实施合同能源管理项目，符合企业所得税税法有关规定的，自项目取得第一笔生产经营收入所属纳税年度起三免三减半

（八）软件产业和集成电路产业优惠

关注财税〔2012〕27号文件、《国家税务总局关于发布〈企业所得税优惠政策事项办理办法〉的公告》（国家税务总局公告2015年第76号）和财税〔2016〕49号。

（九）特别纳税调整、关联申报管理

特别纳税调整是指企业与其关联方之间的业务往来，不符合独立交易原则而减少企业或者其关联方应纳税收入或者所得额的，税务机关有权按照合理方法进行调整。具体关注《关于印发〈特别纳税调整实施办法（试行）〉的通知》（国税发〔2009〕2号）。

知识点五　纳税地点、纳税期限、纳税申报

一、纳税地点

（一）居民企业

企业所得税由纳税人向其所在地主管税务机关缴纳。
（1）原则上以企业登记注册地为纳税地点。
（2）登记注册在境外的，以实际管理机构所在地为纳税地点。
（3）不具有法人资格的营业机构，应当汇总计算并缴纳企业所得税。

（二）非居民企业

（1）在中国境内设立机构、场所，取得来源于中国境内的所得，以及发生在境外但与其所设机构、场所有实际联系的所得，以机构、场所所在地为纳税地点。

（2）在中国境内设立两个或两个以上机构、场所的，经税务机关批准，可以选择由其主要机构、场所汇总缴纳。

（3）在中国未设立机构、场所，或虽设立但取得无实际联系所得的，以扣缴义务人所在地为纳税地点。

二、纳税期限

企业所得税按年计征，分月或者分季预缴，年终汇算清缴，多退少补。

企业所得税的纳税年度，自公历 1 月 1 日起至 12 月 31 日止。

企业在一个纳税年度的中间开业，或者由于合并、关闭等原因终止经营活动，使该纳税年度的实际经营期不足 12 个月的，应当以其实际经营期为 1 个纳税年度。

企业清算时，应当以清算期间作为 1 个纳税年度。

自年度终了之日起 5 个月内，汇算清缴，结清应缴应退税款。

企业在年度中间终止经营活动的，应当自实际经营终止之日起 60 日内，向税务机关办理当期企业所得税汇算清缴。

三、纳税申报

按月或按季预缴的，应当自月份或者季度终了之日起 15 日内，向税务机关报送预缴纳税申报表，预缴税款实行查账征收的企业报送《中华人民共和国企业所得税月（季）度预缴纳税申报表》A 类，实行核定征收的企业报送《中华人民共和国企业所得税月（季）度预缴纳税申报表》B 类。预缴税款以人民币计算，所得以外币计算的，应折算为人民币计缴。

查账征收的企业在年终汇算清缴时，无论盈利或者亏损，都要按规定的期限，报送相关资料。包括企业基础信息表、企业所得税年度纳税申报主表及相关附表。

企业所得税年度纳税申报主表及相关附表包括主表 1 张，39 张附表（6 张收入费用明细、15 张纳税调整、1 张亏损弥补、11 张税收优惠、4 张境外所得抵免、2 张汇总纳税）。

在计算应纳税所得额及应纳所得税时，企业财务、会计处理办法与税法规定不一致的，应按照《企业所得税法》的规定计算。

四、企业清算的所得税处理

清算所得 = 全部资产可变现价值或交易价格 - 资产的计税基础 - 清算费用 - 相关税费 + 债务清偿损益

应纳税所得 = 清算所得 - 免税收入 - 不征税收入 - 亏损弥补

【例题 6 - 17】某企业 2016 年 8 月停止生产经营，进行清算，清算过程的相关数据如下：

资产的账面价值 3 600 万元，资产的计税基础 3 890 万元，资产的可变现净值 4 230 万元，负债账面价值 3 750 万元，负债计税基础 3 700 万元，最终清偿额 3 590 万元，企业清算期内支付清算费用 70 万元，清算过程中发生的相关税费为 30 万元，以前年度可以弥补的亏损为 100 万元。计算其清算企业所得税。

【解析】

清算所得 = (4 230 - 3 890) - 70 - 30 + (3 700 - 3 590) - 100 = 250（万元）

清算期间的企业所得税 = 250 × 25% = 62.5（万元）

五、征收方式

企业每年的第一季度填写《企业所得税征收方式鉴定表》，报主管税务机关审核，根据以下各项确定征收方式：①账簿设置情况；②收入总额核算情况；③成本费用核算情况；④账簿凭证保存情况和；⑤纳税义务履行情况。

若①~⑤项均合格，实行自行申报，查账征收。

若①、④、⑤有一项不合格，或②、③项均不合格，实行定额征收。

若②、③有一项合格的，实行核定应税所得率办法征收。

随堂训练

一、知识练习

（一）单项选择题

1. 下列各项支出，可在企业所得税前扣除的是（　　）。
   A. 企业之间支付的管理费用
   B. 非银行企业内营业机构之间支付的利息
   C. 企业依据法律规定提取的环境保护专项资金
   D. 烟草企业的烟草广告费和烟草宣传费

2. 某服装生产企业，因无法准确核算成本支出，被税务机关确定为核定征收企业所得税，企业当年收入总额40万元，其中取得股票转让收入5万元，转让成本3万元，核定所得率15%。该企业当年应缴纳企业所得税（　　）万元。
   A. 0.6　　　　B. 0.75　　　　C. 1.5　　　　D. 1.44

3. 甲公司经营《公共基础设施项目企业所得税优惠目录》规定的码头，2014年取得第一笔生产经营收入，2015年开始盈利，2017年甲公司将码头转让给乙投资公司经营，乙公司当年因码头项目取得应纳税所得额5 000万元。2017年乙公司就该项目所得应缴纳企业所得税（　　）万元。
   A. 1 250　　　B. 0　　　　　C. 750　　　　D. 625

4. 按照企业所得税法规定，企业所得税的征收办法是（　　）。
   A. 按月征收　　　　　　　　B. 按季计征，分月预交
   C. 按季征收　　　　　　　　D. 按年计征，分月或分季预交

5. 根据企业所得税法规定，国家重点扶持的高新技术企业，适用的企业所得税税率是（　　）。
   A. 10%　　　　B. 15%　　　　C. 20%　　　　D. 25%

（二）多项选择题

1. 新加坡某公司取得的下列各项所得中，应按规定在我国缴纳企业所得税的有（　　）。
   A. 转让位于我国的不动产取得的所得
   B. 取得美国某公司分配的税后股息所得
   C. 到我国境内某公司提供技术咨询服务所得
   D. 借款给中国的一家公司，取得的利息所得
   E. 借款给韩国的一家公司，取得的利息所得

2. 下列关于企业所得税收入确认时间的说法中，正确的有（　　）。
   A. 转让股权收入，在签订股权转让合同时确认收入

B. 采取预收款方式销售商品的，在发出商品时确认收入

C. 提供初始及后续服务的特许权费，在提供服务时确认收入

D. 采用分期收款方式销售商品的，根据实际收款日期确认收入

E. 为特定客户开发软件的收费，根据开发的完工进度确认收入

3. 下列属于企业所得税免税收入的有（　　）。

A. 国债利息收入

B. 银行活期存款利息收入

C. 非营利组织因政府购买服务取得的收入

D. 符合条件的居民企业之间的股息、红利等收益

E. 2016 年取得的地方政府债利息

4. 下列有关固定资产折旧说法正确的有（　　）。

A. 电子设备的最低折旧年限为 5 年

B. 以融资租赁方式租出的固定资产可以计算折旧扣除

C. 固定资产的预计净残值一经确定，不得变更

D. 固定资产按照直线法计算的折旧，准予扣除

E. 单独估价作为固定资产入账的土地不得税前扣除

5. 下列有关企业所得税征管规定说法正确的有（　　）。

A. 对非居民企业在中国境内取得工程作业和劳务所得应缴纳的所得税，税务机关可以指定工程价款或者劳务费的支付人为扣缴义务人

B. 自年度终了之日起 4 个月内，汇算清缴，结清应缴应退税款

C. 无论盈利还是亏损，都要按规定的期限报送相关资料

D. 按月或按季预缴的，应当自月份或者季度终了之日起 10 日内，向税务机关报送预缴企业所得税纳税申报表，预缴税款

E. 非居民企业在中国境内设立两个或者两个以上机构、场所的，经税务机关审核批准，可以选择由其主要机构、场所汇总缴纳企业所得税

二、能力训练

某市化妆品生产企业为增值税一般纳税人，适用企业所得税税率为 25%。2018 年生产经营情况如下：

（1）当年销售化妆品给商场，开具增值税专用发票，取得不含税销售收入 6 500 万元，对应的销售成本为 2 240 万元。

（2）将自产化妆品销售给本单位职工，该批化妆品不含税市场价 50 万元，成本 20 万元。

（3）当年购进原材料取得增值税专用发票，注明价款 2 200 万元，增值税 352 万元；向农业生产者购进 300 万元免税农产品，取得农产品收购凭证；另支付运输费 35 万元，取得货运增值税专用发票；支付装卸费 10 万元，取得普通发票。

（4）当年发生管理费用 600 万元，其中含新技术开发费用 100 万元、业务招待费 80 万元。

（5）当年发生销售费用 700 万元，含广告费 230 万元。

全年发生财务费用 300 万元，其中支付银行借款的逾期罚息 20 万元、向非金融企业借款利息超过银行同期同类贷款利息 18 万元。

（6）取得国债利息收入 160 万元。

（7）全年计入成本、费用的实发工资总额 200 万元（属合理限额范围），实际发生职工工会经费 6 万元、职工福利费 20 万元、职工教育经费 14 万元。

（8）营业外支出共计 120 万元，其中税收滞纳金 10 万元、广告性质的赞助支出 20 万元、通过当地人民政府向贫困山区捐款 70 万元。

其他相关资料：该企业化妆品适用的消费税税率为 30%，相关发票均已通过税务机关认定，并准许抵扣。

根据以上资料，回答以下问题：

1. 2018 年企业缴纳的下列税费，正确的有（   ）。
   A. 全年应缴纳增值税 696.65 万元
   B. 全年应缴纳消费税 1 965 万元
   C. 全年应缴纳城市维护建设税和教育费附加 266.17 万元
   D. 全年可直接在企业所得税前扣除的税费为 2 929.36 万元

2. 2018 年该企业实现的会计利润是（   ）万元。
   A. 478.69   B. 498.83   C. 510.69   D. 523.69

3. 下列支出项目在计算企业所得税应纳税所得额时，其实际发生额可扣除的有（   ）。
   A. 支付的广告费 230 万元   B. 支付银行借款的逾期罚息 20 万元
   C. 支付新技术开发费 100 万元   D. 支付给贫困山区的捐赠款 70 万元

4. 计算企业所得税应纳税所得额时，下列说法正确的是（   ）。
   A. 实际发生的职工福利费无须调整应纳税所得额
   B. 实际发生的业务招待费应调增应纳税所得额 32 万元
   C. 实际发生的职工工会经费应调增应纳税所得额 2 万元
   D. 实际发生的职工教育经费应调增应纳税所得额 9 万元

5. 2018 年该企业的应纳税所得额是（   ）万元。
   A. 369.81   B. 374.84   C. 382.3   D. 385.22

6. 2018 年该企业应缴纳企业所得税（   ）万元。
   A. 92.45   B. 93.71   C. 95.58   D. 96.31

业务操作

【任务 1】企业所得税的申报

一、实训目的

1. 掌握企业所得税的规定。
2. 练习企业所得税的计算。
3. 训练企业所得税的申报。

二、实训流程

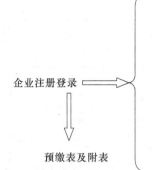

1. 基础信息填报（资产损失、扣除比例、结转及预缴）
2. 财务数据（资产负债表、利润表及附表。手工或导入）
3. 优惠及其他（优惠项目、亏损弥补、境外所得）
4. 纳税调整（纳税调整项目、资产折旧、摊销、长期股权投资、公允价值计量资产）
5. 风险提示（风险原因填报、随同报送提醒）
6. 纳税申报（年度报表、纳税调整事项明细、关联业务往来）

三、实训内容

根据11月经济业务，登录"国家税务总局电子申报软件"，进行企业所得税的纳税申报，并填报企业所得税的纳税申报表。

1. 2018年度某企业经营资料如下：

（1）收入：主营业务收入7 725万元（其中第四季度2 100万元），其他业务收入160万元（其中第四季度60万元），投资收益65万元（其中第四季度15万元），营业外收入50万元（其中第四季度40万元），总计8 000万元。

（2）成本费用：主营业务成本4 950万元（其中第四季度1 365万元），其他业务成本90万元（其中第四季度35万元），营业税金及附加30万元（其中第四季度8.55万元），营业外支出70万元（其中第四季度50万元），销售费用1 200万元（其中第四季度320万元），管理费用1 600万元（其中第四季度415万元），财务费用20万元（其中第四季度5万元），成本费用总计7 930万元。

（3）前三季度已预缴企业所得税5.89万元。

2. 经审计发现下列税收问题：

（1）扣除成本费用中包括全年的工资费用1 440万元，职工福利费203万元，职工工会经费30万元，职工教育经费37万元。

（2）企业全年提取的无形资产减值准备金1.38万元。

（3）收入总额8 000万元中含国债利息收入7万元，金融债券利息收入20万元，从被投资单位分回的税后股息38万元。（被投资单位的企业所得税税率为15%）

（4）当年1月，向银行借入一年期200万元借款构建固定资产，该固定资产与9月30日完工交付使用，企业支付的12万元利息费用全部计入财务费用。

（5）企业全年发生业务招待费45万元、广告费1 190万元，全部做了扣除。

（6）12月通过当地政府机关向贫困山区捐赠家电产品一批，成本价20万元，市场销售价23万元，企业核算时直接按成本价冲减库存商品，按市场销售价计算的增值税3.68万元与成本合计23.68万元计入营业外支出。

（7）"营业外支出"账户中列支的税款滞纳金3万元，银行借款超期罚息6万元，给购货方的回扣12万元，意外事故净损失8万元，非广告性赞助10万元，全部做了如实扣除。

（8）管理费用中含有新技术的研究费用30万元。

中华人民共和国企业所得税年度纳税申报表（A类）

税款所属期间： 年 月 日至 年 月 日

纳税人名称：

纳税人识别号：□□□□□□□□□□□□□□□   金额单位：元（列至角分）

类别	行次	项目	金额
利润总额计算	1	一、营业收入（填附表一）	
	2	减：营业成本（填附表二）	
	3	税金及附加	
	4	销售费用（填附表二）	
	5	管理费用（填附表二）	
	6	财务费用（填附表二）	
	7	资产减值损失	
	8	加：公允价值变动收益	
	9	投资收益	
	10	二、营业利润	
	11	加：营业外收入（填附表一）	
	12	减：营业外支出（填附表二）	
	13	三、利润总额（10＋11－12）	
应纳税所得额计算	14	加：纳税调整增加额（填附表三）	
	15	减：纳税调整减少额（填附表三）	
	16	其中：不征税收入	
	17	免税收入	
	18	减计收入	
	19	减、免税项目所得	
	20	加计扣除	
	21	抵扣应纳税所得额	
	22	加：境外应税所得弥补境内亏损	
	23	纳税调整后所得（13＋14－15＋22）	
	24	减：弥补以前年度亏损（填附表四）	
	25	应纳税所得额（23－24）	

续表

类别	行次	项目	金额
应纳税额计算	26	税率（25%）	
	27	应纳所得税额（25×26）	
	28	减：减免所得税额（填附表五）	
	29	减：抵免所得税额（填附表五）	
	30	应纳税额（27－28－29）	
	31	加：境外所得应纳所得税额（填附表六）	
	32	减：境外所得抵免所得税额（填附表六）	
	33	实际应纳所得税额（30＋31－32）	
	34	减：本年累计实际已预缴的所得税额	
	35	其中：汇总纳税的总机构分摊预缴的税额	
	36	汇总纳税的总机构财政调库预缴的税额	
	37	汇总纳税的总机构所属分支机构分摊的预缴税额	
	38	合并纳税（母子体制）成员企业就地预缴比例	
	39	合并纳税企业就地预缴的所得税额	
	40	本年应补（退）的所得税额（33－34）	
附列资料	41	以前年度多缴的所得税额在本年抵减额	
	42	上年度应缴未缴在本年入库所得税额	

纳税人公章：	代理申报中介机构公章：	主管税务机关受理专用章：
经办人：	经办人及执业证件号码：	受理人：
申报日期：　年　月　日	代理申报日期：　年　月　日	受理日期：　年　月　日

【任务2】企业所得税的计算和申报

一、实训目的

1. 掌握企业所得税的规定。
2. 练习企业所得税的计算。
3. 训练企业所得税的申报。

二、实训流程

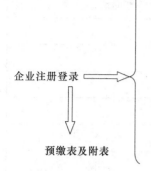

1. 基础信息填报（资产损失、扣除比例、结转及预缴）
2. 财务数据（资产负债表、利润表及附表。手工或导入）
3. 优惠及其他（优惠项目、亏损弥补、境外所得）
4. 纳税调整（纳税调整项目、资产折旧、摊销、长期股权投资、公允价值计量资产）
5. 风险提示（风险原因填报、随同报送提醒）
6. 纳税申报（年度报表、纳税调整事项明细、关联业务往来）

三、实训内容

永安公司 2018 年度营业收入 15 000 000 元，营业成本 8 000 000 元，税金及附加 300 000 元，营业费用 3 230 000 元，管理费用 2 980 000 元，财务费用 500 000 元，营业外收入 20 000 元，营业外支出 25 000 元，利润总额 –15 000 元，已向税务部门申报的 2016 年企业所得税年度纳税申报表显示 2016 年亏损额为 110 000 元，适用税率 25%，本年累计实际已预缴的所得税额 32 000 元，对 2018 年度企业所得税进行汇算时发现以下需要关注的业务：

（1）应付账款中远大电器实业有限公司贷方余额 38 000 元，其他应付账款中段春雨贷方余额 1 300 元。账龄超过三年且无法支付。

（2）营业外支出中税收罚款 10 000 元、滞纳金 2 000 元、赞助支出 4 000 元、出售设备发生处置固定资产净损失 9 000 元。

（3）营业外收入中职工违规操作罚款收入 6 000 元。

（4）管理费用中列支上交总机构管理费 100 000 元。

（5）营业费用、管理费用中列支工资薪金 1 700 000 元，实际支付 1 450 000 元，期末应付工资 250 000 元，到 2018 年 5 月 31 日汇算期结束前也未支付。

（6）营业费用、管理费用中列支职工福利费 260 000 元，实际发放 260 000 元。

（7）管理费用中列支培训费 8 000.00 元，实际支付 8 000.00 元。

（8）管理费用中列支工会经费 15 000.00 元，实际上交 10 000.00 元，取得地税部门开具的税收通用缴款书，但未成立工会组织。

（9）管理费用中实际列支业务招待费 38 322 元，加上列入其他科目但均为餐费和烟酒费等应并入招待费的 37 141 元，调整后业务招待费合计 75 463 元。

（10）管理费用中广告及业务宣传费列支 69 173.00 元。

（11）部分固定资产实际计提折旧年限小于税法规定年限，造成多提取折旧 12 000 元。运输工具中一辆汽车购进之后过户给个人，计提折旧 5 000 元。（固定资产属于房屋建筑物，账载金额 264 000 元，无残值，预计可使用 10 年，现在是第七年，账上计提折旧 26 400 元，税法上计算的折旧是 14 400 元）

（12）房屋出租，承租方用电 144 666.15 元计入管理费用——电费中。

（13）管理费用中列支汽油、过路、修理等费用 82 000 元，固定资产账中车辆已过户给个人。

（14）列支以前年度费用 12 947.00 元，其中：管理费用列支 6 867.00 元；税金及附加列支 6 080.00 元。

（15）管理费用中列支不附发票费用 9 331.00 元，且在 2018 年 12 月 31 日以前仍未取得合法有效凭据。

（16）成本、费用中为外单位名称、填写项目不齐全、内容不真实、字迹不清楚、没有发票专用章、作废的等不合规的发票 126 805.00 元。

（17）财务费用中因逾期归还银行贷款，支付银行加收的罚息 80 000 元。

（18）财务费用中向个人借款发生利息支出 132 000 元，未取得相关合法票据，并高于同类同期银行贷款利率。

（19）本年度应交税金科目借方余额反映已缴纳房产税 1 400 元和土地使用税 6 150 元。

（20）2017 年亏损额为 110 000 元。

计算 2018 年度应交企业所得税。

项目七

个人所得税

知识准备

知识点一 纳税义务人和征税对象

一、纳税义务人

在中国境内有住所,或者无住所而一个纳税年度内在中国境内居住累计满 183 天的个人,为居民个人。居民个人从中国境内和境外取得的所得,依照《中华人民共和国个人所得税法》规定缴纳个人所得税。

在中国境内无住所又不居住,或者无住所而一个纳税年度内在中国境内居住累计不满 183 天的个人,为非居民个人。非居民个人从中国境内取得的所得,依照《中华人民共和国个人所得税法》规定缴纳个人所得税。

纳税年度,自公历 1 月 1 日起至 12 月 31 日止。

二、征税对象

(1) 工资、薪金所得。
(2) 劳务报酬所得。
(3) 稿酬所得。
(4) 特许权使用费所得。
(5) 经营所得。
(6) 利息、股息、红利所得。
(7) 财产租赁所得。
(8) 财产转让所得。
(9) 偶然所得。

居民个人取得前款第 1 项至第 4 项所得(以下称综合所得),按纳税年度合并计算个人所得税;非居民个人取得前款第 1 项至第 4 项所得,按月或者按次分项计算个人所得税。纳税人取得前款第 5 项至第 9 项所得,依照《中华人民共和国个人所得税法》规定分别计算个人所得税。

知识点二 税率和应纳税额的计算

一、税率

(一)综合所得适用税率

工资、薪金所得,劳务报酬所得,稿酬所得,特许权使用费所得统称为综合所得,适用七级超额累进税率,税率为 3% ~ 45%,如表 7 - 1 所示。

表 7 - 1 个人所得税税率表一(综合所得适用)

级数	全年应纳税所得额	税率/%
1	不超过 36 000 元的	3
2	超过 36 000 元至 144 000 元的部分	10
3	超过 144 000 元至 300 000 元的部分	20
4	超过 300 000 元至 420 000 元的部分	25
5	超过 420 000 元至 660 000 元的部分	30
6	超过 660 000 元至 960 000 元的部分	35
7	超过 960 000 元的部分	45

注 1:本表所称全年应纳税所得额是指居民个人取得综合所得以每一纳税年度收入额减除费用 6 万元以及专项扣除、专项附加扣除和依法确定的其他扣除后的余额。

注 2:非居民个人取得工资、薪金所得,劳务报酬所得,稿酬所得和特许权使用费所得,依照本表按月换算后计算应纳税额。

(二)经营所得适用税率

经营所得,适用五级超额累进税率,税率为 5% ~ 35%,如表 7 - 2 所示。

表 7 - 2 个人所得税税率表二(经营所得适用)

级数	全年应纳税所得额	税率/%
1	不超过 30 000 元的	5
2	超过 30 000 元至 90 000 元的部分	10
3	超过 90 000 元至 300 000 元的部分	20
4	超过 300 000 元至 500 000 元的部分	30
5	超过 500 000 元的部分	35

注:本表所称全年应纳税所得额是指以每一纳税年度的收入总额减除成本、费用以及损失后的余额。

(三)利息、股息、红利所得,财产租赁所得,财产转让所得和偶然所得

利息、股息、红利所得,财产租赁所得,财产转让所得和偶然所得,适用比例税率,税率为 20%。

二、应纳所得税税额的计算

(1)居民个人的综合所得,以每一纳税年度的收入额减除费用 6 万元以及专项扣除、

专项附加扣除和依法确定的其他扣除后的余额，为应纳税所得额。

当月应纳税所得额＝当年累计工资－当年累计基本扣险费用－当年累计专项扣除（三险一金）－当年累计专项附加扣除－当年累计免税收入－当年累计其他扣除项目

当月应预扣预缴税额＝当月应纳税所得额×综合征收所得税税率－当年已预缴个人所得税

个人所得税专项附加扣除，是指个人所得税法规定的子女教育、继续教育、大病医疗、住房贷款利息或者住房租金、赡养老人等6项专项附加扣除。

① 子女教育。

纳税人的子女接受全日制学历教育的相关支出，按照每个子女每月1 000元的标准定额扣除。其中学历教育包括义务教育（小学、初中教育）、高中阶段教育（普通高中、中等职业、技工教育）、高等教育（大学专科、大学本科、硕士研究生、博士研究生教育）。年满3岁至小学入学前处于学前教育阶段的子女，也适用该项规定。

父母可以选择由其中一方按扣除标准的100%扣除，也可以选择由双方分别按扣除标准的50%扣除，具体扣除方式在一个纳税年度内不能变更。

② 继续教育。

纳税人在中国境内接受学历（学位）继续教育的支出，在学历（学位）教育期间按照每月400元定额扣除。同一学历（学位）继续教育的扣除期限不能超过48个月。纳税人接受技能人员职业资格继续教育、专业技术人员职业资格继续教育的支出，在取得相关证书的当年，按照3 600元定额扣除。

个人接受本科及以下学历（学位）继续教育，符合扣除条件的，可以选择由其父母扣除，也可以选择由本人扣除。

纳税人接受技能人员职业资格继续教育、专业技术人员职业资格继续教育的，凭相关证书扣除。

③ 大病医疗。

在一个纳税年度内，纳税人及其配偶、未成年子女发生的医药费用支出，扣除医保报销后个人负担（指医保目录范围内的自付部分）累计超过15 000元的部分，由纳税人在办理年度汇算清缴时，在80 000元限额内据实扣除。

纳税人发生的医药费用支出可以选择由本人或者其配偶扣除；未成年子女发生的医药费用支出可以选择由其父母一方扣除。

④ 住房贷款利息。

纳税人本人或者配偶单独或者共同使用商业银行或者住房公积金个人住房贷款为本人或者其配偶购买中国境内住房，发生的首套住房贷款利息支出，在实际发生贷款利息的年度，按照每月1 000元的标准定额扣除，扣除期限最长不超过240个月。纳税人只能享受一次首套住房贷款的利息扣除。

首套住房贷款是指购买住房享受首套住房贷款利率的住房贷款。夫妻双方婚前分别购买住房发生的首套住房贷款，其贷款利息支出，婚后可以选择其中一套购买的住房，由购买方按扣除标准的100%扣除，也可以由夫妻双方对各自购买的住房分别按扣除标准的50%扣除，具体扣除方式在一个纳税年度内不能变更。

经夫妻双方约定，可以选择由其中一方扣除，具体扣除方式在一个纳税年度内不能变更。

⑤ 住房租金。

纳税人在主要工作城市没有自有住房而发生的住房租金支出，可以按照以下标准定额扣除：

Ⅰ. 直辖市、省会（首府）城市、计划单列市以及国务院确定的其他城市，扣除标准为每月 1 500 元。

Ⅱ. 除上面所列城市以外，市辖区户籍人口超过 100 万的城市，扣除标准为每月 1 100 元；市辖区户籍人口不超过 100 万的城市，扣除标准为每月 800 元。

纳税人的配偶在纳税人的主要工作城市有自有住房的，视同纳税人在主要工作城市有自有住房。夫妻双方主要工作城市相同的，只能由一方扣除住房租金支出。

住房租金支出由签订租赁住房合同的承租人扣除。

纳税人及其配偶在一个纳税年度内不能同时分别享受住房贷款利息和住房租金专项附加扣除。

⑥ 赡养老人。

纳税人赡养一位及以上被赡养人的赡养支出，统一按照以下标准定额扣除：

（一）纳税人为独生子女的，按照每月 2 000 元的标准定额扣除。

（二）纳税人为非独生子女的，由其与兄弟姐妹分摊每月 2 000 元的扣除额度，每人分摊的额度不能超过每月 1 000 元。可以由赡养人均摊或者约定分摊，也可以由被赡养人（年满 60 岁的父母，以及子女均已去世的年满 60 岁的祖父母、外祖父母）指定分摊。约定或者指定分摊的须签订书面分摊协议，指定分摊优先于约定分摊。具体分摊方式和额度在一个纳税年度内不能变更。

【例题 7-1】张先生在甲企业任职，2019 年 1—12 月每月在甲企业取得工资薪金收入 16 000 元，无免税收入；每月缴纳三险一金 2 500 元，从 1 月份开始享受子女教育和赡养老人专项附加扣除共计为 3 000 元，无其他扣除。另外，2019 年 3 月取得劳务报酬收入 3 000 元，稿酬收入 2 000 元，6 月取得劳务报酬收入 30 000 元，特许权使用费收入 2 000 元。

【解析】

（1）预扣预缴。

① 工资薪金所得预扣预缴计算。

2019 年 1 月

1 月累计预扣预缴应纳税所得额 = 累计收入 – 累计免税收入 – 累计减除费用 – 累计专项扣除 – 累计专项附加扣除 – 累计依法确定的其他扣除 = 16 000 – 5 000 – 2 500 – 3 000 = 5 500（元）（对应税率为 3%）

1 月应预扣预缴税额 = （累计预扣预缴应纳税所得额 × 预扣率 – 速算扣除数） – 累计减免税额 – 累计已预扣预缴税额 = 5 500 × 3% = 165（元）

2019 年 1 月，甲企业在发放工资环节预扣预缴个人所得税 165 元。

2019 年 2 月

2 月累计预扣预缴应纳税所得额 = 累计收入 – 累计免税收入 – 累计减除费用 – 累计专项扣除 – 累计专项附加扣除 – 累计依法确定的其他扣除 = 16 000 × 2 – 5 000 × 2 – 2 500 × 2 – 3 000 × 2 = 11 000（元）（对应税率为 3%）

2 月应预扣预缴税额 = （累计预扣预缴应纳税所得额 × 预扣率 – 速算扣除数） – 累计减免

税额－累计已预扣预缴税额＝11 000×3%－165＝165（元）

2019年2月，甲企业在发放工资环节预扣预缴个人所得税165元。

2019年3月

3月累计预扣预缴应纳税所得额＝累计收入－累计免税收入－累计减除费用－累计专项扣除－累计专项附加扣除－累计依法确定的其他扣除＝16 000×3－5 000×3－2 500×3－3 000×3＝16 500元（对应税率为3%）

3月应预扣预缴税额＝（累计预扣预缴应纳税所得额×预扣率－速算扣除数）－累计减免税额－累计已预扣预缴税额＝16 500×3%－165－165＝165（元）

2019年3月，甲企业在发放工资环节预扣预缴个人所得税165元。

按照上述方法依次类推，计算得出张先生各月个人所得税预扣预缴情况，如表7-3所示。

表7-3 2019年1—12月工资薪金个人所得税预扣预缴计算表　　　元

月份	工资薪金收入	费用扣除标准	专项扣除	专项附加扣除	应纳税所得额	税率/%	速算扣除数	累计应纳税额	当月应纳税额
1月	16 000	5 000	2 500	3 000	5 500	3	0	165	165
2月累计	32 000	10 000	5 000	6 000	11 000	3	0	330	165
3月累计	48 000	15 000	7 500	9 000	16 500	3	0	495	165
4月累计	64 000	20 000	10 000	12 000	22 000	3	0	660	165
5月累计	80 000	25 000	12 500	15 000	27 500	3	0	825	165
6月累计	96 000	30 000	15 000	18 000	33 000	3	0	990	165
7月累计	112 000	35 000	17 500	21 000	38 500	10	2 520	1 330	340
8月累计	128 000	40 000	20 000	24 000	44 000	10	2 520	1 880	550
9月累计	144 000	45 000	22 500	27 000	49 500	10	2 520	2 430	550
10月累计	160 000	50 000	25 000	30 000	55 000	10	2 520	2 980	550
11月累计	176 000	55 000	27 500	33 000	60 500	10	2 520	3 530	550
12月累计	192 000	60 000	30 000	36 000	66 000	10	2 520	4 080	550

② 其他综合所得（劳务报酬、稿酬、特许权使用费所得）预扣预缴个人所得税计算。

2019年3月，取得劳务报酬收入3 000元，稿酬收入2 000元。

劳务报酬所得预扣预缴应纳税所得额＝每次收入－800元＝3 000－800＝2 200（元）

劳务报酬所得预扣预缴税额＝预扣预缴应纳税所得额×预扣率－速算扣除数＝2 200×20%－0＝440（元）

稿酬所得预扣预缴应纳税所得额＝（每次收入－800元）×70%＝（2 000－800）×70%＝840（元）

稿酬所得预扣预缴税额＝预扣预缴应纳税所得额×预扣率＝840×20%＝168（元）

李先生3月劳务报酬所得预扣预缴个人所得税440元；稿酬所得预扣预缴税额个人所得税168元。

2019年6月，取得劳务报酬30 000元，特许权使用费所得2 000元。

劳务报酬所得预扣预缴应纳税所得额 = 每次收入 × (1 - 20%) = 30 000 × (1 - 20%) = 24 000（元）

劳务报酬所得预扣预缴税额 = 预扣预缴应纳税所得额 × 预扣率 - 速算扣除数 = 24 000 × 30% - 2 000 = 5 200（元）

特许权使用费所得预扣预缴应纳税所得额 = (每次收入 - 800 元) = (2 000 - 800) = 1 200（元）

特许权使用费所得预扣预缴税额 = 预扣预缴应纳税所得额 × 预扣率 = 1 200 × 20% = 240（元）

李先生 6 月劳务报酬所得预扣预缴个人所得税 5 200 元；稿酬所得预扣预缴税额个人所得税 240 元。

(2) 汇算清缴。

年收入额 = 工资、薪金所得收入 + 劳务报酬所得收入 + 稿酬所得收入 + 特许权使用费所得收入 = 16 000 × 12 + (3 000 + 30 000) × (1 - 20%) + 2 000 × (1 - 20%) × 70% + 2 000 × (1 - 20%) = 221 120（元）

综合所得应纳税所得额 = 年收入额 - 6 万元 - 专项扣除 - 专项附加扣除 - 依法确定的其他扣除 = 221 120 - 60 000 - (2 500 × 12) - (3 000 × 12) = 95 120（元）

应纳税额 = 应纳税所得额 × 税率 - 速算扣除数 = 95 120 × 10% - 2 520 = 6 992（元）

预扣预缴税额 = 工资、薪金所得预扣预缴税额 + 劳务报酬所得预扣预缴税额 + 稿酬所得预扣预缴税额 + 特许权使用费所得预扣预缴税额 = 4 080 + (440 + 5 200) + 168 + 240 = 10 128（元）

年度汇算应补退税额 = 应纳税额 - 预扣预缴税额 = -3 136（元）

汇算清缴应退税额 3 136 元。

劳务报酬所得、稿酬所得、特许权使用费所得以收入减除 20% 的费用后的余额为收入额。稿酬所得的收入额减按 70% 计算。

(2) 非居民个人的工资、薪金所得，以每月收入额减除费用 5 000 元后的余额为应纳税所得额；劳务报酬所得、稿酬所得、特许权使用费所得，以每次收入额为应纳税所得额。

(3) 经营所得，以每一纳税年度的收入总额减除成本、费用以及损失后的余额，为应纳税所得额。

(4) 财产租赁所得，每次收入不超过 4 000 元的，减除费用 800 元；4 000 元以上的，减除 20% 的费用，其余额为应纳税所得额。

财产租赁所得一般以个人每次取得的收入，定额或定率减除规定费用后的余额为应纳税所得额。每次收入不超过 4 000 元，定额减除费用 800 元；每次收入在 4 000 元以上，定率减除 20% 的费用。财产租赁所得以 1 个月内取得的收入为 1 次。

在确定财产租赁的应纳税所得额时，纳税人在出租财产过程中缴纳的税金和教育费附加，可持完税（缴款）凭证，从其财产租赁收入中扣除。准予扣除的项目除了规定费用和有关税费外，还准予扣除能够提供有效、准确凭证，证明由纳税人负担的该出租财产实际开支的修缮费用。允许扣除的修缮费用，以每次 800 元为限。一次扣除不完的，准予在下一次继续扣除，直到扣完为止。

个人出租财产取得的财产租赁收入，在计算缴纳个人所得税时，应依次扣除以下费用。

① 财产租赁过程中缴纳的税费。
② 由纳税人负担的该出租财产实际开支的修缮费用。
③ 税法规定的费用扣除标准。

应纳税所得额的计算公式为：

① 每次（月）收入不超过 4 000 元的。

应纳税所得额 = 每次（月）收入额 - 准予扣除项目 - 修缮费用(800 元为限) - 800 元

② 每次（月）收入超过 4 000 元的。

应纳税所得额 = [每次（月）收入额 - 准予扣除项目 - 修缮费用(800 元为限)] × (1 - 20%)

财产租赁所得适用20%的比例税率。但对个人按市场价格出租的居民住房取得的所得，自 2001 年 1 月 1 日起暂减按 10% 的税率征收个人所得税。

【例题 7-2】刘某于2019 年 1 月将其自有的面积为 150 平方米的 4 间房屋出租给张某居住。刘某每月取得租金收入 2 500 元，全年租金收入 30 000 元。计算刘某全年租金收入应缴纳的个人所得税。

【解析】

财产租赁收入以每月内取得的收入为一次，按市场价出租给个人居住适用10%的税率，因此，刘某每月及全年应纳税额为：

① 每月应纳税额 = (2 500 - 800) × 10% = 170(元)

② 全年应纳税额 = 170 × 12 = 2 040(元)

假定上例中，当年 2 月份因下水道堵塞找人修理，发生修理费用 500 元，有维修部门的正式收据，则 2 月份和全年的应纳税额为：

① 2 月份应纳税额 = (2 500 - 500 - 800) × 10% = 120(元)

② 全年应纳税额 = 170 × 11 + 120 = 1 990（元）

（5）财产转让所得，以转让财产的收入额减除财产原值和合理费用后的余额，为应纳税所得额。

【例题 7-3】某人建房一幢，造价 300 000 元，支付费用 20 000 元。该人转让房屋，售价 500 000 元，在卖房过程中按规定支付交易费等相关税费 30 000 元，计算其应纳个人所得税税额。

【解析】

① 应纳税所得额 = 财产转让收入 - 财产原值 - 合理费用
= 500 000 - (300 000 + 20 000) - 30 000 = 150 000(元)

② 应纳税额 = 150 000 × 20% = 30 000（元）

（6）利息、股息、红利所得和偶然所得，以每次收入额为应纳税所得额。

应纳税额 = 应纳税所得额 × 适用税率 = 每次收入额 × 20%

个人将其所得对教育、扶贫、济困等公益慈善事业进行捐赠，捐赠额未超过纳税人申报的应纳税所得额30%的部分，可以从其应纳税所得额中扣除；国务院规定对公益慈善事业捐赠实行全额税前扣除的，从其规定。

【例题 7-4】张某在参加商场的有奖销售过程中，中奖所得共计价值 20 000 元。陈某领奖时告知商场，从中奖收入中拿出 5 000 元通过教育部门向某希望小学捐赠。请按照规定计算商场代扣代缴个人所得税后，陈某实际可得中奖金额。

【解析】

① 根据税法有关规定，张某的捐赠额可以全部从应纳税所得额中扣除（因为5 000÷20 000 = 25%，小于捐赠扣除比例30%）。

② 应纳税所得额 = 偶然所得 – 捐赠额 = 20 000 – 5 000 = 15 000（元）

③ 应纳税额(即商场代扣税款) = 应纳税所得额 × 适用税率
= 15 000 × 20% = 3 000(元)

④ 陈某实际可得金额 = 20 000 – 5 000 – 3 000 = 12 000（元）

居民个人从中国境外取得的所得，可以从其应纳税额中抵免已在境外缴纳的个人所得税税额，但抵免额不得超过该纳税人境外所得依照个人所得税法规定计算的应纳税额。

三、纳税调整

有下列情形之一的，税务机关有权按照合理方法进行纳税调整。

（1）个人与其关联方之间的业务往来不符合独立交易原则而减少本人或者其关联方应纳税额，且无正当理由。

（2）居民个人控制的，或者居民个人和居民企业共同控制的设立在实际税负明显偏低的国家（地区）的企业，无合理经营需要，对应当归属于居民个人的利润不作分配或者减少分配。

（3）个人实施其他不具有合理商业目的的安排而获取不当税收利益。

税务机关依照前款规定作出纳税调整，需要补征税款的，应当补征税款，并依法加收利息。

知识点三　税收优惠

一、免征个人所得税的优惠

下列各项个人所得，免征个人所得税。

（1）省级人民政府、国务院部委和中国人民解放军军以上单位，以及外国组织、国际组织颁发的科学、教育、技术、文化、卫生、体育、环境保护等方面的奖金。

（2）国债和国家发行的金融债券利息。

（3）按照国家统一规定发给的补贴、津贴。

（4）福利费、抚恤金、救济金。

（5）保险赔款。

（6）军人的转业费、复员费、退役金。

（7）按照国家统一规定发给干部、职工的安家费、退职费、基本养老金或者退休费、离休费、离休生活补助费。

（8）依照有关法律规定应予免税的各国驻华使馆、领事馆的外交代表、领事官员和其他人员的所得。

（9）中国政府参加的国际公约、签订的协议中规定免税的所得。

（10）国务院规定的其他免税所得。

前款第十项免税规定,由国务院报全国人民代表大会常务委员会备案。

二、免征个人所得税的优惠

有下列情形之一的,可以减征个人所得税,具体幅度和期限由省、自治区、直辖市人民政府规定,并报同级人民代表大会常务委员会备案。

(1) 残疾、孤老人员和烈属的所得。

(2) 因自然灾害遭受重大损失的。

国务院可以规定其他减税情形,报全国人民代表大会常务委员会备案。

知识点四 征收管理

一、纳税申报

个人所得税以所得人为纳税人,以支付所得的单位或者个人为扣缴义务人。

纳税人有中国居民身份证号码的,以中国居民身份证号码为纳税人识别号;纳税人没有中国居民身份证号码的,由税务机关赋予其纳税人识别号。扣缴义务人扣缴税款时,纳税人应当向扣缴义务人提供纳税人识别号。

个人所得税的纳税办法,有自行申报纳税和代扣代缴两种。

自行申报纳税,是由纳税人自行在税法规定的纳税期限内,向税务机关申报取得的应税所得项目和数额,如实填写个人所得税纳税申报表,并按照税法规定计算应纳税额,据此缴纳个人所得税的一种方法。

(一) 纳税申报的范围

有下列情形之一的,纳税人应当依法办理纳税申报。

(1) 取得综合所得需要办理汇算清缴。

(2) 取得应税所得没有扣缴义务人。

(3) 取得应税所得,扣缴义务人未扣缴税款。

(4) 取得境外所得。

(5) 因移居境外注销中国户籍。

(6) 非居民个人在中国境内从两处以上取得工资、薪金所得。

(7) 国务院规定的其他情形。

纳税人取得经营所得,按年计算个人所得税,由纳税人在月度或者季度终了后15日内向税务机关报送纳税申报表,并预缴税款,在取得所得的次年3月31日前办理汇算清缴。

(二) 纳税申报的具体期限

(1) 纳税人取得应税所得没有扣缴义务人的,应当在取得所得的次月15日前向税务机关报送纳税申报表,并缴纳税款。

(2) 纳税人取得应税所得,扣缴义务人未扣缴税款的,纳税人应当在取得所得的次年6月30日前缴纳税款;税务机关通知限期缴纳的,纳税人应当按照期限缴纳税款。

(3) 居民个人从中国境外取得所得的,应当在取得所得的次年3月1日至6月30日内申报纳税。

（4）非居民个人在中国境内从两处以上取得工资、薪金所得的，应当在取得所得的次月15日前申报纳税。

（5）纳税人因移居境外注销中国户籍的，应当在注销中国户籍前办理税款清算。

二、代扣代缴

扣缴义务人应当按照国家规定办理全员全额扣缴申报，并向纳税人提供其个人所得和已扣缴税款等信息。

居民个人取得综合所得，按年计算个人所得税；有扣缴义务人的，由扣缴义务人按月或者按次预扣预缴税款；需要办理汇算清缴的，应当在取得所得的次年3月1日至6月30日内办理汇算清缴。预扣预缴办法由国务院税务主管部门制定。

居民个人向扣缴义务人提供专项附加扣除信息的，扣缴义务人按月预扣预缴税款时应当按照规定予以扣除，不得拒绝。

非居民个人取得工资、薪金所得，劳务报酬所得，稿酬所得和特许权使用费所得，有扣缴义务人的，由扣缴义务人按月或者按次代扣代缴税款，不办理汇算清缴。

纳税人取得利息、股息、红利所得，财产租赁所得，财产转让所得和偶然所得，按月或者按次计算个人所得税，有扣缴义务人的，由扣缴义务人按月或者按次代扣代缴税款。

扣缴义务人每月或者每次预扣、代扣的税款，应当在次月15日前缴入国库，并向税务机关报送扣缴个人所得税申报表。

三、汇算清缴

综合所得和经营所得需要办理汇算清缴。

纳税人办理汇算清缴退税或者扣缴义务人为纳税人办理汇算清缴退税的，税务机关审核后，按照国库管理的有关规定办理退税。

公安、人民银行、金融监督管理等相关部门应当协助税务机关确认纳税人的身份、金融账户信息。教育、卫生、医疗保障、民政、人力资源社会保障、住房城乡建设、公安、人民银行、金融监督管理等相关部门应当向税务机关提供纳税人子女教育、继续教育、大病医疗、住房贷款利息、住房租金、赡养老人等专项附加扣除信息。

个人转让不动产的，税务机关应当根据不动产登记等相关信息核验应缴的个人所得税，登记机构办理转移登记时，应当查验与该不动产转让相关的个人所得税的完税凭证。个人转让股权办理变更登记的，市场主体登记机关应当查验与该股权交易相关的个人所得税的完税凭证。

有关部门依法将纳税人、扣缴义务人遵守本法的情况纳入信用信息系统，并实施联合激励或者惩戒。

四、其他规定

各项所得的计算，以人民币为单位。所得为人民币以外的货币的，按照人民币汇率中间价折合成人民币缴纳税款。

对扣缴义务人按照所扣缴的税款，付给2%的手续费。

对储蓄存款利息所得开征、减征、停征个人所得税及其具体办法，由国务院规定，并报全国人民代表大会常务委员会备案。

纳税人、扣缴义务人和税务机关及其工作人员违反《中华人民共和国个人所得税法》规定的，依照《中华人民共和国税收征收管理法》和有关法律法规的规定追究法律责任。

个人所得税的征收管理，依照《中华人民共和国个人所得税法》和《中华人民共和国税收征收管理法》的规定执行。

随堂训练

一、知识练习

（一）单项选择题

1. 对于地、市级政府颁发的科学、教育、技术、卫生、文化、体育、环境保护等方面的奖金应（　　）。
   A. 征收个人所得税　　　　　　　　B. 免征个人所得税
   C. 减半征收个人所得税　　　　　　D. 适当减征个人所得税
2. 演职员参加任职单位组织的演出取得的报酬，应该（　　）。
   A. 不纳税　　　　　　　　　　　　B. 按工资、薪金所得项目，按月计算纳税
   C. 按劳务报酬所得按次纳税　　　　D. 按综合所得纳税
3. 个人将其所得向教育事业和其他公益事业捐赠，可以从应纳税所得额扣除的比例最高为（　　）。
   A. 30%　　　　B. 50%　　　　C. 25%　　　　D. 100%
4. 下列项目不得享受免征个人所得税的是（　　）。
   A. 基本养老保险金　　　　　　　　B. 失业保险金
   C. 住房公积金　　　　　　　　　　D. 企业年金
5. 下列项目中属于综合所得的是（　　）。
   A. 偶然所得　　　　　　　　　　　B. 财产租赁所得
   C. 财产转让所得　　　　　　　　　D. 某教授在外讲学所得

（二）多项选择题

1. 下列属于个人所得税征税项目的是（　　）。
   A. 工资、薪金所得　　　　　　　　B. 劳务报酬所得
   C. 个体工商户生产经营所得　　　　D. 财产转让所得
2. 下列各项所得，在计算个人所得税时，不得扣除费用的是（　　）。
   A. 股息、红利所得　　　　　　　　B. 偶然所得
   C. 特许权使用费收入　　　　　　　D. 财产租赁所得
3. 我国个人所得税的纳税义务人依据住所标准和居住时间两个标准，区分为（　　）。
   A. 居民纳税人　　　　　　　　　　B. 非居民纳税人
   C. 一般纳税人　　　　　　　　　　D. 小规模纳税人
4. 采用按次征税的所得项目有（　　）。
   A. 工资、薪金所得　　　　　　　　B. 劳务报酬所得
   C. 财产租赁所得　　　　　　　　　D. 偶然所得

5. 下列项目中属于个人所得税综合所得的是（　　）。
   A. 工资、薪金所得　　B. 劳务报酬　　C. 稿酬　　D. 特许权使用费

（三）判断题

1. 财产租赁属于个人所得税的综合所得。（　　）
2. 居民个人的综合所得，以每一纳税年度的收入额减除费用 6 万元以及专项扣除、专项附加扣除和依法确定的其他扣除后的余额，为应纳税所得额。（　　）
3. 非居民个人在中国境内从两处以上取得工资、薪金所得要办理纳税申报。（　　）
4. 在中国境内有住所，或者无住所而一个纳税年度内在中国境内居住累计满 183 天的个人，为居民个人。（　　）
5. 我国个人所得税采取代扣代缴和纳税申报两种征收方法。（　　）

二、能力训练

中国公民王某 2019 年 1 月从中国境内取得工资、薪金收入 9 000 元，"三险一金"扣除额为 2 600 元，取得股息收入折合人民币 20 000 元。

要求：计算该纳税人 1 月应纳个人所得税税额。

项目八

其他税种

知识准备

知识点一　城市维护建设税

一、纳税义务人

城市维护建设税的纳税义务人,是指在中华人民共和国境内负有缴纳增值税和消费税(以下简称"两税")义务的单位和个人,包括国有企业、集体企业、私营企业、股份制企业、其他企业和行政单位、事业单位、军事单位、社会团体、其他单位,以及个体工商户及其他个人。

自 2010 年 12 月 1 日起,对外商投资企业、外国企业及外籍个人(以下简称"外资企业")征收城市维护建设税。对外资企业 2010 年 12 月 1 日(含)之后发生纳税义务的增值税、消费税征收城市维护建设税。

二、税率

城市维护建设税的税率,是指纳税人应缴纳的城市维护建设税税额与纳税人实际缴纳的"两税"税额之间的比率。城市维护建设税按纳税人所在地的不同,设置了地区差别比例税率。

(1) 纳税人所在地为市区的,税率为 7%。
(2) 纳税人所在地在县城、镇的,税率为 5%。
(3) 纳税人所在地不在市区、县城或镇的,税率为 1%。

三、计税依据

城市维护建设税的计税依据,是指纳税人实际缴纳的"两税"税额。纳税人违反"两税"有关税法而被加收的滞纳金和罚款,是税务机关对纳税人违法行为的经济制裁,不作为城市维护建设税的计税依据。但纳税人在被查补"两税"和被处以罚款时,应同时对其偷漏的城市维护建设税进行补税,并交纳滞纳金和罚款。

城市维护建设税以"两税"税额为计税依据并同时征收,如果要免征或者减征"两税",也就要同时免征或者减征城市维护建设税。

四、应纳税额的计算

城市维护建设税纳税人的应纳税额大小是由纳税人实际缴纳的"两税"税额决定的,其计算公式为:

$$应纳税额 = (纳税人实际缴纳的增值税税额 + 消费税税额) \times 适用税率$$

【例题 8-1】某市区一家企业 2018 年 7 月份实际缴纳增值税 400 000 元,缴纳消费税 500 000 元。计算该企业应纳的城市维护建设税税额。

【解析】
$$\begin{aligned}应纳城市维护建设税税额 &= (实际缴纳的增值税 + 实际缴纳的消费税) \times 适用税率 \\ &= (400\ 000 + 500\ 000) \times 7\% = 900\ 000 \times 7\% = 63\ 000(元)\end{aligned}$$

由于城市维护建设税实行纳税人所在地差别比例税率,所以在计算应纳税额时,应十分注意根据纳税人所在地来确定适用税率。

五、纳税地点

城市维护建设税以纳税人实际缴纳的增值税、消费税税额为计税依据,分别与"两税"同时缴纳。所以纳税人缴纳"两税"的地点,就是该纳税人缴纳城市维护建设税的地点。

六、纳税期限

由于城市维护建设税是由纳税人在缴纳"两税"时同时缴纳的,所以其纳税期限分别与"两税"的纳税期限一致。根据增值税法和消费税法规定,增值税、消费税的纳税期限均分别为 1 日、3 日、5 日、10 日、15 日或者 1 个月。增值税、消费税的纳税人的具体纳税期限,由主管税务机关根据纳税人应纳税额大小分别核定;不能按照固定期限纳税的,可以按次纳税。

七、纳税申报

与增值税和消费税同时申报,填写《城市维护建设税纳税申报表》。

知识点二 教育费附加

一、教育费附加概述

教育费附加是对缴纳增值税、消费税的单位和个人,就其实际缴纳的税额为计算依据征收的一种附加费。教育费附加是为加快地方教育事业,扩大地方教育经费的资金而征收的一项专用基金。

二、教育费附加的征收范围及计征依据

教育费附加对缴纳增值税、消费税的单位和个人征收,以其实际缴纳的增值税和消费税为计征依据,分别与增值税和消费税同时缴纳。

自 2010 年 12 月 1 日起,对外商投资企业、外国企业及外籍个人(以下简称"外资企业")征收教育费附加。对外资企业 2010 年 12 月 1 日(含)之后发生纳税义务的增值税、

消费税征收教育附加。

三、教育费附加计征比率

按照1994年2月7日《国务院关于教育费附加征收问题的紧急通知》的规定，现行教育费附加征收比率为3%。

四、教育费附加的计算

教育费附加的计算公式为：

应纳教育费附加 =（实际缴纳的增值税税额 + 消费税税额）× 征收比率

【例题8-2】某市区一家企业5月份实际缴纳增值税300 000元，缴纳消费税300 000元。计算该企业应缴纳的教育费附加。

【解析】

应纳教育费附加 =（实际缴纳的增值税 + 实际缴纳的消费税）× 征收比率
=（300 000 + 300 000）× 3% = 600 000 × 3% = 18 000(元)

五、教育费附加的减免规定

(1) 对海关进口的产品征收的增值税、消费税，不征收教育费附加。

(2) 对由于减免增值税和消费税而发生退税的，可同时退还已征收的教育费附加。但对出口产品退还增值税、消费税的，不退还已征的教育费附加。

(3) 对国家重大水利工程建设基金免征教育费附加。

知识点三　资源税

一、纳税义务人

资源税的纳税义务人是指在中华人民共和国领域及管辖海域开采应税资源的矿产品或者生产盐的单位和个人。

中外合作开采石油、天然气，按照现行规定只征收矿区使用费，暂不征收资源税。

二、税目、单位税额

(一) 税目

资源税税目及子目主要是根据资源税应税产品和纳税人开采资源的行业特点设置的。

(1) 原油。开采的天然原油征税；人造石油不征税。

(2) 天然气。专门开采的天然气和与原油同时开采的天然气征税，煤矿生产的天然气暂不征税。

(3) 煤炭。原煤征税；洗煤、选煤和其他煤炭制品不征税。

(4) 其他非金属矿。指原油、天然气、煤炭和井矿盐以外的非金属矿原矿和精矿，包括石墨、硅藻土、高岭石土、萤石、石灰石、硫铁矿、磷矿、硫酸钾、煤层气、黏土、砂石等原矿、精矿。

(5) 金属矿。指纳税人开采后自用、销售的金属矿原矿、精矿，包括铁矿、金矿、铅锌矿、铜矿、铝土矿、钨矿、锡矿、镍矿、稀土矿等的原矿、精矿。

(6) 盐。包括海盐、湖盐和井矿盐。

未列举名称的其他非金属矿原矿、精矿和金属矿原矿、精矿,由省、自治区、直辖市人民政府决定征收或暂缓征收资源税,并报财政部和国家税务总局备案。

自2016年7月1日,开展水资源税改革试点工作。

(二) 税率

资源税采取从价定率为主,从量定额为辅的办法计征,分别以应税产品的销售额乘以纳税人具体适用的比例税率或者以应税产品的销售数量乘以纳税人具体适用的定额税率计算,实施"级差调节"的原则。级差调节是指运用资源税对因资源贮存状况、开采条件、资源优劣、地理位置等客观存在的差别而产生的资源级差收入,通过实施差别税额标准进行调节。资源条件好的,税率、税额高一些;资源条件差的,税率、税额低一些。具体规定如表8-1所示。

表8-1 资源税税目、税率表

序号	税目		征税对象	税率幅度
1	原油			销售额的6%~10%
2	天然气			销售额的6%~10%
3	煤炭			2%~10%
4	金属矿	铁矿	精矿	1%~6%
		金矿	金锭	1%~4%
		铜矿	精矿	2%~8%
		铝土矿	原矿	3%~9%
		铅锌矿	精矿	2%~6%
		镍矿	精矿	2%~6%
		锡矿	精矿	2%~6%
		未列举名称的其他金属矿产品	原矿或精矿	税率不超过20%
5	非金属矿	石墨	精矿	3%~10%
		硅藻土	精矿	1%~6%
		高岭土	原矿	1%~6%
		萤石	精矿	1%~6%
		石灰石	原矿	1%~6%
		硫铁矿	精矿	1%~6%
		磷矿	原矿	3%~8%
		氯化钾	精矿	3%~8%
		硫酸钾	精矿	6%~12%
		井矿盐	氯化钠初级产品	1%~6%
		湖盐	氯化钠初级产品	1%~6%
		提取地下卤水晒制的盐	氯化钠初级产品	3%~15%
		煤层(成)气	原矿	1%~2%
		黏土、砂石	原矿	每吨或立方米0.1~5元
		未列举名称的其他非金属矿产品	原矿或精矿	从量税率每吨或立方米不超过30元;从价税率不超过20%
6	海盐		氯化钠初级产品	1%~5%

纳税人开采或者生产不同税目应税产品的，应当分别核算不同税目应税产品的销售额或者销售数量；未分别核算或者不能准确提供不同税目应税产品的销售额或者销售数量的，从高适用税率。

三、计税依据

（1）计税销售额的确定：纳税人销售应税产品向购买方收取的全部价款和价外费用。不包括增值税销项税额。

价外费用，包括价外向购买方收取的手续费、补贴、基金、集资费、返还利润、奖励费、违约金、滞纳金、延期付款利息、赔偿金、代收款项、代垫款项、包装费、包装物租金、储备费、优质费、运输装卸费及其他各种性质的价外收费。

根据税法相关规定，纳税人销售额价格明显偏低且不具有合理商业目的，或者有视同销售行为而无销售额的，除财政部和国家税务总局另有规定外，按下列顺序确定额定销售额。

① 按纳税人最近时期同类产品的平均销售价格确定。
② 按其他纳税人最近时期产品的平均销售价格确定。
③ 按组成计税价格确定，组成计税价格的公式为：

$$组成计税价格 = 成本 \times (1 + 成本利润率) / (1 - 税率)$$

公式中的成本：销售产品的为实际生产成本。

公式中的成本利润率由自治区、直辖市税务机关确定。

（2）纳税人开采或者生产应税产品销售的，以销售数量为课税数量。

纳税人开采或者生产应税产品自用的，以移送使用（非生产用）数量为课税数量。

如果纳税人不能准确提供应税产品销售数量或移送使用数量的，以应税产品的产量或主管税务机关确定的折算比换算成的数量为课税数量。

（3）纳税人开采或者生产不同的税目应税产品的，应当分别核算不同税目的应税产品的销售额或者销售数量；未分别核算或者不能准确提供不同税目的应税产品的销售额或者销售数量的，从高适用税率。

（4）纳税人开采或者生产应税产品用于连续生产应税产品的，不缴纳资源税；自用于其他方向的，视同销售，缴纳资源税。

四、应纳税额的计算

（1）实行从量定额征收的，根据应税产品的课税数量和规定的单位税额可以计算应纳税额。具体计算公式为：

$$应纳税额 = 课税数量 \times 单位税额$$

（2）实行从价定额征收的，应纳税额的计算公式为：

$$应纳税额 = 计税销售额 \times 税率$$

五、纳税义务发生时间

（1）纳税人销售应税产品，其纳税义务发生时间为：

① 纳税人采取分期收款结算方式的，其纳税义务发生时间为销售合同规定的收款日期的当天。

② 纳税人采取预收货款结算方式的，其纳税义务发生时间为发出应税产品的当天。

③ 纳税人采取其他结算方式的，其纳税义务发生时间为收讫销售款或者取得索取销售款凭据的当天。

（2）纳税人自产自用应税产品的纳税义务发生时间为移送使用应税产品的当天。

（3）扣缴义务人代扣代缴税款的纳税义务发生时间，为支付首笔货款或者开具应支付货款凭据的当天。

六、纳税期限

（1）纳税期限是纳税人发生纳税义务后缴纳税款的期限。资源税的纳税期限为1日、3日、5日、10日、15日或者1个月，纳税人的纳税期限由主管税务机关根据实际情况具体核定。不能按固定期限计算纳税的，可以按次计算纳税。

（2）纳税人以1个月为一期纳税的，自期满之日起10日内申报纳税；以1日、3日、5日、10日或者15日为一期纳税的，自期满之日起5日内预缴税款，于次月1日起10日内申报纳税并结清上月税款。

七、纳税地点

（1）凡是缴纳资源税的纳税人，都应当向应税产品的开采或者生产所在地主管税务机关缴纳税款。

（2）如果纳税人在本省、自治区、直辖市范围内开采或者生产应税产品，其纳税地点需要调整的，由所在地省、自治区、直辖市税务机关决定。

（3）如果纳税人应纳的资源税属于跨省开采，其下属生产单位与核算单位不在同一省、自治区、直辖市的，对其开采的矿产品一律在开采地纳税，其应纳税款由独立核算、自负盈亏的单位，按照开采地的实际销售量（或者自用量）及适用的单位税额计算划拨。

（4）扣缴义务人代扣代缴的资源税，也应当向收购地主管税务机关缴纳。

知识点四　土地增值税

一、纳税义务人

土地增值税的纳税义务人为转让国有土地使用权、地上的建筑及其附着物（以下简称"转让房地产"）并取得收入的单位和个人。不论是内资企业还是外商投资企业、外国驻华机构，也不论是中国公民，还是外国公民，只要有偿转让房地产，都是土地增值税的纳税人。

二、征税范围

（一）基本征税范围

土地增值税是对转让国有土地使用权及其上建筑物和附着物的行为征税，不包括国有土地使用权出让所取得的收入。出让的目的是实行国有土地的有偿使用制度，合理开发、利用、经营土地，因此，土地使用权的出让不属于土地增值税的征税范围。

土地增值税的基本征税范围包括：
（1）转让国有土地使用权。
（2）地上的建筑物及其附着物连同国有土地使用权一并转让。
（3）存量房地产的买卖。

存量房地产是指已经建成并已投入使用的房地产。

（二）具体情况判定

1. 房地产继承、赠与

（1）房地产的继承不属于土地增值税的征税范围。
（2）房地产的赠与不属于土地增值税的征税范围。

这里的"赠与"仅指以下情况：

① 房产所有人、土地使用权所有人将房屋产权、土地使用权赠与直系亲属或承担直接赡养义务的人。

② 房产所有人、土地使用权所有人通过中国境内非营利的社会团体、国家机关，将房屋产权、土地使用权赠与教育、民政和其他社会福利、公益事业的单位。上述社会团体是指中国青少年发展基金会、希望工程基金会、宋庆龄基金会、减灾委员会、中国红十字会、中国残疾人联合会、全国老年基金会、老区促进会以及经民政部门批准成立的其他非营利的公益性组织。

2. 房地产的出租

房地产的出租不属于土地增值税的征税范围。

3. 房地产的抵押

对房地产的抵押，在抵押期间不征收土地增值税。待抵押期满后，视该房地产是否转移占有而确定是否征收土地增值税。对于以房地产抵债而发生房地产权属转让的，应列入土地增值税的征税范围。

4. 房地产的交换

房地产的交换属于土地增值税的征税范围。但对个人之间互换自有居住用房地产的，经当地税务机关核实，可以免征土地增值税。

5. 以房地产进行投资、联营

以房地产进行投资、联营暂免征收土地增值税，但对投资、联营企业将上述房地产再转让的，应征收土地增值税。

投资、联营的企业属于从事房地产开发的，或者房地产开发企业以其建造的商品房进行投资和联营的，应当征收土地增值税。

6. 合作建房

合作建房，建成后按比例分房自用的，暂免征收土地增值税；建成后转让的，应征收土地增值税。

7. 企业兼并转让房地产

企业兼并转让房地产暂免征收土地增值税。

8. 房地产的代建房行为

房地产的代建房行为其收入属于劳务收入性质，不属于土地增值税的征税范围。

9. 房地产的重新评估

房地产的重新评估没有发生房地产权属的转移，房产产权、土地使用权人也未取得收入，所以不属于土地增值税的征税范围。

三、税率

土地增值税实行四级超率累进税率。

（1）增值额未超过扣除项目金额50%的部分，税率为30%。
（2）增值额超过扣除项目金额50%、未超过扣除项目金额100%的部分，税率为40%。
（3）增值额超过扣除项目金额100%、未超过扣除项目金额200%的部分，税率为50%。
（4）增值额超过扣除项目金额200%的部分，税率为60%。

上述所列四级超率累进税率，每级"增值额未超过扣除项目金额"的比例，均包括本比例数。超率累进税率如表8-2所示。

表8-2 土地增值税四级超率累进税率

级数	增值额与扣除项目金额的比率	税率/%	速算扣除系数
1	不超过50%的部分	30	0
2	超过50%至100%的部分	40	5
3	超过100%至200%的部分	50	15
4	超过200%的部分	60	35

四、应税收入与扣除项目

（一）收入项目

根据《中华人民共和国土地增值税暂行条例》及其实施细则的规定，纳税人转让房地产取得的应税收入，应包括转让房地产的全部价款及有关的经济收益。从收入的形式来看，包括货币收入、实物收入和其他收入。一般要对这些实物形态的财产进行估价。

（二）扣除项目的确定

计算土地增值税应纳税额，并不是直接对转让房地产所取得的收入征税，而是要对收入额减除国家规定的各项扣除项目金额后的余额计算征税（这个余额就是纳税人在转让房地产中获取的增值额）。因此，要计算增值额，首先必须确定扣除项目。税法准予纳税人从转让收入额中减除的扣除项目包括如下几项。

（1）取得土地使用权所支付的金额。
（2）房地产开发成本。
房地产开发成本是指纳税人房地产开发项目实际发生的成本，包括土地的征用及拆迁补偿费、前期工程费、建筑安装工程费、基础设施费、公共配套设施费、开发间接费用等。
（3）房地产开发费用。
（4）与转让房地产有关的税金。
（5）其他扣除项目。

五、应纳税额的计算

1. 增值额的确定

土地增值税纳税人转让房地产所取得的收入减除规定的扣除项目金额后的余额,为增值额。

2. 应纳税额的计算方法

土地增值税按照纳税人转让房地产所取得的增值额和规定的税率计算征收。土地增值税的计算公式为:

$$应纳税额 = \sum (每级距的土地增值额 \times 适用税率)$$

但在实际工作中,分步计算比较烦琐,一般可以采用速算扣除法计算。即计算土地增值税税额,可按增值额乘以适用的税率减去扣除项目金额乘以速算扣除系数的简便方法计算,具体公式如下:

(1) 增值额未超过扣除项目金额 50% 时,计算公式为:

$$土地增值税税额 = 增值额 \times 30\%$$

(2) 增值额超过扣除项目金额 50%,未超过 100% 时,计算公式为:

$$土地增值税税额 = 增值额 \times 40\% - 扣除项目金额 \times 5\%$$

(3) 增值额超过扣除项目金额 100%,未超过 200% 时,计算公式为:

$$土地增值税税额 = 增值额 \times 50\% - 扣除项目金额 \times 15\%$$

(4) 增值额超过扣除项目金额 200% 时,计算公式为:

$$土地增值税税额 = 增值额 \times 60\% - 扣除项目金额 \times 35\%$$

上述公式中的 5%、15%、35% 分别为 2、3、4 级的速算扣除系数。

【例题 8-3】 假定某房地产开发公司转让商品房一栋,取得收入总额为 1 000 万元,应扣除的购买土地的金额、开发成本的金额、开发费用的金额、相关税金的金额、其他扣除金额合计为 400 万元。计算该房地产开发公司应缴纳的土地增值税。

【解析】

(1) 先计算增值额。

$$增值额 = 1\ 000 - 400 = 600(万元)$$

(2) 再计算增值额与扣除项目金额的比率。

$$增值额与扣除项目金额的比率 = 600 \div 400 \times 100\% = 150\%$$

根据上述计算方法,增值额超过扣除项目金额 100%,未超过 200% 时,其适用的计算公式为:

$$土地增值税税额 = 增值额 \times 50\% - 扣除项目金额 \times 15\%$$

(3) 最后计算该房地产开发公司应缴纳的土地增值税。

$$应缴纳土地增值税 = 600 \times 50\% - 400 \times 15\% = 240(万元)$$

六、税收优惠

(1) 纳税人建造普通标准住宅出售,增值额未超过扣除项目金额 20% 的,免征土地增值税。

对企事业单位、社会团体以及其他组织转让旧房作为租赁房房源,且增值额未超过扣除项目金额20%的,免征土地增值税。

(2) 因国家建设需要依法征用、收回的房地产,免征土地增值税。

(3) 因城市实施规划、国家建设的需要而搬迁,由纳税人自行转让原房地产的,免征土地增值税。

(4) 对因中国邮政集团公司邮流业务重组改制,中国邮政集团公司向中国邮政速递物流股份有限公司、各省邮政公司向省邮政速递物流有限公司转移房地产产权应缴纳的土地增值税,予以免征。已缴纳的应予免征的土地增值税,应予以退税。

七、纳税地点

土地增值税的纳税人应向房地产所在地主管税务机关办理纳税申报,并在税务机关核定的期限内缴纳土地增值税。

这里所说的"房地产所在地",是指房地产的坐落地。纳税人转让的房地产坐落在两个或两个以上地区的,应按房地产所在地分别申报纳税。

八、纳税申报

土地增值税的纳税人应在转让房地产合同签订后的7日内,到房地产所在地主管税务机关办理纳税申报,并向税务机关提交房屋及建筑物产权、土地使用权证书,土地转让、房产买卖合同,房地产评估报告及其他与转让房地产有关的资料。

1995年5月17日,国家税务总局制定并下发了《土地增值税纳税申报表》。此表包括适用于从事房地产开发纳税人的《土地增值税纳税申报表(一)》,及适用于非从事房地产开发纳税人的《土地增值税纳税申报表(二)》。国家税务总局同时规定,纳税人必须按照税法的有关规定,向房地产所在地主管税务机关如实申报转让房地产所取得的收入、扣除项目金额以及应纳土地增值税税额,并按期缴纳税款。

知识点五 房产税

一、纳税义务人

房产税以在征税范围内的房屋产权所有人为纳税人。其中:

(1) 产权属国家所有的,由经营管理单位纳税;产权属集体和个人所有的,由集体单位和个人纳税。

(2) 产权出典的,由承典人纳税。

(3) 产权所有人、承典人不在房屋所在地的,由房产代管人或者使用人纳税。

(4) 产权未确定及租典纠纷未解决的,亦由房产代管人或者使用人纳税。

(5) 纳税单位和个人无租使用房产管理部门、免税单位及纳税单位的房产,应由使用人代为缴纳房产税。

(6) 自2009年1月1日起,外商投资企业、外国企业和组织以及外籍个人,依照《中华人民共和国房产税暂行条例》缴纳房产税。

二、征税范围

房产税以房产为征税对象。所谓房产,是指有屋面和围护结构(有墙或两边有柱),能够遮风避雨,可供人们在其中生产、学习、工作、娱乐、居住或贮藏物资的场所。房地产开发企业建造的商品房,在出售前,不征收房产税;但对出售前房地产开发企业已使用或出租、出借的商品房应按规定征收房产税。

房产税的征税范围为城市、县城、建制镇和工矿区。具体规定如下。
(1) 城市是指国务院批准设立的市。
(2) 县城是指县人民政府所在地的地区。
(3) 建制镇是指经省、自治区、直辖市人民政府批准设立的建制镇。
(4) 工矿区是指工商业比较发达、人口比较集中、符合国务院规定的建制镇标准但尚未设立建制镇的大中型工矿企业所在地。开征房产税的工矿区须经省、自治区、直辖市人民政府批准。

房产税的征税范围不包括农村。

三、税率

我国现行房产税采用的是比例税率。由于房产税的计税依据分为从价计征和从租计征两种形式,所以房产税的税率也有两种:一种是按房产原值一次减除10%~30%后的余值计征的,税率为1.2%;另一种是按房产出租的租金收入计征的,税率为12%。从2001年1月1日起,对个人按市场价格出租的居民住房,用于居住的,可暂减按4%的税率征收房产税。

四、计税依据

房产税的计税依据是房产的计税价值或房产的租金收入。按照房产计税价值征税的,称为从价计征;按照房产租金收入计征的,称为从租计征。

1. 从价计征

《中华人民共和国房产税暂行条例》规定,房产税依照房产原值一次减除10%~30%后的余值计算缴纳。各地扣除比例由当地省、自治区、直辖市人民政府确定。

房产余值是房产的原值减除规定比例后的剩余价值。

2. 从租计征

《中华人民共和国房产税暂行条例》规定,房产出租的,以房产租金收入为房产税的计税依据。

对出租房产,租赁双方签订的租赁合同约定有免收租金期限的,免收租金期间由产权所有人按照房产原值缴纳房产税。

五、应纳税额的计算

房产税的计税依据有两种,与之相适应的应纳税额计算也分为两种:一是从价计征的计算;二是从租计征的计算。

1. 从价计征的计算

从价计征是按房产的原值减除一定比例后的余值计征,其计算公式为:

$$应纳税额 = 应税房产原值 \times (1 - 扣除比例) \times 1.2\%$$

如前所述，房产原值是"固定资产"科目中记载的房屋原价；减除一定比例是省、自治区、直辖市人民政府规定的10%~30%的减除比例；计征的适用税率为1.2%。

【例题8-4】 某企业的经营用房原值为500万元，按照当地规定允许减除30%后余值计税，适用税率为1.2%。计算其应纳房产税税额。

【解析】
$$应纳税额 = 500 \times (1 - 30\%) \times 1.2\% = 4.2（万元）$$

2. 从租计征的计算

从租计征是按房产的租金收入计征，其计算公式为：
$$应纳税额 = 租金收入 \times 12\%（或4\%）$$

【例题8-5】 某公司出租房屋3间，年租金收入为20 000元，适用税率为12%。计算其应纳房产税税额。

【解析】
$$应纳税额 = 20\,000 \times 12\% = 2\,400（元）$$

六、税收优惠

（1）国家机关、人民团体、军队自用的房产免征房产税。

（2）由国家财政部门拨付事业经费的单位，如学校、医疗卫生单位、托儿所、幼儿园、敬老院、文化、体育、艺术这些实行全额或差额预算管理的事业单位所有的，本身业务范围内使用的房产免征房产税。

（3）宗教寺庙、公园、名胜古迹自用的房产免征房产税。

（4）个人所有非营业用的房产免征房产税。

（5）对行使国家行政管理职能的中国人民银行总行（含国家外汇管理局）所属分支机构自用的房产，免征房产税。

（6）经财政部批准免税的其他房产。这类免税房产情况特殊，范围较小，是根据实际情况确定的。主要有：

① 损坏不堪使用的房屋和危险房屋，经有关部门鉴定，在停止使用后，可免征房产税。

② 纳税人因房屋大修导致连续停用半年以上的，在房屋大修期间免征房产税，免征税额由纳税人在申报缴纳房产税时自行计算扣除，并在申报表附表或备注栏中作相应说明。

③ 在基建工地为基建工地服务的各种工棚、材料棚、休息棚和办公室、食堂、茶炉房、汽车房等临时性房屋，在施工期间，一律免征房产税。但工程结束后，施工企业将这种临时性房屋交还或估价转让给基建单位的，应从基建单位接收的次月起，照章纳税。

④ 为鼓励利用地下人防设施，暂不征收房产税。

⑤ 对非营利性医疗机构、疾病控制机构和妇幼保健机构等卫生机构自用的房产，免征房产税。

⑥ 老年服务机构自用的房产。老年服务机构是指专门为老年人提供生活照料、文化、护理、健身等多方面服务的福利性、非营利性的机构，主要包括老年社会福利院、敬老院（养老院）、老年服务中心、老年公寓（含老年护理院、康复中心、托老所）等。

⑦ 从2001年1月1日起，对按政府规定价格出租的公有住房和廉租住房，包括企业和

自收自支事业单位向职工出租的单位自有住房、房管部门向居民出租的公有住房，落实私房政策中带户发还产权并以政府规定租金标准向居民出租的私有住房等，暂免征收房产税。

⑧ 对邮政部门坐落在城市、县城、建制镇、工矿区范围内的房产，应当依法征收房产税；对坐落在城市、县城、建制镇、工矿区范围以外的尚在县邮政局内核算的房产，在单位财务账中划分清楚的，从2001年1月1日起不再征收房产税。

除上面提到的可以免纳房产税的情况以外，如纳税人确有困难的，可由省、自治区、直辖市人民政府确定，定期减征或者免征房产税。

① 向居民供热并向居民收取采暖费的供热企业暂免征收房产税。

② 对在一个纳税年度内月平均实际安置残疾人就业人数占单位在职职工总数的比例高于25%（含25%）且实际安置残疾人人数高于10人（含10人）的单位，可减征免征该年度城镇土地使用税。具体减免税比例及管理办法由省、自治区、直辖市财税主管部门确定。

七、征收管理

1. 纳税义务发生时间

（1）纳税人将原有房产用于生产经营，从生产经营之月起缴纳房产税。

（2）纳税人自行新建房屋用于生产经营，从建成之次月起缴纳房产税。

（3）纳税人委托施工企业建设的房屋，从办理验收手续之次月起缴纳房产税。

（4）纳税人购置新建商品房，自房屋交付使用之次月起缴纳房产税。

（5）纳税人购置存量房，自办理房屋权属转移、变更登记手续，房地产权属登记机关签发房屋权属证书之次月起，缴纳房产税。

（6）纳税人出租、出借房产，自交付出租、出借房产之次月起，缴纳房产税。

（7）房地产开发企业自用、出租、出借本企业建造的商品房，自房屋使用或交付之次月起，缴纳房产税。

（8）自2009年1月1日起，纳税人因房产的实物或权利状态发生变化而依法终止房产税纳税义务的，其应纳税款的计算应截至房产的实物或权利状态发生变化的当月末。

2. 纳税期限

房产税实行按年计算、分期缴纳的征收方法，具体纳税期限由省、自治区、直辖市人民政府确定。

3. 纳税地点

房产税在房产所在地缴纳。房产不在同一地方的纳税人，应按房产的坐落地点分别向房产所在地的税务机关纳税。

知识点六 城镇土地使用税

一、纳税义务人

在城市、县城、建制镇、工矿区范围内使用土地的单位和个人，为城镇土地使用税的纳税人。

几个人或几个单位共同拥有一块土地的使用权，这块土地的城镇土地使用税的纳税人应是对这块土地拥有使用权的每一个人或每一个单位。他们应以其实际使用的土地面积占总面积的比例,分别计算缴纳城镇土地使用税。例如,某城市的甲与乙共同拥有一块土地的使用权,这块土地面积为 1 500 平方米,甲实际使用 1/3,乙实际使用 2/3,则甲应是其所占的 500 平方米(1 500×1/3)土地的城镇土地使用税的纳税人,乙是其所占的土地 1 000 平方米(1 500×2/3)的城镇土地使用税的纳税人。

二、征税范围

城镇土地使用税的征税范围,包括在城市、县城、建制镇和工矿区内的国家所有和集体所有的土地。

上述城市、县城、建制镇和工矿区分别按以下标准确认。

(1) 城市是指经国务院批准设立的市。

(2) 县城是指县人民政府所在地。

(3) 建制镇是指经省、自治区、直辖市人民政府批准设立的建制镇。

(4) 工矿区是指工商业比较发达,人口比较集中,符合国务院规定的建制镇标准,但尚未设立建制镇的大中型工矿企业所在地。工矿区须经省、自治区、直辖市人民政府批准。

上述城镇土地使用税的征税范围中,城市的土地包括市区和郊区的土地,县城的土地是指县人民政府所在地的城镇的土地,建制镇的土地是指镇人民政府所在地的土地。

建立在城市、县城、建制镇和工矿区以外的工矿企业则不需缴纳城镇土地使用税。

另外,自 2009 年 1 月 1 日起,公园、名胜古迹内的索道公司经营用地,应按规定缴纳城镇土地使用税。

三、税率

城镇土地使用税采用定额税率,即采用有幅度的差别税额,按大、中、小城市和县城、建制镇、工矿区分别规定每平方米城镇土地使用税年应纳税额。具体标准如下:

(1) 大城市 1.5~30 元。

(2) 中等城市 1.2~24 元。

(3) 小城市 0.9~18 元。

(4) 县城、建制镇、工矿区 0.6~12 元。

大、中、小城市以公安部门登记在册的非农业正式户口人数为依据,按照国务院颁布的《城市规划条例》中规定的标准划分。人口在 50 万以上者为大城市;人口在 20 万到 50 万之间者为中等城市;人口在 20 万以下者为小城市。城镇土地使用税税率如表 8-3 所示。

表 8-3 城镇土地使用税税率

级别	人口/人	每平方米税额/元
大城市	50 万以上	1.5~30
中等城市	20 万~50 万	1.2~24
小城市	20 万以下	0.9~18
县城、建制镇、工矿区		0.6~12

各省、自治区、直辖市人民政府可根据市政建设情况和经济繁荣程度在规定税额幅度

内，确定所辖地区的适用税额幅度。经济落后地区，城镇土地使用税的适用税额标准可适当降低，但降低额不得超过上述规定最低税额的 30%。经济发达地区的适用税额标准可以适当提高，但须报财政部批准。

四、计税依据

城镇土地使用税以纳税人实际占用的土地面积为计税依据，土地面积计量标准为平方米。即税务机关根据纳税人实际占用的土地面积，按照规定的税额计算应纳税额，向纳税人征收城镇土地使用税。

纳税人实际占用的土地面积按下列办法确定。

（1）由省、自治区、直辖市人民政府确定的单位组织测定土地面积的，以测定的面积为准。

（2）尚未组织测量，但纳税人持有政府部门核发的土地使用证书的，以证书确认的土地面积为准。

（3）尚未核发土地使用证书的，应由纳税人申报土地面积，据以纳税，待核发土地使用证以后再作调整。

五、应纳税额的计算方法

城镇土地使用税的应纳税额可以通过纳税人实际占用的土地面积乘以该土地所在地段的适用税额求得。其计算公式为：

$$全年应纳税额 = 实际占用应税土地面积（平方米）\times 适用税额$$

【例题 8-6】设在某城市的一家企业使用土地面积为 10 000 平方米，经税务机关核定，该土地为应税土地，每平方米年税额为 4 元。计算其全年应纳的城镇土地使用税税额。

【解析】

年应纳城镇土地使用税税额 = 10 000 × 4 = 40 000（元）

六、税收优惠

（一）法定免缴城镇土地使用税的优惠

（1）国家机关、人民团体、军队自用的土地，免缴城镇土地使用税。

（2）由国家财政部门拨付事业经费的单位自用的土地，免缴城镇土地使用税。

（3）宗教寺庙、公园、名胜古迹自用的土地，免缴城镇土地使用税。

（4）市政街道、广场、绿化地带等公共用地，免缴城镇土地使用税。

（5）直接用于农、林、牧、渔业的生产用地，免缴城镇土地使用税（不包括农副产品加工场地和生活办公用地）。

（6）经批准开山填海整治的土地和改造的废弃土地，从使用的月份起免缴城镇土地使用税 5 年至 10 年。

（7）对非营利性医疗机构、疾病控制机构和妇幼保健机构等卫生机构自用的土地，免征城镇土地使用税。

（8）企业办的学校、医院、托儿所、幼儿园，其用地能与企业其他用地明确区分的，免征城镇土地使用税。

（9）免税单位无偿使用纳税单位的土地（如公安、海关等单位使用铁路、民航等单位的土地),免征城镇土地使用税。纳税单位无偿使用免税单位的土地,纳税单位应照章缴纳城镇土地使用税。纳税单位与免税单位共同使用共有使用权土地上的多层建筑,对纳税单位可按其占用的建筑面积占建筑总面积的比例计征城镇土地使用税。

(10) 对行使国家行政管理职能的中国人民银行总行(含国家外汇管理局)所属分支机构自用的土地,免征城镇土地使用税。

(11) 为了体现国家的产业政策,支持重点产业的发展,对石油、电力、煤炭等资源用地,民用港口、铁路等交通用地和水利设施用地,三线调整企业、盐业、采石场、邮电等一些特殊用地划分了征免税界限和给予政策性减免税照顾。

(二) 省、自治区、直辖市地方税务局确定减免城镇土地使用税的优惠

(1) 个人所有的居住房屋及院落用地,免缴城镇土地使用税。

(2) 房产管理部门在房租调整改革前经租的居民住房用地,免缴城镇土地使用税。

(3) 免税单位职工家属的宿舍用地,免缴城镇土地使用税。

(4) 民政部门举办的安置残疾人占一定比例的福利工厂用地,免缴城镇土地使用税。

(5) 集体和个人办的各类学校、医院、托儿所、幼儿园用地,免缴城镇土地使用税。

(6) 对基建项目在建期间使用的土地,原则上应照章征收城镇土地使用税。但对有些基建项目,特别是国家产业政策扶持发展的大型基建项目,其占地面积大,建设周期长,在建期间又没有经营收入,为照顾其实际情况,对纳税人纳税确有困难的,可由各省、自治区、直辖市地方税务局根据具体情况予以免征或减征城镇土地使用税。

(7) 城镇内的集贸市场(农贸市场)用地,按规定应征收城镇土地使用税。为促进集贸市场的发展及照顾各地的不同情况,各省、自治区、直辖市地方税务局可根据具体情况自行确定对集贸市场用地征收或者免征城镇土地使用税。

(8) 房地产开发公司建造商品房的用地,原则上应按规定计征城镇土地使用税。但在商品房出售之前纳税确有困难的,其用地是否给予缓征或减征、免征照顾,可由各省、自治区、直辖市地方税务局根据从严的原则结合具体情况确定。

(9) 原房管部门代管的私房,落实政策后,有些私房产权已归还给房主,但由于各种原因,房屋仍由原住户居住,并且住户仍是按照房管部门在房租调整改革之前确定的租金标准向房主缴纳租金。对这类房屋用地,房主缴纳城镇土地使用税确有困难的,可由各省、自治区、直辖市地方税务局根据实际情况,给予定期减征或免征城镇土地使用税的照顾。

(10) 对于各类危险品仓库、厂房所需的防火、防爆、防毒等安全防范用地,可由各省、自治区、直辖市地方税务局确定,暂免征收城镇土地使用税。

(11) 企业搬迁后原场地不使用的、企业范围内荒山等尚未利用的土地,免征城镇地使用税。免征税额由企业在申报缴纳城镇土地使用税时自行计算扣除,并在申报表附表或备注栏中作相应说明。

对搬迁后原场地不使用的和企业范围内荒山等尚未利用的土地,凡企业申报暂免征收城镇土地使用税的,应事先向土地所在地的主管税务机关报送有关部门的批准文件或认定书等相关证明材料,以备税务机关查验。具体报送材料由各省、自治区、直辖市和计划单列市地方税务局确定。

企业按上述规定暂免征收城镇土地使用税的土地开始使用时,应从使用的次月开始计算和申报缴纳城镇土地使用税。

（12）经贸仓库、冷库均属于征税范围，因此不宜一律免征城镇土地使用税。对纳税有困难的企业，可根据《中华人民共和国城镇土地使用税暂行条例》第七条的规定，向企业所在地的地方税务机关提出减免税申请，由省、自治区、直辖市地方税务局审核后，报国家税务总局批准，享受减免城镇土地使用税的照顾。

（13）房租调整改革后，房产管理部门经租的居民住房用地（不论是何时经租的），都应缴纳城镇土地使用税。至于房租调整改革后，有的房产管理部门按规定缴纳城镇土地使用税确有实际困难的，可按税收管理体制的规定，报经批准后再给予适当的减征或免征城镇土地使用税的照顾。

（14）考虑到中国物资储运总公司所属物资储运企业的经营状况，对中国物资储运总公司所属的物资储运企业的露天货场、库区道路、铁路专用线等非建筑用地免征城镇土地使用税问题，可由省、自治区、直辖市地方税务局按照下述原则处理：对经营情况好、有负税能力的企业，应恢复征收城镇土地使用税；对经营情况差，纳税确有困难的企业，可在授权范围内给予适当减免城镇土地使用税的照顾。

（15）向居民供热并向居民收取采暖费的供热企业暂免征收城镇土地使用税。"供热企业"包括专业供热企业、兼营供热企业、单位自供热及为小区居民供热的物业公司等，不包括从事热力生产但不直接向居民供热的企业。

七、征收管理

（一）纳税期限

城镇土地使用税实行按年计算、分期缴纳的征收方法，具体纳税期限由省、自治区、直辖市人民政府确定。

（二）纳税义务发生时间

（1）纳税人购置新建商品房，自房屋交付使用之次月起缴纳城镇土地使用税。

（2）纳税人购置存量房，自办理房屋权属转移、变更登记手续，房地产权属登记机关签发房屋权属证书之次月起缴纳城镇土地使用税。

（3）纳税人出租、出借房产，自交付出租、出借房产之次月起缴纳城镇土地使用税。

（4）以出让或转让方式有偿取得土地使用权的，应由受让方从合同约定交付土地时间的次月起缴纳城镇土地使用税；合同未约定交付时间的，由受让方从合同签订的次月起缴纳城镇土地使用税。

（5）纳税人新征用的耕地，自批准征用之日起满1年时开始缴纳城镇土地使用税。

（6）纳税人新征用的非耕地，自批准征用次月起缴纳城镇土地使用税。

（7）自2009年1月1日起，纳税人因土地的权利发生变化而依法终止城镇土地使用税纳税义务的，其应纳税款的计算应截至土地权利发生变化的当月末。

（三）纳税地点和征收机构

城镇土地使用税在土地所在地缴纳。

纳税人使用的土地不属于同一省、自治区、直辖市管辖的，由纳税人分别向土地所在地的税务机关缴纳城镇土地使用税；在同一省、自治区、直辖市管辖范围内，纳税人跨地区使用的土地，其纳税地点由各省、自治区、直辖市地方税务局确定。

城镇土地使用税由土地所在地的地方税务机关征收,其收入纳入地方财政预算管理。城镇土地使用税征收工作涉及面广,政策性较强,在税务机关负责征收的同时,还必须注意加强同国土管理、测绘等有关部门的联系,及时取得土地的权属资料,沟通情况,共同协作把征收管理工作做好。

知识点七　耕地占用税

一、纳税义务人

耕地占用税的纳税义务人是占用耕地建房或从事非农业建设的单位和个人。

二、征税范围

耕地占用税的征税范围包括纳税人为建房或从事其他非农业建设而占用的国家所有和集体所有的耕地。

三、税率

我国的不同地区之间人口和耕地资源的分布极不均衡:有些地区人烟稠密,耕地资源相对匮乏;而有些地区则人烟稀少,耕地资源比较丰富。各地区之间的经济发展水平也有很大差异。考虑到不同地区之间客观条件的差别以及与此相关的税收调节力度和纳税人负担能力方面的差别,耕地占用税在税率设计上采用了地区差别定额税率。

(1) 人均耕地不超过1亩的地区(以县级行政区域为单位,下同),每平方米为10元至50元。

(2) 人均耕地超过1亩但不超过2亩的地区,每平方米为8~40元。

(3) 人均耕地超过2亩但不超过3亩的地区,每平方米6~30元。

(4) 人均耕地超过3亩以上的地区,每平方米5~25元。

经济特区、经济技术开发区和经济发达、人均耕地特别少的地区,适用税额可以适当提高,但最多不得超过上述规定税额的50%。各省、自治区、直辖市耕地占用税每平方米平均税额如表8-4所示。

表8-4　各省、自治区、直辖市耕地占用税平均税额　　　　　单位:元

地区	每平方米平均税额
上海	45
北京	40
天津	35
江苏、浙江、福建、广东	30
辽宁、湖北、湖南	25
河北、安徽、江西、山东、河南、重庆、四川	22.5
广西、海南、贵州、云南、陕西	20
山西、吉林、黑龙江	17.5
内蒙古、西藏、甘肃、青海、宁夏、新疆	12.5

四、计税依据

耕地占用税以纳税人占用耕地的面积为计税依据，以平方米为计量单位。

五、税额计算

耕地占用税计算公式为：

$$应纳税额 = 实际占用耕地面积（平方米）\times 适用定额税率$$

【例题 8-7】假设某市一家企业新占用 19 800 平方米耕地用于工业建设，所占耕地适用的定额税率为 20 元/平方米。计算该企业应纳的耕地占用税。

【解析】

$$应纳税额 = 19\,800 \times 20 = 396\,000（元）$$

六、税收优惠和征收管理

(一) 免征耕地占用税

(1) 军事设施占用耕地。

(2) 学校、幼儿园、养老院、医院占用耕地。

(二) 减征耕地占用税

(1) 铁路线路、公路线路、飞机场跑道、停机坪、港口、航道占用耕地，减按每平方米 2 元的税额征收耕地占用税。

(2) 农村居民占用耕地新建住宅，按照当地适用税额减半征收耕地占用税。

知识点八　车辆购置税

一、纳税义务人

车辆购置税的纳税人是指在我国境内购置应税车辆的单位和个人。其中购置是指购买使用行为、进口使用行为、受赠使用行为、自产自用行为、获奖使用行为以及以拍卖、抵债、走私、罚没等方式取得并使用的行为，这些行为都是属于车辆购置税的应税行为。

二、征税范围

车辆购置税以列举的车辆作为征税对象，未列举的车辆不纳税。其征税范围包括汽车、摩托车、电车、挂车、农用运输车。具体规定如下：

(1) 汽车。包括各类汽车。

(2) 摩托车。

① 轻便摩托车：最高设计时速不大于 50 km/h，发动机气缸总排量不大于 50 cm^3 的两个或三个车轮的机动车。

② 二轮摩托车：最高设计车速大于 50 km/h，或发动机气缸总排量大于 50 cm^3 的两个车轮的机动车。

③ 三轮摩托车：最高设计车速大于 50 km/h，发动机气缸总排量大于 50 cm^3，空车质量

不大于 400 kg 的三个车轮的机动车。

（3）电车。

① 无轨电车：以电能为动力，由专用输电电缆供电的轮式公共车辆。

② 有轨电车：以电能为动力，在轨道上行驶的公共车辆。

（4）挂车。

① 全挂车：无动力设备，独立承载，由牵引车辆牵引行驶的车辆。

② 半挂车：无动力设备，与牵引车共同承载，由牵引车辆牵引行驶的车辆。

（5）农用运输车。

① 三轮农用运输车：柴油发动机，功率不大于 7.4 kW，载重量不大于 500 kg，最高车速不大于 40 km/h 的三个车轮的机动车。

② 四轮农用运输车：柴油发动机，功率不大于 28 kW，载重量不大于 1 500 kg，最高车速不大于 50 km/h 的四个车轮的机动车。

为了体现税法的统一性、固定性、强制性和法律的严肃性特征，车辆购置税征收范围的调整，由国务院决定，其他任何部门、单位和个人无权擅自扩大或缩小车辆购置税的征税范围。

三、税率

车辆购置税实行统一比例税率，税率为 10%。

四、计税依据

应税车辆的价格即计税价格是车辆购置税的计税依据。

（1）购买自用应税车辆计税依据的确定。

纳税人购买自用的应税车辆的计税依据为纳税人购买应税车辆而支付给销售方的全部价款和价外费用（不含增值税）。价外费用是指销售方价外向购买方收取的手续费、基金、违约金、包装费、运输费、保管费、代垫款项、代收款项和其他各种性质的价外收费，但不包括增值税税款。

（2）进口自用应税车辆计税依据的确定。

纳税人进口自用的应税车辆以组成计税价格为计税依据，组成计税价格的计算公式为：

$$组成计税价格 = 关税完税价格 + 关税 + 消费税$$

五、应纳税额的计算

1. 车辆购置税实行从价定率的方法计算应纳税额

计算公式为：

$$应纳税额 = 计税依据 \times 税率$$

【例题 8-8】宋某 2018 年 12 月份，从某汽车有限公司购买一辆小汽车供自己使用，支付了含增值税税款在内的款项 234 000 元，另支付代收临时牌照费 550 元、代收保险费 1 000 元，支付购买工具件和零配件价款 3 000 元，车辆装饰费 1 300 元。所支付的款项均由该汽车有限公司开具"机动车销售统一发票"和有关票据。请计算宋某应纳车辆购置税。

【解析】

（1）计税依据 =（234 000 + 550 + 1 000 + 3 000 + 1 300）÷（1 + 16%）= 206 767.24（元）

（2）应纳税额 = 206 767.24 × 10% = 20 672.724（元）

2. 进口自用应税车辆应纳税额的计算

纳税人进口自用的应税车辆应纳税额的计算公式为：

$$应纳税额 =（关税完税价格 + 关税 + 消费税）× 税率$$

【例题 8-9】某外贸进出口公司 2018 年 12 月份，从国外进口 10 辆宝马公司生产的某型号小轿车。该公司报关进口这批小轿车时，经报关地海关对有关报关资料的审查，确定关税完税价格为每辆 185 000 元人民币，海关按关税政策规定每辆征收了关税 203 500 元，并按消费税、增值税有关规定分别代征了每辆小轿车的进口消费税 11 655 元和增值税 64 025 元。由于联系业务需要，该公司将 1 辆小轿车留在本单位使用。根据以上资料，计算应纳车辆购置税。

【解析】

（1）计税依据 = 185 000 + 203 500 + 11 655 = 400 155（元）

（2）应纳税额 = 400 155 × 10% = 40 015.5（元）

3. 其他自用应税车辆应纳税额的计算

纳税人自产自用、受赠使用、获奖使用和以其他方式取得并自用应税车辆的，凡不能取得该型车辆的购置价格，或者低于最低计税价格的，以国家税务总局核定的最低计税价格作为计税依据计算征收车辆购置税。

$$应纳税额 = 最低计税价格 × 税率$$

【例题 8-10】某客车制造厂将自产的一辆某型号的客车，用于本厂后勤服务。该厂在办理车辆上牌落籍前，出具该车的发票，注明金额 65 000 元，并按此金额向主管税务机关申报纳税。经审核，国家税务总局对该车同类型车辆核定的最低计税价格为 80 000 元。计算该车应纳车辆购置税。

【解析】

$$应纳税额 = 80 000 × 10% = 8 000（元）$$

4. 特殊情形下自用应税车辆应纳税额的计算

（1）减税、免税条件消失车辆应纳税额的计算。

对减税、免税条件消失的车辆，纳税人应按现行规定，在办理车辆过户手续前或者办理变更车辆登记注册手续前向税务机关缴纳车辆购置税。

$$应纳税额 = 同类型新车最低计税价格 ×[1 -（已使用年限 ÷ 规定使用年限）]× 100\% × 税率$$

（2）未按规定纳税车辆应补税额的计算。

纳税人未按规定纳税的，应按现行政策规定的计税价格，区分情况分别确定征税。不能提供购车发票和有奖购车证明资料的，检查地税务机关应按同类型应税车辆的最低计税价格征税；如果纳税人回落籍地后提供的购车发票金额与支付的价外费用之和高于核定的最低计税价格的，落籍地主管税务机关还应对其差额计算补税。

$$应纳税额 = 最低计税价格 × 税率$$

六、税收优惠

（一）车辆购置税减免税规定

我国车辆购置税实行法定减免，减免税范围的具体规定是：

(1) 外国驻华使馆、领事馆和国际组织驻华机构及其外交人员自用车辆免税。
(2) 中国人民解放军和中国人民武装警察部队列入军队武器装备订货计划的车辆免税。
(3) 设有固定装置的非运输车辆免税。
(4) 有国务院规定予以免税或者减税的其他情形的，按照规定免税或减税。

根据现行政策规定，上述"其他情形"的车辆，目前主要有以下几种。

① 防汛部门和森林消防部门用于指挥、检查、调度、报汛（警）、联络的设有固定装置的指定型号的车辆。

② 回国服务的留学人员用现汇购买 1 辆自用国产小汽车。

③ 长期来华定居专家 1 辆自用小汽车。

自 2016 年 1 月 1 日起至 2020 年 12 月 31 日止对城市公交企业购置的公共汽电车辆免征车辆购置税。自 2018 年 1 月 1 日起至 2020 年 12 月 31 日，对购置新能源汽车免征车辆购置税。

（二）车辆购置税的退税

纳税人已经缴纳车辆购置税但在办理车辆登记手续前，因下列原因需要办理退还车辆购置税的，由纳税人申请，征收机构审查后办理退还车辆购置税手续。

(1) 公安机关车辆管理机构不予办理车辆登记注册手续的，凭公安机关车辆管理机构出具的证明办理退税手续。

(2) 因质量等原因发生退回所购车辆的，凭经销商的退货证明办理退税手续。

七、征收管理

根据 2006 年 1 月 1 日开始试行的《车辆购置税征收管理办法》，车辆购置税的征收规定如下。

（一）纳税申报

车辆购置税实行一车一申报制度。

（二）纳税环节

车辆购置税的征税环节为使用环节，即最终消费环节。

（三）纳税地点

纳税人购置应税车辆，应当向车辆登记注册地的主管税务机关申报纳税；购置不需办理车辆登记注册手续的应税车辆，应当向纳税人所在地主管税务机关申报纳税。车辆登记注册地是指车辆的上牌落籍地或落户地。

（四）纳税期限

纳税人购买自用的应税车辆，自购买之日起 60 日内申报纳税；进口自用的应税车辆，应当自进口之日起 60 日内申报纳税；自产、受赠、获奖和以其他方式取得并自用的应税车辆，应当自取得之日起 60 日内申报纳税。

这里的"购买之日"是指纳税人购车发票上注明的销售日期；"进口之日"是指纳税人报关进口的当天。

（五）车辆购置税的缴税管理

车辆购置税税款缴纳方法主要有以下几种。

(1)自报核缴。即由纳税人自行计算应纳税额、自行填报纳税申报表有关资料,向主管税务机关申报,经税务机关审核后,开具完税证明,由纳税人持完税凭证向当地金库或金库经收处缴纳税款。

(2)集中征收缴纳。包括两种情况:一是由纳税人集中向税务机关统一申报纳税。它适用于实行集中购置应税车辆的单位缴纳和经批准实行代理制经销商的缴纳。二是由税务机关集中报缴税款。即在纳税人向实行集中征收的主管税务机关申报缴纳税款,税务机关开具完税凭证后,由税务机关填写汇总缴款书,将税款集中缴入当地金库或金库经收处。它通用于税源分散、税额较少、税务部门实行集中征收管理的地区。

(3)代征、代扣、代收。即扣缴义务人按税法规定代扣代缴、代收代缴税款,税务机关委托征收单位代征税款的征收方式。它适用于税务机关委托征收或纳税人依法受托征收税款。

知识点九 车船税

一、纳税义务人

所谓车船税,是指在中华人民共和国境内的车辆、船舶的所有人或者管理人按照中华人民共和国车船税暂行条例应缴纳的一种税。

车船税的纳税义务人,是指在中华人民共和国境内,车辆、船舶(以下简称"车船")的所有人或者管理人,应当依照《中华人民共和国车船税暂行条例》的规定缴纳车船税。

二、征税范围

车船税的征税范围是指在中华人民共和国境内属于车船税法所附《车船税税目税额表》规定的车辆、船舶。车辆、船舶是指:

(1)依法应当在车船管理部门登记的机动车辆和船舶。

(2)依法不需要在车船管理部门登记、在单位内部场所行驶或者作业的机动车辆和船舶。

三、税目与税率

车船税实行定额税率。定额税率,也称固定税额,是税率的一种特殊形式。定额税率计算简便,适宜于从量计征的税种。车船税的适用税额,依照条例所附的《车船税税目税额表》执行。

国务院财政部门、税务主管部门可以根据实际情况,在《车船税税目税额表》规定的税目范围和税额幅度内,划分子税目,并明确车辆的子税目税额幅度和船舶的具体适用税额。车辆的具体适用税额由省、自治区、直辖市人民政府在规定的子税目税额幅度内确定。

车船税采用定额税率,即对征税的车船规定单位固定税额。车船税确定税额总的原则是:非机动车船的税负轻于机动车船;人力车的税负轻于畜力车;小吨位船舶的税负轻于大船舶。由于车辆与船舶的行驶情况不同,车船税的税额也有所不同。

(1)机动船舶,具体适用税额为:

① 净吨位小于或者等于200吨的,每吨3元。

② 净吨位 201～2 000 吨的，每吨 4 元。
③ 净吨位 2 001～10 000 吨的，每吨 5 元。
④ 净吨位 10 001 吨及以上的，每吨 6 元。
拖船按照发动机功率每 2 马力折合净吨位 1 吨计算征收车船税。
（2）游艇，具体适用税额为：
① 艇身长度不超过 10 米的游艇，每米 600 元。
② 艇身长度超过 10 米但不超过 18 米的游艇，每米 900 元。
③ 艇身长度超过 18 米但不超过 30 米的游艇，每米 1 300 元。
④ 艇身长度超过 30 米的游艇，每米 1 800 元。
⑤ 辅助动力帆艇，每米 600 元。
游艇艇身长度是指游艇的总长。
（3）车辆整备质量尾数不超过 0.5 吨的，按照 0.5 吨计算；超过 0.5 吨的，按照 1 吨计算。整备质量不超过 1 吨的车辆，按照 1 吨计算。
（4）船舶净吨位尾数不超过 0.5 吨的不予计算，超过 0.5 吨的，按照 1 吨计算。净吨位不超过 1 吨的船舶，按照 1 吨计算。
（5）车船税法和实施条例所涉及的排气量、整备质量、核定载客人数、净吨位、马力、艇身长度，以车船管理部门核发的车船登记证书或者行驶证所载数据为准。
依法不需要办理登记、依法应当登记而未办理登记或者不能提供车船登记证书、行驶证的，以车船出厂合格证明或者进口凭证相应项目标注的技术参数、所载数据为准；不能提供车船出厂合格证明或者进口凭证的，由主管税务机关参照国家相关标准核定，没有国家相关标准的参照同类车船核定。

四、应纳税额的计算

纳税人按照纳税地点所在的省、自治区、直辖市人民政府确定的具体适用税额缴纳车船税。车船税由地方税务机关负责征收。
（1）购置的新车船，购置当年的应纳税额自纳税义务发生的当月起按月计算。计算公式为：

$$应纳税额 = (年应纳税额 \div 12) \times 应纳税月份数$$

（2）在一个纳税年度内，已完税的车船被盗抢、报废、灭失的，纳税人可以凭有关管理机关出具的证明和完税证明，向纳税所在地的主管税务机关申请退还自被盗抢、报废、灭失月份起至该纳税年度终了期间的税款。
（3）已办理退税的被盗抢车船，失而复得的，纳税人应当从公安机关出具相关证明的当月起计算缴纳车船税。
（4）在一个纳税年度内，纳税人在非车辆登记地由保险机构代收代缴机动车车船税，且能够提供合法有效完税证明的，纳税人不再向车辆登记地的地方税务机关缴纳车辆车船税。
（5）已缴纳车船税的车船在同一纳税年度内办理转让过户的，不另纳税，也不退税。

【例题 8-11】某运输公司拥有载货汽车 15 辆（货车载重净吨位全部为 10 吨），乘人大客车 20 辆，小客车 10 辆。计算该公司应纳车船税。（注：载货汽车每吨年税额 80 元，乘人

大客车每辆年税额 800 元，小客车每辆年税额 700 元）

【解析】

(1) 载货汽车应纳税额 = 15×10×80 = 12 000（元）

(2) 乘人汽车应纳税额 = 20×800 + 10×700 = 23 000（元）

(3) 全年应纳车船税额 = 12 000 + 23 000 = 35 000（元）

五、税收优惠

（一）法定减免

(1) 捕捞、养殖渔船。捕捞、养殖渔船是指在渔业船舶管理部门登记为捕捞船或者养殖船的渔业船舶。

(2) 军队、武警专用的车船。军队、武警专用的车船是指按照规定在军队、武警车船管理部门登记，并领取军用牌照、武警牌照的车船。

(3) 警用车船。警用车船是指公安机关、国家安全机关、监狱、劳动教养管理机关和人民法院、人民检察院领取警用牌照的车辆和执行警务的专用船舶。

(4) 依照法律规定应当予以免税的外国驻华使馆、国际组织驻华机构及其有关人员的车船。

(5) 对节约能源、使用新能源的车船可以减征或者免征车船税；对受严重自然灾害影响纳税困难，以及有其他特殊原因确需减税、免税的，可以减征或者免征车船税。

(6) 省、自治区、直辖市人民政府根据当地实际情况，可以对公共交通车船，农村居民拥有并主要在农村地区使用的摩托车、三轮汽车和低速载货汽车定期减征或者免征车船税。

六、征收管理

（一）纳税期限

车船税纳税义务发生时间为取得车船所有权或者管理权的当月。以购买车船的发票或其他证明文件所载日期的当月为准。

车船税的纳税义务发生时间，为车船管理部门核发的车船登记证书或者行驶证书所记载日期的当月。纳税人未按照规定到车船管理部门办理应税车船登记手续的，以车船购置发票所载开具时间的当月作为车船税的纳税义务发生时间。对未办理车船登记手续且无法提供车船购置发票的，由主管地方税务机关核定纳税义务发生时间。

（二）纳税地点

车船税的纳税地点为车船的登记地或者车船税扣缴义务人所在地。依法不需要办理登记的车船，车船税的纳税地点为车船的所有人或者管理人所在地。

扣缴义务人代收代缴车船税的，纳税地点为扣缴义务人所在地。

纳税人自行申报缴纳车船税的，纳税地点为车船登记地的主管税务机关所在地。

依法不需要办理登记的车船，纳税地点为车船所有人或者管理人主管税务机关所在地。

（三）纳税申报

车船税按年申报，分月计算，一次性缴纳。纳税年度为公历 1 月 1 日至 12 月 31 日。车船税按年申报缴纳。具体申报纳税期限由省、自治区、直辖市人民政府规定。

知识点十　印花税

一、纳税义务人

印花税是以经济活动和经济交往中，书立、领受应税凭证的行为为征税对象征收的一种税。印花税因其采用在应税凭证上粘贴印花税票的方法缴纳税款而得名。

印花税的纳税义务人，是在中国境内书立、使用、领受印花税法所列举的凭证并应依法履行纳税义务的单位和个人。

上述单位和个人，按照书立、使用、领受应税凭证的不同，可以分别确定为立合同人、立据人、立账簿人、领受人、使用人和各类电子应税凭证的签订人。

1. 立合同人

立合同人指合同的当事人。所谓当事人，是指对凭证有直接权利义务关系的单位和个人，但不包括合同的担保人、证人、鉴定人。各类合同的纳税人是立合同人。各类合同包括购销、加工承揽、建设工程承包、财产租赁、货物运输、仓储保管、借款、财产保险、技术合同或者具有合同性质的凭证。

2. 立据人

产权转移书据的纳税人是立据人。立据人是指土地、房屋权属转移过程中买卖双方的当事人。

3. 立账簿人

营业账簿的纳税人是立账簿人。所谓立账簿人，指设立并使用营业账簿的单位和个人。

4. 领受人

权利、许可证照的纳税人是领受人。领受人是指领取或接受并持有该项凭证的单位和个人。

5. 使用人

在国外书立、领受，但在国内使用的应税凭证，其纳税人是使用人。

6. 各类电子应税凭证的签订人

各类电子应税凭证的签订人即以电子形式签订的各类应税凭证的当事人。

二、税目与税率

（一）税目

印花税的税目，指印花税法明确规定的应当纳税的项目，它具体划定了印花税的征税范围。一般地说，列入税目的就要征税，未列入税目的就不征税。印花税共有 13 个税目。

1. 购销合同

购销合同包括供应、预购、采购、购销结合及协作、调剂、补偿、贸易等合同。此外，还包括出版单位与发行单位之间订立的图书、报纸、期刊和音像制品的应税凭证，还包括发电厂与电网之间、电网与电网之间（国家电网公司系统、南方电网公司系统内部各级电网互供电量除外）签订的购售电合同。但是，电网与用户之间签订的供用电合同不属于印花税列举征税的凭证,不征收印花税。

2. 加工承揽合同

加工承揽合同包括加工、定做、修缮、修理、印刷、广告、测绘、测试等合同。

3. 建设工程勘察设计合同

建设工程勘察设计合同包括勘察、设计合同。

4. 建筑安装工程承包合同

建筑安装工程承包合同包括建筑、安装工程承包合同。承包合同,包括总承包合同、分包合同和转包合同。

5. 财产租赁合同

财产租赁合同包括租赁房屋、船舶、飞机、机动车辆、机械、器具、设备等合同,还包括企业、个人出租门店、柜台等签订的合同。

6. 货物运输合同

货物运输合同包括民用航空、铁路运输、海上运输、公路运输和联运合同,以及作为合同使用的单据。

7. 仓储保管合同

仓储保管合同包括仓储、保管合同,以及作为合同使用的仓单、栈单等。

8. 借款合同

借款合同包括银行及其他金融组织与借款人(不包括银行同业拆借)所签订的合同,以及只填开借据并作为合同使用、取得银行借款的借据。银行及其他金融机构经营的融资租赁业务,是一种以融物方式达到融资目的的业务,实际上是分期偿还的固定资金借款,因此融资租赁合同也属于借款合同。

9. 财产保险合同

财产保险合同包括财产、责任、保证、信用保险合同,以及作为合同使用的单据。财产保险合同,分为企业财产保险、机动车辆保险、货物运输保险、家庭财产保险和农牧业保险五大类。"家庭财产两全保险"属于家庭财产保险性质,其合同在财产保险合同之列,应照章纳税。

10. 技术合同

技术合同包括技术开发、转让、咨询、服务等合同,以及作为合同使用的单据。技术转让合同,包括专利申请权转让、专利实施许可和非专利技术转让。技术咨询合同,是当事人就有关项目的分析、论证、预测和调查订立的技术合同。但一般的法律、会计、审计等方面的咨询不属于技术咨询,其所立合同不贴印花。

技术服务合同,是当事人一方委托另一方就解决有关特定技术问题,如为改进产品结构、改良工艺流程、提高产品质量、降低产品成本、保护资源环境、实现安全操作、提高经济效益等提出实施方案,实施指导所订立的技术合同,包括技术服务合同、技术培训合同和技术中介合同。但不包括以常规手段或者为生产经营目的进行一般加工、修理、修缮、广告、印刷、测绘、标准化测试,以及勘察、设计等所书立的合同。

11. 产权转移书据

产权转移书据包括财产所有权和版权、商标专用权、专利权、专有技术使用权等转移书据和土地使用权出让合同、土地使用权转让合同、商品房销售合同等权力转移合同。

所称产权转移书据,是指单位和个人产权的买卖、继承、赠与、交换、分割等所立的书据。财产所有权转换书据的征税范围,是指经政府管理机关登记注册的动产、不动产的所有权转移所立的书据,以及企业股权转让所立的书据,并包括个人无偿赠送不动产所签订的个人无偿赠与不动产登记表。当纳税人完税后,税务机关(或其他征收机关)应在纳税人印花税完税凭证上加盖"个人无偿赠与"印章。

12. 营业账簿

营业账簿指单位或者个人记载生产经营活动的财务会计核算账簿。营业账簿按其反映内容的不同,可分为记载资金的账簿和其他账簿。

记载资金的账簿,是指反映生产经营单位资本金数额增减变化的账簿。其他账簿,是指除上述账簿以外的有关其他生产经营活动内容的账簿,包括日记账簿和各明细分类账簿。

但是,对金融系统营业账簿,要结合金融系统财务会计核算的实际情况进行具体分析。凡银行用以反映资金存贷经营活动、记载经营资金增减变化、核算经营成果的账簿,如各种日记账、明细账和总账都属于营业账簿,应按照规定缴纳印花税;银行根据业务管理需要设置的各种登记簿,如空白重要凭证登记簿、有价单证登记簿、现金收付登记簿等,其记载的内容与资金活动无关,仅用于内部备查,属于非营业账簿,均不征收印花税。

13. 权利、许可证照

权利、许可证照包括政府部门发给的房屋产权证、工商营业执照、商标注册证、专利证、土地使用证。

(二)税率

印花税的税率设计,遵循税负从轻、共同负担的原则。所以税率比较低;凭证的当事人,即对凭证有直接权利与义务的单位和个人均应就其所持凭证依法纳税。

印花税的税率有两种形式,即比例税率和定额税率。

(1)比例税率。在印花税的13个税目中,各类合同以及具有合同性质的凭证(含以电子形式签订的各类应税凭证)、产权转移书据、营业账簿中记载资金的账簿,适用比例税率。

印花税的比例税率分为4个档次,分别是0.05‰、0.3‰、0.5‰、1‰。

① 适用0.05‰税率的为"借款合同"。

② 适用0.03‰税率的为"购销合同""建筑安装工程承包合同""技术合同"。

③ 适用0.05‰税率的是"加工承揽合同""建筑工程勘察设计合同""货物运输合同""产权转移书据""营业账簿"税目中记载资金的账簿。

④ 适用1‰税率的为"财产租赁合同""仓储保管合同""财产保险合同""股权转让书据",包括A股和B股。

(2)定额税率。在印花税的13个税目中,"权利、许可证照"和"营业账簿"税目中的其他账簿,适用定额税率,均为按件贴花,税额为5元。上述应税凭证有的是无法计算金额的凭证,例如权利、许可证照;有的是虽记载有金额,但以其作为计税依据又明显不合理的凭证,例如其他账簿。采用定额税率,便于纳税人缴纳,便于税务机关征管。印花税税目税率如表8-5所示。

表8-5 印花税科目、税率

税目	范围	税率	纳税人	说明
1. 购销合同	包括供应、预购、采购、购销结合及协作、调剂、补偿、易货等合同	按购销金额0.3‰贴花	立合同人	
2. 加工承揽合同	包括加工、定做、修缮、修理、印刷、广告、测绘、测试等合同	按加工或承揽收入0.5‰贴花	立合同人	
3. 建设工程勘察设计合同	包括勘察、设计合同	按收取费用0.5‰贴花	立合同人	
4. 建筑安装工程承包合同	包括建筑、安装工程承包合同	按承包金额0.3‰贴花	立合同人	
5. 财产租赁合同	包括租赁房屋、船舶、飞机、机动车辆、机械、器具、设备等合同	按租赁金额1‰贴花。税额不足1元,按1元贴花	立合同人	
6. 货物运输合同	包括民用航空运输、铁路运输、海上运输、内河运输、公路运输和联运合同	按运输费用0.5‰贴花	立合同人	单据作为合同使用的,按合同贴花
7. 仓储保管合同	包括仓储、保管合同	按仓储保管费用1‰贴花	立合同人	仓单或栈单作为合同使用的,按合同贴花
8. 借款合同	银行及其他金融机构和借款人(不包括银行同业拆借)所签订的借款合同	按借款金额0.05‰贴花	立合同人	单据作为合同使用的,按合同贴花
9. 财产保险合同	包括财产、责任保证、信用等保险合同	按收取的保险费收入1‰贴花	立合同人	单据作为合同使用的,按合同贴花
10. 技术合同	包括技术开发、转让、咨询、服务等合同	按所记载金额0.3‰贴花	立合同人	
11. 产权转移书据	包括财产所有权和版权、商标专用权、专利权、专有技术使用权等转移书据,土地使用权出让合同,土地使用权转让合同,商品房销售合同	按所记载金额0.5‰贴花	立据人	
12. 营业账簿	生产、经营用账册	记载资金的账簿,按实收资本和资本公积的合计金额0.5‰贴花。其他账簿按件贴花5元	立账簿人	
13. 权利、许可证照	包括政府部门发给的房屋产权证、工商营业执照、商标注册证、专利证、土地使用证	按件贴花5元	领受人	

三、应纳税额的计算

（一）计税依据的一般规定

印花税的计税依据为各种应税凭证上所记载的计税金额。具体规定为：

（1）购销合同的计税依据为合同记载的购销金额。

（2）加工承揽合同的计税依据是加工或承揽收入的金额。

① 对于由受托方提供原材料的加工、定做合同，凡在合同中分别记载加工费金额和原材料金额的，应分别按加工承揽合同、购销合同计税，两项税额相加数，即为合同应贴印花；若合同中未分别记载，则应就全部金额依照加工承揽合同计税贴花。

② 对于由委托方提供主要材料或原料，受托方只提供辅助材料的加工合同，无论加工费和辅助材料金额是否分别记载，均以辅助材料与加工费的合计数，依照加工承揽合同计税贴花。对委托方提供的主要材料或原料金额不计税贴花。

（3）建设工程勘察设计合同的计税依据为收取的费用。

（4）建筑安装工程承包合同的计税依据为承包金额。

（5）财产租赁合同的计税依据为租赁金额；经计算税额不足1元的，按1元贴花。

（6）货物运输合同的计税依据为取得的运输费金额（即运费收入），不包括所运货物的金额、装卸费和保险费等。

（7）仓储保管合同的计税依据为收取的仓储保管费用。

（8）借款合同的计税依据为借款金额。针对实际借贷活动中不同的借款形式，税法规定了不同的计税方法。

① 凡是一项信贷业务既签订借款合同，又一次或分次填开借据的，只以借款合同所载金额为计税依据计税贴花；凡是只填开借据并作为合同使用的，应以借据所载金额为计税依据计税贴花。

② 借贷双方签订的流动资金周转性借款合同，一般按年（期）签订，规定最高限额，借款人在规定的期限和最高限额内随借随还。为避免加重借贷双方的负担，对这类合同只以其规定的最高限额为计税依据，在签订时贴花一次，在限额内随借随还不签订新合同的，不再另贴印花。

③ 对借款方以财产作抵押，从贷款方取得一定数量抵押贷款的合同，应按借款合同贴花；在借款方因无力偿还借款而将抵押财产转移给贷款方时，应再就双方书立的产权书据，按产权转移书据的有关规定计税贴花。

④ 银行及其他金融组织的融资租赁业务签订的融资租赁合同，应按合同所载租金总额，暂按借款合同计税。

⑤ 在贷款业务中，如果贷方系由若干银行组成的银团，银团各方均承担一定的贷款数额，借款合同由借款方与银团各方共同书立，各执一份合同正本，对这类合同借款方与贷款银团各方应分别在所执的合同正本上，按各自的借款金额计税贴花。

⑥ 在基本建设贷款中，如果按年度用款计划分年签订借款合同，在最后一年按总概算签订借款总合同，且总合同的借款金额包括各个分合同的借款金额的，对这类基建借款合同，应按分合同分别贴花，最后签订的总合同，只就借款总额扣除分合同借款金额后的余额

计税贴花。

（9）财产保险合同的计税依据为支付（收取）的保险费，不包括所保财产的金额。

（10）技术合同的计税依据为合同所载的价款、报酬或使用费。为了鼓励技术研究开发，对技术开发合同，只就合同所载的报酬金额计税，研究开发经费不作为计税依据。单对合同约定按研究开发经费一定比例作为报酬的，应按一定比例的报酬金额贴花。

（11）产权转移书据的计税依据为所载金额。

（12）营业账簿税目中记载资金的账簿的计税依据为"实收资本"与"资本公积"两项的合计金额。

其他账簿的计税依据为应税凭证件数。

（13）权利、许可证照的计税依据为应税凭证件数。

（二）计税依据的特殊规定

（1）上述凭证以"金额""收入""费用"作为计税依据的，应当全额计税，不得作任何扣除。

（2）同一凭证，载有两个或两个以上经济事项而适用不同税目税率，如分别记载金额的，应分别计算应纳税额，相加后按合计税额贴花；如未分别记载金额的，按税率高的计税贴花。

（3）按金额比例贴花的应税凭证，未标明金额的，应按照凭证所载数量及国家牌价计算金额；没有国家牌价的，按市场价格计算金额，然后按规定税率计算应纳税额。

（4）应税凭证所载金额为外国货币的，应按照凭证书立当日国家外汇管理局公布的外汇牌价折合成人民币，然后计算应纳税额。

（5）应纳税额不足1角的，免纳印花税；1角以上的，其税额尾数不满5分的不计，满5分的按1角计算。

（6）有些合同，在签订时无法确定计税金额，如技术转让合同中的转让收入是按销售收入的一定比例收取或是按实现利润分成的，财产租赁合同只是规定了月（天）租金标准而无租赁期限的。对这类合同，可在签订时先按定额5元贴花，以后结算时再按实际金额计税，补贴印花。

（7）应税合同在签订时纳税义务即已产生，应计算应纳税额并贴花。所以，不论合同是否兑现或是否按期兑现，均应贴花。

对已履行并贴花的合同，所载金额与合同履行后实际结算金额不一致的，只要双方未修改合同金额，一般不再办理完税手续。

（8）对有经营收入的事业单位，凡属由国家财政拨付事业经费，实行差额预算管理的单位，其记载经营业务的账簿，按其他账簿定额贴花，不记载经营业务的账簿不贴花；凡属经费来源实行自收自支的单位，其营业账簿，应对记载资金的账簿和其他账簿分别计算应纳税额。

跨地区经营的分支机构使用的营业账簿，应由各分支机构于其所在地计算贴花。对上级单位核拨资金的分支机构，其记载资金的账簿按核拨的账面资金额计税贴花，其他账簿按定额贴花；对上级单位不核拨资金的分支机构，只就其他账簿按件定额贴花。为避免对同一资金重复计税贴花，上级单位记载资金的账簿，应按扣除拨给下属机构资金数额后的其余部分计税贴花。

(9) 商品购销活动中，采用以货换货方式进行商品交易签订的合同，是反映既购又销双重经济行为的合同。对此，应按合同所载的购、销合计金额计税贴花。合同未列明金额的，应按合同所载购、销数量依照国家牌价或者市场价格计算应纳税额。

(10) 施工单位将自己承包的建设项目，分包或者转包给其他施工单位所签订的分包合同或者转包合同，应按新的分包合同或转包合同所载金额计算应纳税额。这是因为印花税是一种具有行为税性质的凭证税，尽管总承包合同已依法计税贴花，但新的分包或转包合同是一种新的凭证，又发生了新的纳税义务。

(11) 对股票交易征收印花税，始于深圳和上海两地证券交易的不断发展。现行印花税法规定，股份制试点企业向社会公开发行的股票，因购买、继承、赠与所书立的股权转让书据，均依书立时证券市场当日实际成交价格计算的金额，由立据双方当事人分别按规定的税率缴纳印花税。

(12) 对国内各种形式的货物联运，凡在起运地统一结算全程运费的，应以全程运费作为计税依据，由起运地运费结算双方缴纳印花税；凡分程结算运费的，应以分程的运费作为计税依据，分别由办理运费结算的各方缴纳印花税。

对国际货运，凡由我国运输企业运输的，不论在我国境内、境外起运或中转分程运输，我国运输企业所持的一份运费结算凭证，均按本程运费计算应纳税额；托运方所持的一份运费结算凭证，按全程运费计算应纳税额。由外国运输企业运输进出口货物的，外国运输企业所持的一份运费结算凭证免纳印花税；托运方所持的一份运费结算凭证应缴纳印花税。国际货运运费结算凭证在国外办理的，应在凭证转回我国境内时按规定缴纳印花税。

必须明确的是，印花税票为有价证券，其票面金额以人民币为单位，分为1角、2角、5角、1元、2元、5元、10元、50元、100元9种。

(三) 应纳税额的计算方法

纳税人的应纳税额，根据应纳税凭证的性质，分别按比例税率或者定额税率计算，其计算公式为：

$$应纳税额 = 应税凭证计税金额（或应税凭证件数）\times 适用税率$$

【例题8-12】某企业2018年5月开业，当年发生以下有关业务事项：领受工商营业执照、土地使用证各1件；与其他企业订立转让专用技术使用权合同1份，所载金额10万元；订立产品购销合同1份，所载金额为100万元；订立借款合同1份，所载金额为200万元；企业记载资金的账簿，"实收资本""资本公积"为500万元；其他营业账簿4本。试计算该企业当年应缴纳的印花税税额。

【解析】
(1) 企业领受权利、许可证照应纳税额。
$$应纳税额 = 2 \times 5 = 10（元）$$
(2) 企业订立产权转移书据应纳税额。
$$应纳税额 = 100\,000 \times 0.5‰ = 50（元）$$
(3) 企业订立购销合同应纳税额。
$$应纳税额 = 1\,000\,000 \times 0.3‰ = 300（元）$$
(4) 企业订立借款合同应纳税额。
$$应纳税额 = 2\,000\,000 \times 0.5‰ = 1\,000（元）$$

（5）企业记载资金的账簿应纳税额。

$$应纳税额 = 5\ 000\ 000 \times 0.5‰ = 2\ 500（元）$$

若为 2018 年 5 月 1 日之后成立的，减半征收：$2\ 500 \times 50\% = 1\ 250$（元）

（6）企业其他营业账簿应纳税额。

2018 年 5 月 1 日之后的免征印花税

（7）当年企业应纳印花税税额。

$$10 + 50 + 300 + 1\ 000 + 1\ 250 = 2\ 610（元）$$

四、税收优惠

（1）对已缴纳印花税凭证的副本或者抄本免税，但以副本或者抄本视同正本使用的，则应另贴印花。

（2）对财产所有人将财产赠给政府、社会福利单位、学校所立的书据免税。

（3）对国家指定的收购部门与村民委员会、农民个人书立的农副产品收购合同免税。

（4）对无息、贴息贷款合同免税。

（5）对外国政府或者国际金融组织向我国政府及国家金融机构提供优惠贷款所书立的合同免税。

（6）对房地产管理部门与个人签订的用于生活居住的租赁合同免税。

（7）对农牧业保险合同免税。

（8）企业因改制签订的产权转移书据免予贴花。

（9）对与高校学生签订的高校学生公寓租赁合同，免征印花税。

（10）从 2018 年 5 月 1 日起，对纳税人设立的资金账簿按实收资本和资本公积合计金额征收的印花税减半，对按件征收的其他账簿免征印花税。

五、征收管理

（一）纳税方法

印花税的纳税办法，根据税额大小、贴花次数以及税收征收管理的需要，分别采用以下 3 种纳税办法。

1. 自行贴花办法

这种办法一般适用于应税凭证较少或者贴花次数较少的纳税人。纳税人书立、领受或者使用印花税法列举的应税凭证的同时，纳税义务即已产生，应当根据应纳税凭证的性质和适用的税目税率，自行计算应纳税额，自行购买印花税票，自行一次贴足印花税票并加以注销或划销，纳税义务才算全部履行完毕。对已贴花的凭证，修改后所载金额增加的，其增加部分应当补贴印花税票。凡多贴印花税票者，不得申请退税或者抵用。

2. 汇贴或汇缴办法

这种办法一般适用于应纳税额较大或者贴花次数频繁的纳税人。

一份凭证应纳税额超过 500 元的，应向当地税务机关申请填写缴款书或者完税证，将其中一联粘贴在凭证上，或者由税务机关在凭证上加注完税标记代替贴花。这就是通常所说的"汇贴"办法。

同一种类应纳税凭证，需频繁贴花的，纳税人可以根据实际情况自行决定是否采用按期汇总缴纳印花税的方式。汇总缴纳的期限为1个月。采用按期汇总缴纳方式的纳税人应事先告知主管税务机关。缴纳方式一经选定，1年内不得改变。

3. 委托代征办法

这一办法主要是通过税务机关的委托，经由发放或者办理应纳税凭证的单位代为征收印花税税款。如按照印花税法规定，工商行政管理机关核发各类营业执照和商标注册证的同时，负责代售印花税票，征收印花税税款，并监督领受单位或个人负责贴花。税务机关委托工商行政管理机关代售印花税票，按代售金额5%的比例支付代售手续费。

（二）纳税环节

印花税应当在书立或领受时贴花。具体是指在合同签订时、账簿启用时和证照领受时贴花。如果合同是在国外签订，并且不便在国外贴花的，应在将合同带入境时办理贴花纳税手续。

（三）纳税地点

印花税一般实行就地纳税。对于全国性商品物资订货会（包括展销会、交易会等）上所签订合同应纳的印花税，由纳税人回其所在地后及时办理贴花完税手续；对地方主办、不涉及省际关系的订货会、展销会上所签合同的印花税，其纳税地点由各省、自治区、直辖市人民政府自行确定。

知识点十一　契税

一、征税对象

契税是以在中华人民共和国境内转移土地、房屋权属为征税对象，向产权承受人征收的一种财产税。

契税的征税对象是境内转移的土地、房屋权属。具体包括以下5项内容。

（一）国有土地使用权出让

国有土地使用权出让是指土地使用者向国家交付土地使用权出让费用，国家将国有土地使用权在一定年限内让与土地使用者的行为。

（二）土地使用权的转让

土地使用权的转让是指土地使用者以出售、赠与、交换或者其他方式将土地使用权转移给其他单位和个人的行为。土地使用权的转让不包括农村集体土地承包经营权的转移。

（三）房屋买卖

房屋买卖，即以货币为媒介，出卖者向购买者过渡房产所有权的交易行为。以下几种特殊情况，视同买卖房屋。

1. 以房产抵债或实物交换房屋

经当地政府和有关部门批准，以房抵债和实物交换房屋，均视同房屋买卖，应由产权承受人按房屋现值缴纳契税。

例如，甲某因无力偿还乙某债务，而以自有的房产折价抵偿债务。经双方同意，有关部门批准，乙某取得甲某的房屋产权，在办理产权过户手续时，按房产折价款缴纳契税。如以实物（金银首饰等等价物品）交换房屋，应视同以货币购买房屋。

2. 以房产作投资或作股权转让

这种交易业务属房屋产权转移，应根据国家房地产管理的有关规定，办理房屋产权交易和产权变更登记手续，视同房屋买卖，由产权承受方按契税税率计算缴纳契税。

例如，甲某以自有房产，投资于乙某企业。其房屋产权变为乙某企业所有，故产权所有人发生变化，因此，乙某企业在办理产权登记手续后，按甲某入股房产现值（国有企事业房产须经国有资产管理部门评估核价）缴纳契税。如丙某以股份方式购买乙某企业房屋产权，丙某在办理产权登记后，按取得房产买价缴纳契税。

以自有房产作股投入本人独资经营的企业，免纳契税。因为以自有的房地产投入本人独资经营的企业，产权所有人和使用权使用人未发生变化，不需办理房产变更手续，也不办理契税手续。

3. 买房拆料或翻建新房，应照章征收契税

例如，甲某购买乙某房产，不论其目的是取得该房产的建筑材料或是翻建新房，实际构成房屋买卖。甲某应首先办理房屋产权变更手续，并按买价缴纳契税。

（四）*房屋赠与*

房屋的赠与是指房屋产权所有人将房屋无偿转让给他人所有。其中，将自己的房屋转交给他人的法人和自然人，称作房屋赠与人；接受他人房屋的法人和自然人，称为受赠人。房屋赠与的前提必须是：产权无纠纷，赠与人和受赠人双方自愿。

由于房屋是不动产，价值较大，故法律要求赠与房屋应有书面合同（契约），并到房地产管理机关或农村基层政权机关办理登记过户手续才能生效。如果房屋赠与行为涉及涉外关系，还需公证处证明和外事部门认证才能有效。房屋的受赠人要按规定缴纳契税。

（五）*房屋交换*

房屋交换是指房屋所有者之间互相交换房屋的行为。

随着经济形势的发展，有些特殊方式转移土地、房屋权属的，也将视同土地使用权转让、房屋买卖或者房屋赠与：一是以土地、房屋权属作价投资、入股；二是以土地、房屋权属抵债；三是以获奖方式承受土地、房屋权属；四是以预购方式或者预付集资建房款方式承受土地、房屋权属。

（六）*承受国有土地使用权支付的土地出让金*

对承受国有土地使用权所应支付的土地出让金，要计征契税。不得因减免土地出让金而减免契税。

二、纳税义务人

契税的纳税义务人是境内转移土地、房屋权属承受的单位和个人。境内是指中华人民共和国实际税收行政管辖范围内。土地、房屋权属是指土地使用权和房屋所有权。单位是指企业单位、事业单位、国家机关、军事单位和社会团体以及其他组织。个人是指个体经营者及其他个人，包括中国公民和外籍人员。

三、税率

契税实行3%~5%的幅度税率。实行幅度税率是考虑到我国经济发展的不平衡，各地经济差别较大的实际情况。因此,各省、自治区、直辖市人民政府可以在3%~5%的幅度税率规定范围内,按照本地区的实际情况决定。

四、应纳税额的计算

1. 计税依据

契税的计税依据为不动产的价格。由于土地、房屋权属转移方式不同,定价方法不同,因而具体计税依据视不同情况而决定。

(1) 国有土地使用权出让、土地使用权出售、房屋买卖,以成交价格为计税依据。成交价格是指土地、房屋权属转移合同确定的价格,包括承受者应交付的货币、实物、无形资产或者其他经济利益。

(2) 土地使用权赠与、房屋赠与,由征收机关参照土地使用权出售、房屋买卖的市场价格核定。

(3) 土地使用权交换、房屋交换,为所交换的土地使用权、房屋的价格差额。也就是说,交换价格相等时,免征契税;交换价格不等时,由多交付的货币、实物、无形资产或者其他经济利益的一方缴纳契税。

(4) 以划拨方式取得土地使用权,经批准转让房地产时,由房地产转让者补交契税。计税依据为补交的土地使用权出让费用或者土地收益。

为了避免偷、逃税款,税法规定,成交价格明显低于市场价格并且无正当理由的,或者所交换土地使用权、房屋的价格的差额明显不合理并且无正当理由的,征收机关可以参照市场价格核定计税依据。

(5) 房屋附属设施征收契税的依据。

① 采取分期付款方式购买房屋附属设施土地使用权、房屋所有权的,应按合同规定的总价款计征契税。

② 承受的房屋附属设施权属如为单独计价的,按照当地确定的适用税率征收契税;如与房屋统一计价的,适用与房屋相同的契税税率。

(6) 个人无偿赠与不动产行为(法定继承人除外),应对受赠人全额征收契税。

2. 应纳税额的计算方法

契税采用比例税率。其应纳税额的计算公式为:

$$应纳税额 = 计税依据 \times 税率$$

【例题8-13】居民甲有两套住房,将一套出售给居民乙,成交价格为200 000元;将另一套两室住房与居民丙交换成两处一室住房,并支付给居民丙换房差价款40 000元。计算甲、乙、丙相关行为应缴纳的契税。(假定税率为4%)

【解析】

(1) 甲应缴纳契税 = 40 000 × 4% = 1 600(元)。

(2) 乙应缴纳契税 = 200 000 × 4% = 8 000(元)。

(3) 丙不缴纳契税。

五、税收优惠

(1) 国家机关、事业单位、社会团体、军事单位承受土地、房屋用于办公、教学、医疗、科研和军事设施的，免征契税。

（2）城镇职工按规定第一次购买公有住房，免征契税。

对个人购买普通住房，且该住房属于家庭（成员范围包括购房人、配偶以及未成年子女，下同）唯一住房的，减半征收契税。对个人购买 90 平方米以下普通住房，且该住房属于家庭唯一住房的，减按 1% 税率征收契税。

（3）因不可抗力灭失住房而重新购买住房的，酌情减免。不可抗力是指自然灾害、战争等不能预见、不可避免，并不能克服的客观情况。

（4）土地、房屋被县级以上人民政府征用、占用后，重新承受土地、房屋权属的，由省级人民政府确定是否减免。

（5）承受荒山、荒沟、荒丘、荒滩土地使用权，并用于农、林、牧、渔业生产的，免征契税。

（6）经外交部确认，依照我国有关法律规定以及我国缔结或参加的双边和多边条约或协定，应当予以免税的外国驻华使馆、领事馆、联合国驻华机构及其外交代表、领事官员和其他外交人员承受土地、房屋权属。

六、征收管理

1. 纳税义务发生时间

契税的纳税义务发生时间是纳税人签订土地、房屋权属转移合同的当天，或者纳税人取得其他具有土地、房屋权属转移合同性质凭证的当天。

2. 纳税期限

纳税人应当自纳税义务发生之日起 10 日内，向土地、房屋所在地的契税征收机关办理纳税申报，并在契税征收机关核定的期限内缴纳税款。

3. 纳税地点

契税在土地、房屋所在地的征收机关缴纳。

知识点十二　环境保护税法

环境保护税是为了保护和改善环境，减少污染物排放，推进生态文明建设而征收的一种税。

一、征收对象

在中华人民共和国领域和中华人民共和国管辖的其他海域，直接向环境排放应税污染物。应税污染物，是指大气污染物、水污染物、固体废物和噪声。

二、纳税人

在中华人民共和国领域和中华人民共和国管辖的其他海域，直接向环境排放应税污染物的企业事业单位和其他生产经营者为环境保护税的纳税人，应当依照本法规定缴纳环境保护税。

三、环境保护税的税目、税额（表8-6）

表8-6 环境保护税税目税额表

税目		计税单位	税额	备注
大气污染物		每污染当量	1.2元至12元	
水污染物		每污染当量	1.4元至14元	
固体废物	煤矸石	每吨	5元	
	尾矿	每吨	15元	
	危险废物	每吨	1 000元	
	冶炼渣、粉煤灰、炉渣、其他固体废物（含半固态、液态废物）	每吨	25元	
噪声	工业噪声	超标1~3分贝	每月350元	1. 一个单位边界上有多处噪声超标，根据最高一处超标声级计算应纳税额；当沿边界长度超过100米有两处以上噪声超标，按照两个单位计算应纳税额 2. 一个单位有不同地点作业场所的，应当分别计算应纳税额，合并计征 3. 昼、夜均超标的环境噪声，昼、夜分别计算应纳税额，累计计征 4. 声源一个月内超标不足15天的，减半计算应纳税额 5. 夜间频繁突发和夜间偶然突发厂界超标噪声，按等效声级和峰值噪声两种指标中超标分贝值高的一项计算应纳税额
		超标4~6分贝	每月700元	
		超标7~9分贝	每月1 400元	
		超标10~12分贝	每月2 800元	
		超标13~15分贝	每月5 600元	
		超标16分贝以上	每月11 200元	

四、计税依据和计税方法

（一）计税依据

（1）应税大气污染物按照污染物排放量折合的污染当量数确定。
（2）应税水污染物按照污染物排放量折合的污染当量数确定。
（3）应税固体废物按照固体废物的排放量确定。
（4）应税噪声按照超过国家规定标准的分贝数确定。

（二）计算方法

环境保护税应纳税额按照下列方法计算：

（1）应税大气污染物的应纳税额为污染当量数乘以具体适用税额。
（2）应税水污染物的应纳税额为污染当量数乘以具体适用税额。
（3）应税固体废物的应纳税额为固体废物排放量乘以具体适用税额。
（4）应税噪声的应纳税额为超过国家规定标准的分贝数对应的具体适用税额。

五、税收优惠

下列情形，暂予免征环境保护税：
（1）农业生产（不包括规模化养殖）排放应税污染物的。
（2）机动车、铁路机车、非道路移动机械、船舶和航空器等流动污染源排放应税污染物的。
（3）依法设立的城乡污水集中处理、生活垃圾集中处理场所排放相应应税污染物，不超过国家和地方规定的排放标准的。
（4）纳税人综合利用的固体废物，符合国家和地方环境保护标准的。
（5）国务院批准免税的其他情形。

纳税人排放应税大气污染物或者水污染物的浓度值低于国家和地方规定的污染物排放标准百分之三十的，减按百分之七十五征收环境保护税。纳税人排放应税大气污染物或者水污染物的浓度值低于国家和地方规定的污染物排放标准百分之五十的，减按百分之五十征收环境保护税。

六、征收管理

由税务机关依照《中华人民共和国税收征收管理法》和本法的有关规定征收管理。环境保护主管部门依照本法和有关环境保护法律法规的规定负责对污染物的监测管理。

县级以上地方人民政府应当建立税务机关、环境保护主管部门和其他相关单位分工协作工作机制，加强环境保护税征收管理，保障税款及时足额入库。
（1）纳税义务发生时间为纳税人排放应税污染物的当日。
（2）纳税人应当向应税污染物排放地的税务机关申报缴纳环境保护税。
（3）环境保护税按月计算，按季申报缴纳。不能按固定期限计算缴纳的，可以按次申报缴纳。
（4）纳税人按季申报缴纳的，应当自季度终了之日起十五日内，向税务机关办理纳税申报并缴纳税款。纳税人按次申报缴纳的，应当自纳税义务发生之日起十五日内，向税务机关办理纳税申报并缴纳税款。

随堂训练

一、知识练习

（一）单项选择题

1. 城市维护建设税的计税依据是（　　）。
    A. 增值税、消费税的计税依据　　　　B. 增值税、印花税的税额
    C. 增值税、消费税的税额　　　　　　D. 消费税和关税的税额

2. 纳税人将房产出租的，依照房产租金收入计征房产税，税率为（　　）。
   A. 1.2%　　　　　B. 12%　　　　　C. 10%　　　　　D. 30%
3. 房产税的纳税人，不包括（　　）。
   A. 房屋所有权人　　　　　　　　B. 房屋出典人
   C. 房产承典人　　　　　　　　　D. 房产使用人
4. 下列不属于印花税征税范围的是（　　）。
   A. 企业签订的融资租赁合同　　　B. 企业领取的工商营业执照
   C. 企业签订的借款合同　　　　　D. 企业填制的限额领料单
5. 企业签订的合同贴印花税票的时间是（　　）。
   A. 签订时　　　　B. 生效时　　　　C. 使用时　　　　D. 终止时
6. 下列不属于车船税征税范围的是（　　）。
   A. 三轮车　　　　B. 火车　　　　　C. 摩托车　　　　D. 货船
7. 契税的纳税人是（　　）。
   A. 出典人　　　　B. 赠与人　　　　C. 出卖人　　　　D. 承受人
8. 我国现行土地增值税实行的税率属于（　　）。
   A. 比例税率　　　　　　　　　　B. 超额累进税率
   C. 定额税率　　　　　　　　　　D. 超率累进税率
9. 城镇土地税的计税依据是（　　）。
   A. 纳税人使用土地而产生的收益
   B. 纳税人因地理位置不同而产生的级差收入
   C. 纳税人出租场地而取得的租金收入
   D. 纳税人实际占用的土地面积
10. 下列不属于资源税征税范围的是（　　）。
    A. 与原油同时开采的天然气　　　B. 煤矿生产的天然气
    C. 开采的天然原油　　　　　　　D. 生产的海盐原油

（二）多项选择题
1. 纳税人的下列支出，不得作为城市维护建设税计税依据的是（　　）。
   A. 查补的"两税"税额　　　　　B. 偷漏"两税"被处的罚款支出
   C. 欠缴的"两税"支付的滞纳金　D. 被查补的城市维护建设税税额
2. 下列情况中应征房产税的有（　　）。
   A. 高等院校教学用房　　　　　　B. 高等院校出租用房
   C. 区政府举办的对外经营的招待所 D. 区政府办公用房
3. 某建筑公司与一单位签订建筑承包合同，总承包额为800万元，工期为12个月，该建筑公司所持合同应纳印花税的处理为（　　）。
   A. 适用3‰比例税率　　　　　　B. 应纳税额2 400元
   C. 可以采用汇贴方法缴纳　　　　D. 完工时缴纳
4. 车船税的纳税地点为（　　）。
   A. 个人为住所所在地　　　　　　B. 车辆行驶地
   C. 纳税人经营所在地　　　　　　D. 领取车船牌照地

5. 下列各项中，应当征收契税的是（　　）。
   A. 以房产抵押　　　　　　　　B. 将房产赠与他人
   C. 以房产作投资　　　　　　　D. 子女继承父母房产

（三）判断题

1. 现行房产税的征税范围包括农村。（　　）
2. 立合同人是指合同的当事人，即指对凭证有直接权利义务的单位和个人，但不包括合同的担保人、证人、鉴定人。（　　）
3. 车船税一般由纳税人在购买机动车交通事故责任强制险时缴纳，不需要再向地方税务机关申报缴纳。（　　）
4. 因不可抗力灭失住房而重新购置住房的免征契税。（　　）
5. 某单位向政府有关部门缴纳土地出让金取得土地使用权时，不需缴纳土地增值税。（　　）

二、能力训练

1. 某企业2018年共有房产原值4 000万元，从该年1月1日起企业将原值1 000万元的房屋出租给某商场存放货物，租期1年，每月租金收入5万元。计算该企业2018年应缴纳的房产税（房产税计算余值的扣除比例为20%）。

2. 海达公司于2017年成立，其2018年发生以下应税项目。

（1）年初启用新账簿8本。本年5月，资金账簿中登记本年增加实收资本500万元、资本公积100万元。

（2）与乙企业签订一份建筑工程承包合同，记载金额2 000万元，将其中的500万元转包给另一工程公司。

（3）与丙企业签订仓储合同一份，货物金额为500万元，仓储保额费为10万元。

根据所给资料，计算海达公司应纳印花税。

参 考 文 献

[1] 梁伟样. 税法 [M]. 5版. 北京：高等教育出版社，2017.12
[2] 梁文涛. 企业纳税实务 [M]. 2版. 北京：高等教育出版社，2016.
[3] 喻竹. 纳税申报与计缴 [M]. 北京：高等教育出版社，2016.
[4] 全国注册税务师执业资格考试教材编写组. 税法（Ⅰ）[M]. 北京：中国税务出版社，2016.
[5] 全国注册税务师执业资格考试教材编写组. 税法（Ⅱ）[M]. 北京：中国税务出版社，2016.
[6] 中国注册会计师协会. 税法 [M]. 北京：经济科学出版社，2016.
[7] 付志宇. 税法 [M]. 北京：高等教育出版社，2016.5.